新媒体下
都市报品牌资产管理研究

钟之静　著

Research on Audience–Based Brand Equity Management of
Metropolis Newspaper in the Context of New Media

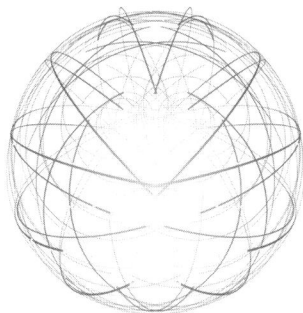

暨南大学出版社
JINAN UNIVERSITY PRESS

中国·广州

图书在版编目（CIP）数据

新媒体下都市报品牌资产管理研究/钟之静著．—广州：暨南大学出版社，2019.7

ISBN 978 – 7 – 5668 – 2635 – 0

Ⅰ.①新…　Ⅱ.①钟…　Ⅲ.①城市—报纸—品牌—资产管理—研究　Ⅳ.①G216

中国版本图书馆 CIP 数据核字（2019）第 124897 号

新媒体下都市报品牌资产管理研究
XINMEITI XIA DUSHIBAO PINPAI ZICHAN GUANLI YANJIU
著　者：钟之静

出 版 人：徐义雄
策划编辑：曾鑫华
责任编辑：陈俞潼
责任校对：王燕丽
责任印制：汤慧君　周一丹

出版发行：暨南大学出版社（510630）
电　　话：总编室（8620）85221601
　　　　　营销部（8620）85225284　85228291　85228292（邮购）
传　　真：（8620）85221583（办公室）　85223774（营销部）
网　　址：http://www.jnupress.com
排　　版：广州市天河星辰文化发展部照排中心
印　　刷：佛山市浩文彩色印刷有限公司
开　　本：787mm×1092mm　1/16
印　　张：18
字　　数：323 千
版　　次：2019 年 7 月第 1 版
印　　次：2019 年 7 月第 1 次
定　　价：68.00 元

序

互联网技术的出现，引发了一场颠覆性的传播革命，传统媒体备受冲击，市场化程度最高的都市报更是首当其冲，近年来连续出现断崖式下滑，步入了寒冬期。与此同时，对都市报的研究也日趋冷清。

在这种背景下，当钟之静选择将都市报的品牌资产管理作为研究课题时，有人一个劲地摇头：报纸都快消亡了，研究它还有意义和价值吗？然而，钟之静不为所动，毅然决然地踏进了这个冷清的场域，显示了过人的勇气。

20世纪90年代，都市报以其鲜明的特色在全国迅速发展，它面向市场、贴近市井、服务市民，成为我国市场化传媒环境中广受欢迎的大众报纸，引发新闻界的高度关注。它的崛起对中国新闻传播体制改革有着重要意义，构建出以机关报为主的多元化、多层次的报业结构，形成了新的传播格局。此后，面对新媒体的猛烈冲击，社会上一直存在着新媒体让都市报消亡或重生的两种截然不同的看法。不少都市报不甘沉沦，奋起探索转型发展之路，甚至出现了逆势成长的新生态。

新媒体环境下，都市报的报业形态既包括传统纸质形态，也包括由传统纸质形态延伸出来的数字或电子形态。新媒体背景下，转型中的都市报呼唤理论的指导。钟之静认为，如果自己的研究成果能对都市报的转型发展有所帮助，那么这种研究就是有意义、有价值的。她久经寻觅，尝试从品牌资产管理视角为都市报的转型提供新的方向。品牌资产的概念最先由20世纪80年代的西方广告界提出，它主要说明具有品牌的产品与服务和不具有品牌的产品与服务两者之间存在营销结果差异化的原因，品牌拥有独特的市场影响力。品牌资产管理是通过管理实现品牌资产增值的一种顶层设计和对策举措。

面对新媒体蓬勃发展的媒介生态，都市报无论尝试什么样的转型路径，受众与品牌资产都是难以绕开的两个重要方向。不过，都市报品牌资产管理实践却缺乏系统性、模型指导，尤其是都市报要实现和增值以受众为基础的品牌资产，必须适应新媒体发展态势，创新性组合品牌资产管理相关要素，构建具有系统性前瞻性的品牌资产管理新模型，转化成都市报所内化的企业文化语言和标准辅助决策。

于是，钟之静花了几年时间阅读和梳理了大量中英文文献，从宏观层面回顾和勾勒出都市报品牌资产嬗变历程，对新媒体环境下的都市报基于受众视角的品牌资产管理做出了自己的解读，并建构了一个新的理论模型。她对比品牌资产的众多概念和模型，结合都市报特性，最后将理论聚焦在"基于消费者品牌资产（CBBE）模型"。她发现，CBBE金字塔模型中"四大阶梯"与"六大维度"两者之间的互动关系并没有得到充分阐述，为此，她将其加以深化分析，并以近十年来"中国500最具价值品牌"排行榜中有关都市报为研究案例，采取深度访谈和问卷调查等研究方法，将理论与实证、定量与定性相结合，一一对应挖掘都市报品牌资产内涵，将CBBE模型的品牌识别、品牌含义、品牌响应和品牌关系的四大阶梯，分别对应都市报的营销传播、话语空间、消费体验和受众—品牌的四大指向，提出都市报基于受众视角的品牌资产管理的十大策略，包括数字营销、社群营销、整合营销、树立社会责任形象、打造主流意识、参与生活形态政治、建立品牌文化、增强认同感、延伸品牌关系和孵化品牌关系等，创造性地构建起以受众为导向的都市报品牌资产（Audience – Based Brand Equity）管理模型，即ABBE管理模型，探究新媒体环境下都市报如何站在受众视角开展品牌资产管理的战略战术，促进品牌资产管理科学化和现代化，驱动都市报品牌资产增值最大化。

钟之静进而将都市报的ABBE管理模型置身新媒体环境中，始终从解决都市报品牌资产管理的核心问题出发，既不被都市报转型实践所困扰，又避免陷于纯粹理论框架，较好地阐释了新媒体环境下都市报品牌资产管理的原理和路径，对于都市报实现成功转型不无裨益。

钟之静是我在暨南大学新闻与传播学院所带的博士。她谦虚好学，认真刻苦，在努力做好本职工作的同时，不断探索博士研究论题，尤其是既要在繁重琐碎高校行政工作之余坚持在职学习，又要克服缺乏都市报实践经验对学术研究带来的不足，坚持不懈，孜孜不倦，终于顺利完成课题研究，当时的博士论文得到了评阅专家和答辩专家的一致好评。博士毕业后，她对博士论文作了许多修改，引用数据不断更新，观点论述不断推敲，力求信息的精准和完善。这本书是她在博士学位论文基础上修改而成的，它兼具业界实践和学界理论之所长，是一本对都市报品牌资产管理和品牌建设研究都有所贡献的专著，值得一读。

从都市报发展历史来看，这本书只是都市报品牌资产管理的开篇。关于品牌资产的研究文献众多，但基于受众视角的品牌资产管理研究较少，尤其是将这些理论引入到都市报研究的更是少之又少。该书借鉴新媒体、品牌资产、品牌资产管理、受众的有关理论，基于 CBBE 理论构建 ABBE 管理模型，提出都市报品牌资产管理的新角度，力图引导都市报的管理者和内部员工在新媒体环境中寻求都市报的突围方向，树立清晰的品牌资产观，分层推进品牌资产管理，促使都市报实现"弯道"超车，迎来新的发展期。当然，推进都市报品牌资产管理是一个长期的过程，它需要研究者和实践者与时俱进，保持探索的勇气和精神，不断开拓新视角，创造新理念。希望钟之静一以贯之，潜心研究，在这方面取得更多更好的成果。

杨兴锋
2019 年 6 月

目　录

第一章　绪　论

都市报的生存和发展受到来自新媒体的巨大威胁，但它的品牌资产逆势上扬。新媒体环境下，都市报品牌资产来源于哪里？它的评价体系是什么？都市报的品牌资产管理转型方向在哪？构建什么样的都市报品牌资产管理模型才具有理论指导和实际操作的意义？模型由哪些要素组成以及它们之间的逻辑关系是什么？在这个模型指导下，增强都市报品牌资产的管理策略又有哪些？这些问题的提出有着其理论基础和现实依据。一方面，都市报品牌资产管理理论主要来自于社会心理学、经济管理学以及新闻传播学等学科理论基础，因此，构建的都市报品牌资产模型是一个融合多学科研究成果的产物；另一方面，都市报发展遭遇瓶颈期，其在品牌资产管理方面一直有丰富的实践经验，而系统操作性的品牌资产管理模型正是业界所呼吁的。

第一节　研究背景、依据与意义

本书并不旨在全面观照关乎都市报生存发展的政策大转型或技术大转型等报业转型全貌，而是从品牌资产管理的小视角入手来探寻都市报转型的方向。笔者通过梳理国内外品牌资产管理理论，寻求、解读、改造和创新了基于消费者的品牌资产（Customer – Based Brand Equity，简称 CBBE）模型，构建了都市报基于受众的品牌资产（Audience – Based Brand Equity，简称 ABBE）管理模型，并深入分析 ABBE 管理模型中品牌识别的显著度、品牌含义的功效和形象、品牌响应的评判和感受、品牌关系的共鸣等维度之间的逻辑关系，提出品牌资产管理的策略。

一、研究背景

20世纪80年代，品牌资产（Brand Equity）是西方广告界提出的营销概念。它是指品牌所具有的独特市场影响力，解释了具有品牌的产品与服务和不具有品牌的产品与服务两者之间营销结果差异化的原因。① 品牌资产管理作为一种策略措施和行为方式统筹管理品牌资产实现其增值，它既是战略层面上的顶层设计，也是战术层面上的对策举措。"毫无疑问，品牌已经变得越来越重要了，整个世界已从营销者主导的市场转化为消费者主导的市场了。"② 都市报受众作为其最主要消费群体，是都市报品牌资产得以实现和增值的关键，这要求都市报的工作者要站在受众视角上创新品牌资产管理工作。

目前，都市报在新媒体的强烈冲击下，无论是广告额还是发行量均出现下滑现象。但是每年均有五六家都市报品牌价值高位列入"中国500最具价值品牌"排行榜上。这个排行榜由世界品牌实验室综合财务、消费者行为和品牌强度等分析得出。范以锦教授认为，都市报品牌价值那么高，主要靠都市报原有的内容产品的影响力拉动了都市报品牌无形资产的上升。实际上，目前不少都市报有形资产是在下跌的。都市报要生存和发展，单纯靠无形资产是靠不住的，只是等无形资产上升以后再考虑如何将无形资产变现为有形资产，这种关系值得研究。③ 而杨德锋教授认为，"中国500最具价值品牌评估排名"榜单如果按照品牌栏目来分类，传媒应该会被列入其中，也是"中国500最具价值品牌评估排名"开展传播活动的借助载体，都市报与主办方之间背后是否存在什么交易也难说。都市报作为地方性报纸，品牌价值为两百多亿，主要原因可能来自两个方面：一方面是都市报作为国有资产，政府补贴，将品牌资产的成本做大；另一方面是都市报本身的牌照作为无形资产，价值更大。实际上，都市报在平台建设、产品开发、广告以及吸引消费者注意力等方面存在难度，经济亏损较大，这让人怀疑世界品牌实验室品牌价值评价体系和评价标准存在弊端，

---

① 凯文·莱恩·凯勒.战略品牌管理［M］.3版.卢泰宏，吴水龙，译.北京：中国人民大学出版社，2009：35.

② 唐·舒尔茨，等.重塑消费者品牌关系［M］.沈虹，郭嘉，等译.北京：机械工业出版社，2015：序言.

③ 范以锦的访谈内容，访谈时间：2018年2月6日；访谈地点：广州市南方传媒集团。

才让传媒的品牌价值存在虚高现象。①

不管是认可的态度还是质疑的声音，对于来之不易的品牌资产价值，都市报不仅需要对其进行维护，还要突破现有固化的管理模式。尤其是当今的新媒体时代不断呈现出多种新型的媒体形态，它们跨越时空开展传播活动，以传统纸媒为主要形态的都市报要从历史发展的宏观视野和现实综合因素层面积极应对新媒体发展。从受众角度出发，树立品牌资产管理创新意识，改良品牌资产管理方式方法，促进品牌资产管理科学化和现代化，为都市报品牌资产增值寻找新的突破路径，这是本书努力的目标和期待的效果。

二、研究依据

（一）现实依据

选择从受众视角出发，对新媒体环境下的都市报品牌资产管理进行研究，主要基于三个方面的考虑：

1. 新媒体环境对都市报品牌资产管理提出新要求

学界和业界尚未就新媒体（New Media）定义达成共识。"新媒体是一个相对概念，其内涵会随着传媒技术的进步而有所发展，但从人类传播史的角度而言应是一个时代范畴，特指'今日之新'而非'昨日之新'或'明日之新'。"② 新媒体主要借助互联网开展信息传播，它以席卷之势入侵了每个社会人的生活空间。2019 年 2 月，中国互联网络信息中心（CNNIC）发布的第 43 次《中国互联网络发展状况统计报告》显示，截至 2018 年 12 月，我国网民规模达 8.29 亿，普及率达 59.6%，较 2017 年底提升 3.8 百分点，全年新增网民 5 653 万。我国手机网民规模达 8.17 亿，网民通过手机接入互联网的比例高达 98.6%。③ 新媒体打破了通信产业与传媒业的界限，整合各种媒介形态，改变着现有传播方式并塑造着新的传播格局。新媒体以其先天优势冲击着整个传媒业发展，曾经独树一帜的都市报自然逃不过冲击波的横扫。

事实上，出现在 2015—2018 年的"中国 500 最具价值品牌评估排名"

---

① 杨德锋的访谈内容，访谈时间：2018 年 1 月 23 日；访谈地点：广州市暨南大学管理学院。

② 匡文波. 新媒体概论［M］. 北京：中国人民大学出版社，2012：4.

③ CNNIC. 第 43 次《中国互联网络发展状况统计报告》发布［R/OL］.（2019 – 05 – 06）. http：//www.cnnic.net.cn/hlwfzyj/.

上的都市报主要有《南方都市报》、《华西都市报》（华西传媒集群WMG）、《楚天都市报》、《大河报》、《半岛都市报》、《燕赵都市报》6家（见表1-1），它们的品牌资产价值总体呈现出上升趋势。当然，《燕赵都市报》未登上2018年榜单。

表1-1 2015—2018年"中国500最具价值品牌评估排名"的都市报品牌资产表①

单位：亿元

都市报名称	2018年	2017年	2016年	2015年
《南方都市报》	326.85	270.89	235.72	178.56
《华西都市报》（华西传媒集群WMG）（2018年为《华西都市报—封面新闻》）	186.75	148.72	128.36	103.99
《楚天都市报》	115.39	95.05	82.71	73.49
《大河报》	114.92	94.76	82.16	73.28
《半岛都市报》	95.79	78.76	66.59	56.39
《燕赵都市报》	没有上榜	55.67	47.92*	40.62

研究发现，在"纸媒消亡论"的喊声里，列入榜中的都市报品牌价值出现逆势增长，这意味着都市报的品牌资产价值管理取得了一些成效。但如何保持这种增长趋势，如何突破和创新都市报的品牌资产管理方法和策略，仍是值得研究的问题。

2. 受众是都市报品牌资产管理的主体对象

品牌资产的概念自产生以来，经历了一系列嬗变。最初观念是强调品牌资产取决于产品价值的逻辑；如今，品牌资产遵循服务为主导的理念，凸显品牌资产由经济主体及其利益相关者共同创造，突破输出导向，侧重过程导向。品牌资产如同存款户头，品牌消费带给用户体会到的兴奋和喜悦会直接存入户头，只是这个存款关联着具体事件及其前因后果。②受众是都市报的消费者，也是其品牌资产管理最为重要的利益相关者，他们对都市报的品牌忠诚度在很大程度上决定了都市报的品牌资产大小。品牌是受众头脑中的"存款户头"，只有当受众欣然接受都市报所营造的品牌体

---

① 引自世界品牌实验室（http：//brand.icxo.com/summit/2017summit/#review），本书整理成表格。

② 片平秀贵.超级品牌本质［M］.林燕燕，译.北京：东方出版社，2007：4.

验，他们才会对都市报回报以品牌忠诚。

"品牌来来去去，但消费者……必须保留。"① 实践证明，受多样化信息追求的影响，受众容易对都市报品牌忠诚发生变化，甚至完全中断。尤其是面对层出不穷的新媒体，受众更易将注意力转移到新媒体上或者其他可以替代的媒体上。都市报如果要实现和增值以受众为基础的品牌资产，不能仅仅依靠某一项具体的创新举措，它需要适应新媒体发展态势，创新组合品牌资产管理要素，构建系统性前瞻性的品牌资产管理新模型，形成都市报内部固有的企业文化语言和标准辅助决策。

3. 都市报品牌资产管理实践呼吁系统模型指导

本书认为，都市报自诞生以来，主要经过市民生活小报阶段（1995—1999年）、主流媒体大报阶段（2000—2003年）、媒体品牌初创阶段（2003—2006年）、媒体品牌提升阶段（2006年至今）四个品牌发展阶段。面对新媒体蓬勃发展的媒介生态，都市报发展举步维艰，转型成为它长期持续发展的不二法门。冷静下来分析众多转型路径，无论如何都难以脱离受众和品牌资产两个方向，受众和品牌资产将分别成为都市报转型的指向和终极目标。

基于受众视角，本书揭示都市报品牌资产的本质和来源方向，结合都市报的产品特点，组合都市报营销传播、话语空间、消费体验和受众—品牌关系等相关要素，构建品牌资产管理新模型，探明新媒体环境下都市报开展品牌资产管理的战略战术，为都市报现实中正在开展的品牌资产管理提供系统模型指导，驱动品牌资产最大化。

（二）理论依据

1. 以多学科理论为支撑

本书进行的是一项跨学科研究，主要涉及新闻传播学、经济管理学和社会心理学等多个学科的众多理论。比如，新媒体环境下的都市报属于新闻传播学研究范畴，品牌资产管理属于经济管理学研究界限，受众心理属于心理学研究领域。具体而言，本书以解读品牌资产与品牌资产管理理论为归依，贯穿美国学者凯文·莱恩·凯勒（Kevin Lane Keller）的品牌资产金字塔模型主线，辅之"消费者—品牌关系"、品牌心理学、"媒介圈"等多学科理论。

---

① ROLAND T R，VALARIE A Z & KATHERINE L. Customer – centered brand management ［J］. Harvard business review，2004：110 – 118.

2. 理论红线——基于消费者的品牌资产（CBBE）模型

品牌资产不管概念边界在何处，也不管它来源何方，它都依赖于消费者。如果品牌对于消费者没有意义，对投资者、生产商、渠道商也不可能提供任何价值。[1][2] 西方国家主要是通过"品牌经理制"加强品牌资产管理，它是以销售为导向以及销售额为考核指标。显然，如此单一的指标难以反映中国市场品牌资产及其管理绩效，揭示不了品牌资产管理的内在规律，对具有中国特色的都市报来说更不能简单套用。

对比品牌资产的众多概念和模型，结合都市报特性，本书选取了CBBE 模型作为理论红线用以贯穿研究全过程。Keller 于 1993 年提出 CBBE 模型，这是基于消费者的品牌资产模型（见图 1 – 1）[3]。它是创建和管理强势品牌的四个步骤，每一步都体现了消费者对品牌所关心的基本问题，为自主品牌建设提供了关键途径，也为品牌资产管理指明了方向。

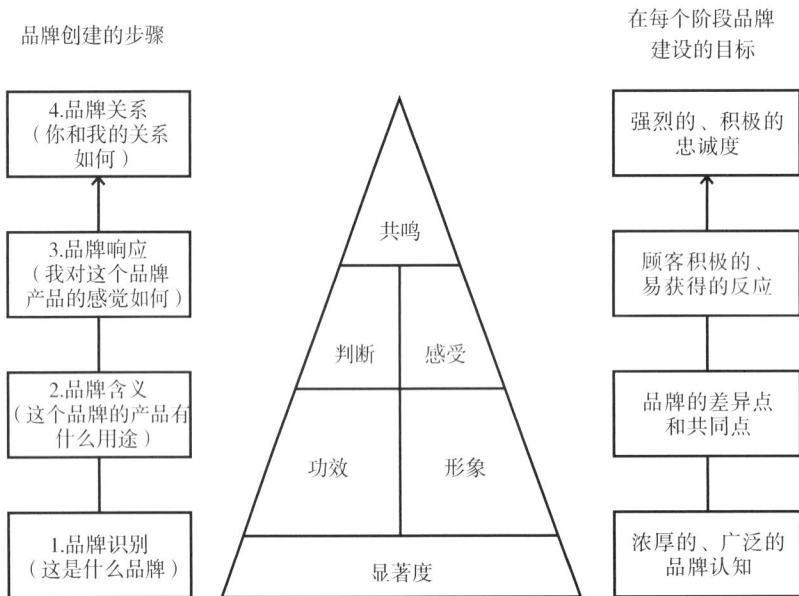

图 1 – 1　基于消费者的品牌资产（CBBE）模型

---

① FARQUHAR P H. Managing brand equity［J］. Marketing research，1989，1（9）：24 – 33.

② CRIMMINS J C. Better measurement and management of brand value［J］. Journal of advertising research，1992（32）：11 – 19.

③ 凯文·莱恩·凯勒. 战略品牌管理［M］. 3 版. 卢泰宏，吴水龙，译. 北京：中国人民大学出版社，2009：59.

该模型关注的是消费者对品牌识别、品牌含义、品牌响应和品牌关系的认同度。消费者与特定产品或需求建立品牌联想，这些品牌联想与特定资产形成一种完整的稳固的品牌含义，在做出适当品牌响应后转化成消费者和品牌之间的紧密、积极、忠诚的关系。[①]

该模型显示出"品牌阶梯"从品牌识别，到品牌含义，到品牌响应，再到品牌关系的四个步骤，它们的顺序具有不可逆转性。受众首先要对都市报有初步的品牌识别，才会思考品牌含义，清晰认知品牌含义后才有品牌响应，在此基础上方可建立持久品牌关系。

CBBE 金字塔模型左侧和右侧分别象征着品牌建设的"理性路径"和"感性路径"，当两条路径汇合塔尖并"双管齐下"时，都市报的品牌资产才能得以实现和增值。[②]

3. 理论延伸——基于受众的品牌资产（ABBE）管理模型

下面将从受众视角出发来界定品牌资产的概念，摒弃了品牌资产在财务上的概念内涵，在借鉴 Keller 的品牌资产模型基础上，挖掘都市报品牌资产内涵。从品牌识别、品牌含义、品牌响应和品牌关系四大阶梯分别对应的都市报的营销传播、话语空间、消费体验和受众—品牌的四大指向出发，构建以受众为导向的都市报品牌资产管理模型，即 ABBE 管理模型（见图 1 - 2），实现都市报品牌资产管理创新发展。该模型将在第三章详细阐述。

[①] 凯文·莱恩·凯勒. 战略品牌管理［M］. 3 版. 卢泰宏，吴水龙，译. 北京：中国人民大学出版社，2009：59 - 70.

[②] 凯文·莱恩·凯勒. 战略品牌管理［M］. 3 版. 卢泰宏，吴水龙，译. 北京：中国人民大学出版社，2009：59.

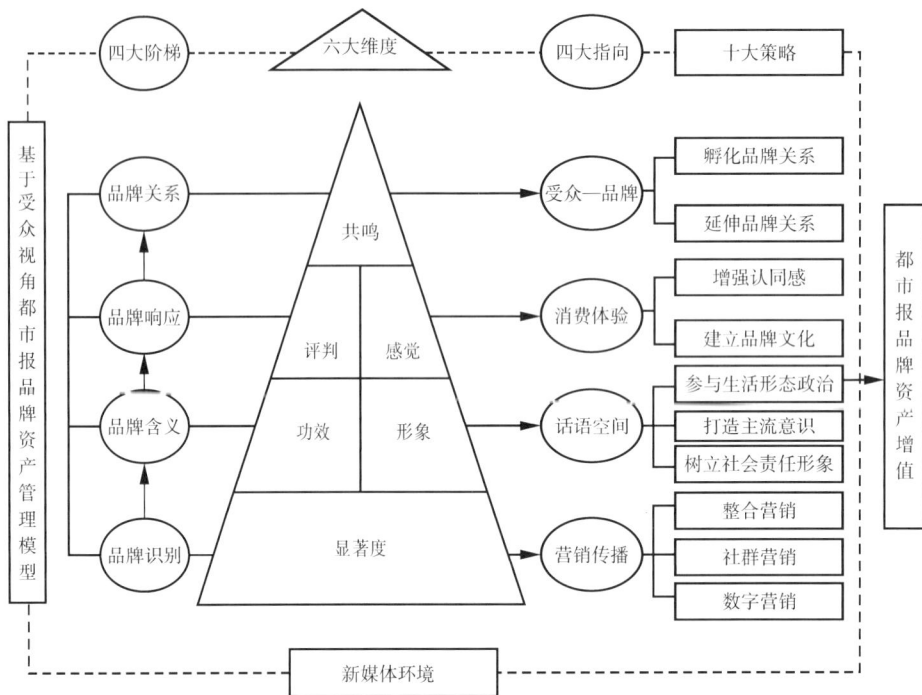

图 1-2 都市报品牌资产（ABBE）管理模型

三、研究意义

南方报业传媒集团副总编辑、原南都报系总裁曹轲认为，都市报在新媒体的冲击下，广告收入下滑，都市报转型是必须面对的现实，加强品牌资产管理是其转型的方向之一。开展都市报品牌资产管理的研究意义主要在于以下三个方面：

一是品牌资产管理是都市报最新的管理视角。都市报是在党报、晚报等大报发展的背景下创刊，面对强大的竞争对手和激烈的市场经济环境，都市报的品牌理念与之俱来且深刻。它们重视品牌管理实践，往往设立相应的品牌管理部门，拥有品牌设计的一套理念和品牌推广的方法，包括品牌增值、线下活动、公益论坛、品牌公关等品牌手段，这是较为完整的一套品牌传播机制建设。从这点上来说，都市报的品牌资产管理值得研究。

二是在新媒体环境下，都市报的品牌资产管理研究更加有价值。不能因为都市报的生存发展存在较大压力，出现市场萎缩和广告收入下滑等现象就忽视品牌建设。都市报忙于生存而疲于应付是一种错误的应对方式，品牌效应在这时候反而能发挥独特的价值，尤其在都市报发行量下降和受众减少的情况下，都市报剩下的价值就只有品牌了。现在的微信公众号、微博等新媒体形态能获得广泛的关注度，依靠的是报纸原有的影响力、公信力和关注度，因此都市报的品牌价值不会丢失。

三是都市报转型中最为关键的是要了解都市报品牌资产管理的用途。它主要有四个用途：首先，对于受众来说，都市报通过公益、促销、线下等推广活动，增强与受众的互动性和关联性。其次，对于广告营销和市场推广具有价值，这是最为直接的作用。都市报要靠市场生存，如果都市报本身没有价值，刊登广告就没有价值。广告类别和效果与刊登广告的载体有着良性互动关系，同样广告刊登在《南方都市报》上与刊登在其他媒体上给受众的感觉是不同的。再次，在新媒体上进行二次传播的产品更容易引起关注，这是因为之前积累的品牌价值在新情况下得以延伸或者再生。最后，对于合作经营来说，不管是传媒之间合作还是跨界运营，不管是强强联合还是优势互补，都市报的品牌价值大，谈判能力会更强，对接资源更容易，在市场竞争中更有话语权，能够争取到更大的权益和份额。这对都市报增强广告与客户的关系，增加品牌价值和促进形象推广，具有良性互动的作用。

本书旨在梳理都市报的品牌资产管理脉络和构建品牌资产管理模型，包括都市报品牌资产管理的观念、维度、指向以及策略等，力图引导都市报的品牌经营者、管理者以及内部员工寻求到新媒体环境中都市报的发展突围方向，树立清晰的品牌资产观，分层推进品牌资产管理。可见，其研究意义在于理论和实践两个方面。[①]

（一）理论意义

在理论上，都市报品牌资产管理是一种品牌经济学的实践，它涉及品牌传播、品牌符号、品牌消费心理以及消费者—品牌关系等分支理论。笔者意欲融合相关分支理论，将都市报及其品牌资产管理活动置身于不可绕过的新媒体环境中进行探讨研究，避免主观臆断得出不接地气的结论。

"当营销外部环境和企业营销目标、规划发生变化时，长期视角将导

---

① 曹轲的访谈内容，访谈时间：2018 年 1 月 28 日；访谈地点：广州市南方传媒集团。

致保持和强化基于消费者的品牌资产主动性战略的制定。"① 笔者从都市报品牌资产管理的实践工作入手进行研究，具有一定的经验主义色彩，但笔者又不仅仅局限于简单的经验研究，而是遵循着品牌学相关理论的指导，避免纯粹经验研究的具象化和呆板化，使本书在形而向上的理论层面得到升华。

（二）实践意义

学界和业界对都市报发展一路唱衰，认为都市报正在遭遇"拐点"式的寒冬。② 笔者并不认同这种说法，都市报只是走到了一个发展中必然遇见的"弯道"。面对"弯道"中出现的新媒体潮涌现象，都市报要调整重心，始终站在受众的立场上积极转型，围绕品牌资产维度，加强品牌资产管理，促进品牌资产增值，在走过"弯道"后必会迎来新的发展期。对此，范以锦教授认为："如果我们不提高品牌资产管理的意识，依旧维持原有的品牌资产管理现状和办法，都市报绝对是会消失的，《京华时报》就是一个教训。尤其是在新媒体时代，都市报品牌资产价值只是在原有的惯性上运转，这是一种危机性的上升，如果都市报不去维护和发展品牌资产，不去认真面对危机和解除危机，都市报的'弯道'就拐不了。"③

当然，都市报的生存发展还存在一定的权力因素，但这种行政干预不在本书的阐释范围内，而本书主要介绍都市报当下如何将品牌资产管理好，从而实现都市报品牌资产增值。目前来说，都市报品牌资产管理的实际操作方法众多，错综复杂的实践手段更导致品牌资产管理的方向不清晰，难以抓住品牌资产管理的主线。本书在借鉴 CBBE 模型的基础上，根据都市报在新媒体环境下呈现的新特点和发展需求，揭示都市报品牌资产内涵和评价体系，探求基于受众的都市报品牌资产管理的方法策略，创新品牌资产管理的研究视角。

---

① 凯文·莱恩·凯勒. 战略品牌管理［M］. 3 版. 卢泰宏，吴水龙，译. 北京：中国人民大学出版社，2009：38.

② 赵曙光. 传媒五大变局与报业六大突破——略论"拐点"期的报业转型与创新［J］. 中国记者，2006（12）：9–10.

③ 范以锦的访谈内容，访谈时间：2018 年 2 月 6 日；访谈地点：广州市南方传媒集团。

第二节 研究对象

一、都市报

都市报是我国市场化环境中诞生的大众报纸。1993 年 8 月，《贵州都市报》最早使用"都市报"名称；1994 年 1 月，《三秦都市报》创办；1995 年 1 月，《华西都市报》的创刊标志着都市报市场化脚步加快。据时任国家新闻出版总署的副署长梁衡回忆："这家报纸在报批时，由于一个城市不宜办两家晚报（已有《成都晚报》），就提出了都市报的想法，此后，都市报在全国迅速发展起来。新兴都市报以惊人的发展势头、强大的市场竞争力、清新可喜的文风、灵活创新的经营机制等鲜明的特征，受到广大读者的由衷欢迎和赞赏，也引起新闻界的密切关注。"①崛起的都市报对中国新闻传播体制改革有着重要意义，它从根本上改变了单一的党委机关报结构，构建出以机关报为主的多元化、多层次的报业结构。

都市报从诞生起便被刻上了深深的市场烙印，它的产生和发展与社会的历史、经济、文化等因素有着千丝万缕的联系，是报业形态竞争的必然产物。都市类报纸之一的晚报曾紧抓读者眼球的做法已经有些陈旧，直接冠名为"都市报"的都市报扛起"为百姓分忧，为政府解难"的大旗，突出和强化为读者服务的思想和内容。都市报坚持"三贴近"原则融入都市市民中，《华西都市报》总编辑席文举说办都市报就是"面向城市的广大市民，办一张走向千家万户的市民生活报"②。目前，不少研究者将都市报等同于都市类报纸，实质上，都市报相比都市类报纸有着地域、新闻资源、人才、市场营销等优势，更为重要的是它有着母报——省委机关报的"保护伞"优势。因此，都市报与都市类报纸不可同日而语。

关于都市报的概念比较有代表性的观点有：文有仁（1998）认为，都市报是指在都市发行，面向都市居民即广大市民的、不具有机关报性质的

---

① 梁衡．聚焦《华西都市报》［M］．北京：中国社会科学出版社，2000：1.
② 席文举．研究读者市场提高办报艺术：都市报现象研究［M］．北京：新华出版社，1998：32.

报纸。① 孙燕君（2002）认为，都市报是面向市场、立足城市、贴近读者、具有强烈的市民化和城市化色彩的报纸。② 吴定勇（2003）认为，都市报是中国新时期市场经济和城市化进程的产物，是每天早上或午前出报、主要面向现代都市市民的区域化综合性市民生活—新闻报，是嫁接了各类畅销报特别是新型晚报的特点和优势之后并在许多方面有了自己的创新和突破而形成的一个全新的报种。③ 李红（2004）认为，都市报的读者为普通市民，具有贴近百姓、贴近生活、内容可读等特征。④ 孙玮（2006）认为，"都市报既是新闻的发布者，以及大众的娱乐工具；同时也成为中国普通大众日常的仪式化行动，它建构了中国人共享的意义系统，提供了大众对于当下中国'在场'的证明"⑤。陶玉亮（2008）认为，都市报成功地将市场经济规律和新闻规律结合起来，彻底摒弃官报思想，讲求报道内容和形式，注重满足受众的需要，具备自己的独有特色和风格。⑥ 王灵（2010）归纳出都市报的主要特征有：①以市民为核心受众；②立意贴近性强；③内容的极大丰富性；④实用性强；⑤浓郁的地方特色。⑦ 刘劲松（2014）认为，都市类报是以城市居民为主要读者对象，秉承以市场为导向、以读者和客户为中心的办报理念，采用市场化的管理体制和运行机制，注重可读性、服务性，寻求经济利益最大化的综合性报纸。⑧

　　结合传媒业态的现状和研究需要，笔者将都市报定义为：都市报是面向市场、贴近市井、服务市民的一种不具有机关报性质的报业形态。这种报业形态既可以是传统纸质形态，也可以是适应新媒体发展的、由传统纸质形态延伸出的数字或电子形态。在此要特别说明一点，都市报（报纸媒体）与都市报品牌衍生体并不一致，就如纸质版的《人民日报》与电子版的《人民日报》不是一个媒体一样，尽管它们的内容是同一个内容。为了

---

①　文有仁. 坚持党性原则，满足读者需求——从《华西都市报》看"都市报现象"［J］. 新闻界，1998：13 – 16.

②　孙燕君. 都市报的缘起、现状与趋势［J］. 广告人，2002（8）：34 – 36.

③　吴定勇. 晚报、都市报：是否一家人？——兼论晚报、都市报的内涵、外延及特点［J］. 西南民族大学学报（人文社科版），2003（6）：166.

④　李红. 转型时期的中国都市报研究［D］. 郑州：郑州大学，2004：10 – 14.

⑤　孙玮. 现代中国的大众书写：都市报的生成、发展与转折［M］. 上海：复旦大学出版社，2006：6.

⑥　陶玉亮. 都市报如何凸显特色［J］. 新闻记者，2008（5）：93 – 96.

⑦　王灵. 重庆都市报的品牌建设研究［D］. 重庆：重庆大学，2010：25 – 30.

⑧　刘劲松. 嬗变与重构：转型期都市类报纸发展路径研究［M］. 北京：中国传媒大学出版社，2014：7.

研究需要，本书将都市报的概念延伸到它的各种形态，既包括纸质形态也包括新媒体形态等实体性与网络性相结合的形态。通过分解都市报的概念可以归纳出都市报具有的基本特征为：目标受众为集中居住在都市的公众；版面内容以综合性的政治经济新闻、文化娱乐新闻以及文艺副刊为主，更强调"三贴近"原则；发行销售在一定都市区域内；出版频率为每日出版等。都市报在面对受众和市场的经营管理中，形成了各自在不同受众人群心目中的阶梯位置，联结了各自的品牌——报纸与自己特定受众的关系。因此，对于有些具备这些特征的都市类报纸，比如具有机关报性质的晚报和日报等均不属于本书的研究范畴。

二、都市报受众

从词源学来说，"受众"英译为"audience"，其拉丁语词根"audi"是"听"之意。据考证，这一名词最早出现在 14 世纪（Webster J G & Phalen P S，1997），是指布道集会时的听众。他们从四面八方集合在一起，作为上帝的忠实信徒和子民，聆听牧师宣读教义。[①] 从霍克海默到哈贝马斯，再到以霍耐特为代表的法兰克福学派研究受众已长达近一个世纪，他们将受众视为资本主义文化工业中完全被动消极的大众，同时也是以精英表现的另类形象。《中国大百科全书·新闻出版卷》将受众定义为：接受信息传播的群众，主要指书籍、报刊的读者，广播的听众，电影电视的观众。

随着科学技术的进步和社会的发展，"受众"的内涵和外延不断演进，它囊括了古罗马时期角斗表演的观看者、17 世纪的阅读公众、18 世纪小说与 19 世纪廉价报刊的读者、20 世纪广播的听众和电视的观众以及 21 世纪的网民。在新媒体环境中，受众已经是公共领域中具有同等的符号权利和传播权利的平等公民。我们对都市报的受众进行研究，应该以一种中立的学术立场去描述和还原真实的受众群体形象，而不应该像法兰克福学派一样站在批判的角度去拒绝这个群体。

当今新媒体环境下，"受众"已不仅仅包含其传统意义上的群体，还包括以互联网和现代通信为代表的新媒体的网民或用户。Jay Rosen 认为：受众处于单向媒体渠道的接收端，习惯于老式的、单向的和自上而下的媒

---

① WEBSTER J G, PHALEN P S. The mass audience：rediscovering the dominant model ［M］. Mahwah：New Jersey，1997：1.

介消费方式，这是人们对受众在大众媒体出现后的印象。① 丹尼斯·麦奎尔认为，"传统的受众角色——被动的信息接受者、消费者、目标对象将终止，取而代之的是搜寻者、咨询者、浏览者、反馈者、对话者、交谈者等诸多角色中的任何一个"。他还指出，"受众既是社会环境——导致相同的文化兴趣、理解力和信息需求——的产物，也是特定媒介供应模式的产物"②。该概念指出受众是一种"社会呈现"，它通过教育程度、社会阶层、政治文化等社会特征体现出来，具有群体性特征。同时受众不会自然消费媒介，它需要外因的激励，其中媒介自身的品牌资产管理活动对受众来说是不可或缺的外因。媒介以特定的供应模式即内容结构、新闻价值供给能力、呈现能力、呈现方式等为受众提供信息，供其选择。

受众是传播的起点和归宿，是考察大众传播效果不可或缺的关键因素。西方有关受众的研究主要有"枪弹论""个体差异论""社会类型论""社会关系论""满足需要论"和"社会参与论"等代表性理论，它们显示着传播效果研究演进的不同阶段，隐含着不同的受众观。受众观主要有"大众"受众观、"群体成员"受众观、"市场"受众观、"权利主体"受众观等类型。③ 但是受众有固定的指向，简单说来指的是一种或多种媒体渠道的读者、观众和听众。④

本书涉及都市报的传统形态和它所置身的新媒体传播背景，故依然采用"受众"这一专业术语，侧重受众的市场观和权利主体观念，既考虑到专业术语的前后顺延性，也便于使用相关的学科概念和成果。都市报是按照一定的市场规律运营的报纸，受众是它发行销售和品牌消费的对象。这种观点是媒介工业话语的表达方式，容易让受众成为物质世俗的消费品，它侧重的是都市报营利的角度，而忽视了受众本身的精神需求。因此，本书还考虑到都市报承担意识形态传播的社会责任，积极引进"权利主体"受众观。1948年《世界人权宣言》中指出，"人人有权通过任何媒介寻求、接受、传递消息和思想"。作为信息消费者、社会公众、社会改革参与者等多重身份的受众享有最基本的知情权、传播权和传媒使用权三项权利。

在受众行为理论研究视域里，受众作为一个集合群体，他们"使用"

---

① ROSEN J. The people formerly known as the audience [J]. Economist, 2008：14–16.
② 丹尼斯·麦奎尔. 受众分析 [M]. 刘燕南，等译. 北京：中国人民大学出版社，2006：2.
③ 刘燕南. 国际传播受众研究 [M]. 北京：中国传媒大学出版社，2011：22–28.
④ 童清艳. 受众研究 [M]. 上海：上海交通大学出版社，2013：12.

媒介是基于某种特定"需求"，他们消费媒介的过程是"需求"得以"满足"的过程。都市报扩大信息沟通渠道和扩宽信息传播空间，丰富了社会话语实践活动，引导受众参与社会变革，满足了受众的心绪转换效用和人际关系效用。对此，本书认为都市报受众指的是都市报生存发展环境和都市报供应模式产生的都市公众集合群体，它们是都市报信息内容和品牌关系的消费者，也是都市报承担社会责任的权利主体。因此，在未做特殊说明的情况下，文中提到的都市报的受众、读者、消费者和用户等概念均等同于都市报的受众概念。

第三节 文献综述与概念厘清

新媒体环境下基于受众视角的都市报品牌资产管理研究，包括受众、新媒体、都市报、品牌资产管理等概念，但其核心落脚于通过分析品牌资产的内涵和评价体系，构建一个品牌资产管理的新模型指导都市报实践工作。对此，本书对品牌资产及其模型、品牌资产管理以及都市报品牌经营管理等相关研究采取逐层文献梳理，从中透析研究空间和研究方向。

一、品牌资产的文献综述及其概念

20 世纪 80 年代，品牌资产在西方开始被研究。20 世纪 90 年代，我国开始关注该领域研究。近年来，国内新闻传播学、经济学、管理学和心理学等学科对其研究越来越活跃，拥有丰硕成果。本书运用文献计量学的共词分析方法和 CiteSpace 等科学知识图谱的可视化技术，基于中国知网学术期刊数据库，梳理品牌资产的期刊学术论文，从纵向和横向角度判断出该学科领域的研究热点、研究进程和发展趋势，直观展现该领域的研究情况。

（一）研究概述

信息可视化软件 CiteSpace 目前广泛运用于知识图谱的绘制中，其主要功能之一即探测相关知识领域的研究热点、研究主题之间的关系以及演变过程。① 以篇名涉及"品牌资产"的学术论文为研究对象，基于中国知网学术期刊数据库，选择 1995—2018 年间的期刊学术论文，去重后共有1 464篇。按学科分布来看，企业经济、工业经济和宏观经济管理与可持续发展等经济学占有近一半成果，而新闻与传媒学科角度的只有32 篇，占比为1.54%（见图1-3）。可见，品牌资产研究主要是属于一个经济学命题。

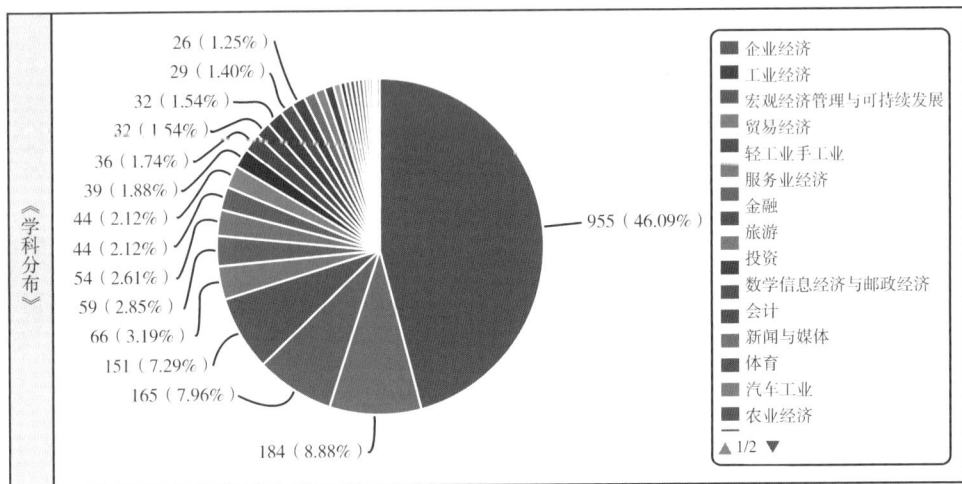

图1-3　品牌资产研究的学科分布图

按照关键词共现网络分析（见图1-4），品牌资产更为侧重品牌资产价值和品牌资产评估等方面的研究。消费者是研究切入点，企业社会责任和品牌延伸是它的研究重点，品牌形象、感知质量、品牌知名度、品牌联想、品牌关系和品牌忠诚等是其主要研究维度。

① 陈悦，陈超美，刘则渊，等.CiteSpace 知识图谱的方法论功能［J］.科学学研究，2015，33（2）：242-253.

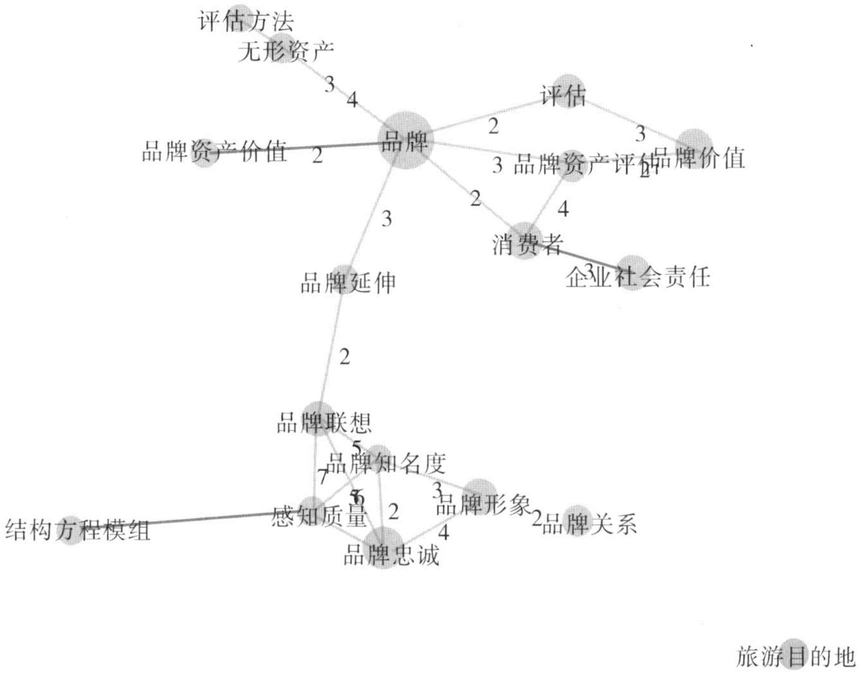

评估方法
无形资产
品牌资产价值
评估
品牌
品牌资产评估
品牌价值
消费者
企业社会责任
品牌延伸
品牌联想
品牌知名度
品牌形象
品牌关系
结构方程模组
感知质量
品牌忠诚
旅游目的地

图 1 - 4　品牌资产研究关键词共现网络分析图

根据关键词共现矩阵分析（见图 1 - 5），品牌资产研究处于前十名的主要关键词为品牌、品牌忠诚、品牌价值、企业社会责任、消费者、感知质量、品牌形象、品牌关系、品牌资产评估、品牌资产价值等，其次要角度为品牌联想、品牌延伸、无形资产、顾客忠诚、结构方程模型、评估方法等。

	品牌资产	品牌	品牌忠诚	品牌价值	企业社会责任	消费者	感知质量	品牌形象	品牌关系	品牌资产评估	品牌资产价值	品牌联想	品牌延伸	无形资产	顾客忠诚	结构方程模型	评估方法	旅游目的地	评估	品牌知名度
品牌资产																				
品牌	47																			
品牌忠诚	36																			
品牌价值	21																			
企业社会责任	31																			
消费者	14	2																		
感知质量	18																			
品牌形象	19																			
品牌关系	11						2													
品牌资产评估	11	3		2		4														
品牌资产价值	4	2																		
品牌联想	15		5			6														
品牌延伸	12	3							2											
无形资产	5	4																		
顾客忠诚	8																			
结构方程模型	9																			
评估方法	14	3										2								
旅游目的地	7																			
评估	12		3																	
品牌知名度	10	2				4	2					5								

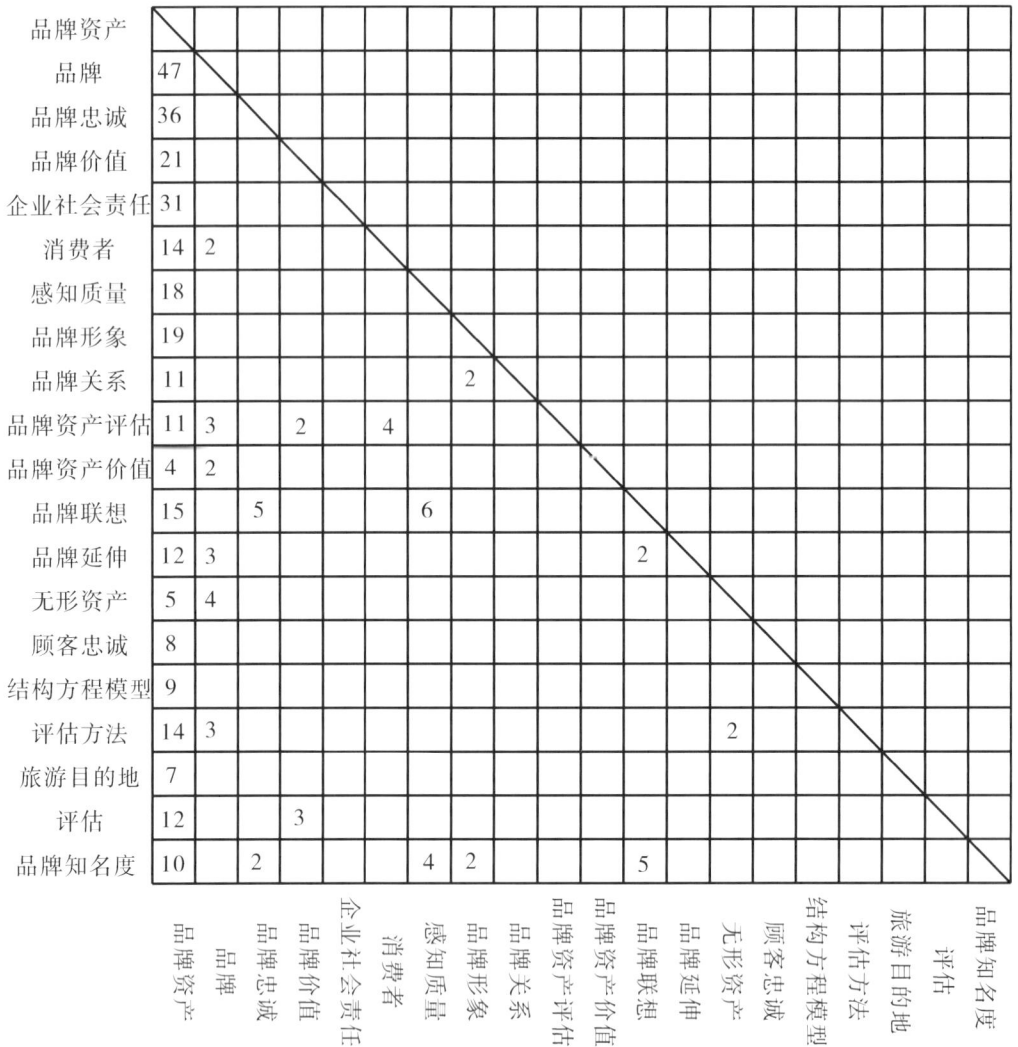

图 1–5 品牌资产研究关键词共现矩阵分析图

　　按照品牌资产研究的总体趋势来看（见图 1–6），自从 20 世纪 90 年代开始，对品牌资产的研究呈现上升趋势，尤其是 21 世纪前十年趋向热度化，之后的趋势是稳中有升。

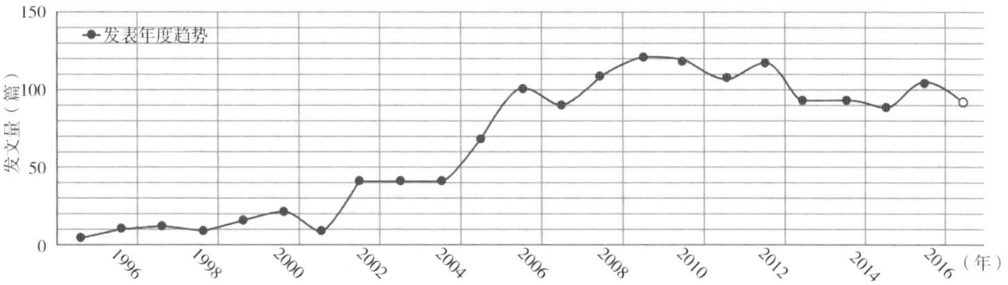

图 1-6　品牌资产研究总体趋势分析图

通过对被引频次为 10 次及以上的 198 篇文献进行分析（见图 1-7），其关键词共现网络的知识图谱主要从消费者视角出发，侧重研究品牌的感知质量、品牌忠诚、品牌态度、品牌核心价值和品牌附加值等。

图 1-7　1995—2018 年品牌资产研究被引 10 次及以上的关键词共现知识图谱

在 1995—2018 年有关品牌资产的高频被引用的 198 篇论文中，发表论文量排名前 5 位的作者每人发表论文 4 篇以上，共占所有作者总发文频次的 15.66%（见表 1 - 2），他们是品牌资产的核心研究者。

表 1 - 2　国内品牌资产研究领域核心研究者

排名	作者	论文数量（篇）
1	卫海英	12
2	何佳讯	6
3	刘国华	5
4	江明华	4
5	沈鹏熠	4
6	其他	167

（二）国外有关品牌资产的研究综述

自美国营销科学研究院以"品牌资产"为主题召开相关会议后，国内外学者开始从不同视角对其进行研究。Kim（1990）认为品牌资产会影响消费者的潜在能力，是消费者对品牌的思考、感受、知觉和联想的融合；Aaker（1991）认为品牌资产是指"与品牌（包括品牌名或品牌识别）联系在一起的一系列资产或负债，他们可以增加或减少产品或服务本身提供给企业或消费者的价值"[①]，它包括品牌知名度、品牌联想、品牌认知、品牌忠诚和其他专有资产五个维度。1998 年，Aaker 建构了五维度十要素模型：品牌知名度、品牌联想（价值、品牌个性和企业联想）、品牌认知（品质认知、领导性/受欢迎性）、忠诚度（溢价、满足度/忠诚度）、市场状况（市场价格、渠道覆盖及市场占有率）。Aaker 还认为，如果品牌或者标志发生变化，就是改为新的名称或标志，某些或所有的品牌资产或负债将会受到影响，甚至消失。[②]

Blackstone（1992）与 Keller（1993）均认为：品牌只有对消费者有意

---

① AAKER D A. Managing brand equity：capitalizing on the value of a brand name［M］. New York：Free Press，1991：21.

② 戴维·阿克. 管理品牌资产［M］. 奚卫华，董春海，译. 北京：机械工业出版社，2006：35.

义（价值），才会对投资者、生产商或零售商有意义。Keller 的《概念化、测算与管理基于消费者角度的品牌资产》是品牌资产的经典代表作，他认为消费者对品牌知识的差异性会产生不同的品牌效果，这是品牌资产的效用。受 Keller 的启发，后续学者对品牌资产研究更为关注消费者。Barwise（1993）认为，品牌资产是品牌长期在消费者专属（franchise）及其财务价值上的体现。Park & Srini Vasan（1994）认为，基于消费者的品牌资产与品牌的市场产出具有内在逻辑关系，品牌资产是消费者对某一品牌的整体偏好与多重属性客观评估加总的差异①，它的形成要素分为物理属性和非物理属性，其中，非物理属性比物理属性对品牌资产的贡献率更大。Lasser，Mittal & Sharma（1995）认为，品牌资产是品牌名称加诸产品上，消费者所增加的认知效用与好处。Feldwick（1996）认为可从三个方面建立品牌资产：消费者的品牌价值、品牌强度、品牌描述。Zeynep & Durairaj（1998）认为品牌资产是由消费者对品牌的正向联想创造的品牌忠诚度而生成的。美国营销科学研究院（MSI，1999）认为品牌资产是品牌相关者对品牌的认知或印象，且这一认知能给品牌带来持续的差异化竞争优势。可见，消费者是大多数学者的研究关注点和切入点。

美国明尼苏达大学教授 William D. Wells（2000）指出，迄今对品牌资产的研究好像是瞎子摸象，不同的人出于不同的目的和受个人背景的限制，赋予其不同的含义，给出了不同的测量方法。② Yoo 和 Donthu 根据 Aaker 和 Keller 的品牌资产理论构建了基于消费者的多维品牌资产（Multidimensional Consumer‐Based Brand Equity，简称 MBE）模型。品牌资产由品牌忠诚度、品牌认知、品牌联想/知名度构成，三个维度之间具有显著的关联度，品牌资产形成的顺序为：先由品牌知名度、品牌联想影响品牌认知，再由品牌认知影响品牌忠诚度，进而经由品牌忠诚度影响品牌资产。③ Netemeyer，Richard 等（2004）认为品牌资产主要包括品质/物有所值、品牌独特性和支付溢价意向。其中，品质/物有所值、品牌独特性共同影响支付溢价意向，支付溢价意向作用于品牌资产，而品牌资产对消费者品牌购买行为变化有着较大影响。Carol J. Simon，Mary W. Sullivan 从品

① PARK C S, VASAN S. A Survey‐based method for measuring and understanding brand equity and its extendibility ［J］. Journal of marketing research, 1994（5）：271‐288.

② YOO B, DONTHU N & LEE S H. An examination of selected marketing mix elements and brand equity ［J］. Academy of marketing science, 2000（28）：195‐211.

③ YOO B, DONTHU N. Developing and validating a multidimensional consumer‐based brand equity scale ［J］. Journal of business research, 2001（2）：1‐14.

牌资产的评估和股票信息以及业绩之间的关系进行研究，认为品牌资产是品牌产品所得的现金流超过非品牌产品销售所得的现金流的部分，并以此为基础估计金融市场与品牌相关的利润。①

归纳起来，学者们主要从财务、市场、消费者和综合四个角度定义品牌资产。有些学者研究了财务视角的品牌资产（如 Farquhar，Han & Ijiri，1991；Simon & Sullivan，1993；Kapferer，1997；Doyle，2001），有些学者强调基于消费者的品牌资产（如 Keller，1993；Shocker，Srivastava & Ruekert，1994），有些学者研究了员工与品牌的关系（Ambler & Barrow，1996；Ambler，2003），还有些学者提出了"基于员工的品牌资产"（Employee – Based Brand Equity）这一概念（King & Grace，2009 & 2010）。从财务角度看，品牌资产主要涉及成本、现金流量与利润等财务概念，一般用经济财务模型估计品牌价值。Aaker 和 Robert Jacobson 对 34 个公司在 1989—1992 年的股票收益和品牌资产年改变量之间的关系进行了研究，发现品牌资产和股票之间存在强大的正相关关系，品牌态度的改变与同期的股票收益相关，并会影响财务状况。但是如果消费者的意识没有形成更积极的态度，品牌资产对股票价格的影响较小。② 从市场角度看，强调品牌资产可由消费者的品牌知识和态度来定义。Carol J. Simon，Mary W. Sullivan（1993）从消费者角度出发，认为是消费者心目中的品牌优势创造了品牌的价值，即品牌资产必须建立在消费者基础上才能实现财务价值。对此，Keller（1993）更强调品牌资产是建立在消费者基础上并优先于财务的。本书对品牌资产的概念使用更倾向于消费者视角。

（三）国内有关品牌资产的研究综述

国内学者关注品牌资产理论始于 20 世纪 90 年代中后期，卢泰宏、范秀成、符国群等国内学者在品牌资产理论引进上做出了较大贡献。范秀成等（2002）把品牌形象分为产品维度、人性化维度、企业维度和符号维度，以表明中国消费者的品牌知识结构不同于西方国家。③ 江明华等（2003）发现感知质量、品牌忠诚和品牌资产会受到深度折扣的负面影响。

---

① SIMON C J, SULLIVAN M W. Measurement and determinants of brand equity：a financial approach［J］. Marketing science，1993，12（1）：28 – 52.

② AAKER D A, JACOBSON R. The financial information content of perceived quality［J］. Journal of marketing research，1994，31（5）：191 – 201.

③ 范秀成，陈洁. 品牌形象综合测评模型及应用［J］. 南开大学学报（哲学社会科学版），2002（3）：65 – 71.

黄胜兵、卢泰宏（2003）实证分析品牌个性可表现为仁、智、勇、乐、雅五个维度。① 周志民、卢泰宏（2004）根据品牌要素理论和人际关系结构理论研究品牌关系，认为品牌关系由承诺/相关度、归属/关注度、熟悉/了解度、信任/尊重度、联想/再认度五个因子组成。② 韩经纶、赵军（2004）认为品牌定位和品牌延伸都能增加品牌资产，并指出解决品牌定位与品牌延伸的矛盾在于提升品牌定位，使定位由具体的功能定位提升到抽象的情感文化定位。③ 周志民（2005）研究了财务价值、形象价值、服务价值、社交价值四个因子会影响品牌社群的消费价值，提出相关测量体系。这些研究并没有直接对品牌资产进行研究，但是从不同侧面为基于消费者的品牌资产提供了实证支持。

对品牌资产进行较为直接研究的学者主要有卫海英、王永贵、王海忠等。卫海英（2007）认为，品牌资产的四要素是企业质量策略、促销策略、产品经营延伸策略和进入市场时机，并提出基于企业与消费者互动行为的品牌资产生成的最佳路径。④ 王永贵（2005）认为，品牌资产对消费者关系管理绩效有较大影响，其关键驱动因素主要是品牌忠诚、品牌认知、品牌联想、品牌感知质量、品牌满意等。对品牌资产进行系统研究的王海忠（2006）在借鉴 Aaker 品牌资产十要素模型、Keller 的 CBBE 模型等理论基础上，发现模型以外的公司能力和品牌共鸣等新因素，并从消费者品牌知识、产品市场业绩、金融市场业绩三个方面测量品牌资产，并认为消费者品牌知识影响产品市场业绩，产品市场业绩影响金融市场业绩。⑤ 何佳讯（2006）提出消费者—品牌关系质量概念，并从认知心理学和社会心理学的角度设计品牌资产（资产）测评量表。孙晓强（2009）从基于消费者心智和消费者—品牌关系的两个品牌资产视角，构建"品牌代言人—品牌关系—品牌资产市场产出"三者之间的结构模型，得出品牌代言人会影响品牌资产形成的结论。⑥ 陈洁（2012）认为品牌资产价值是一种以劳动价值论、级差地租理论、效用价值论为形成理论的无形资产，提出了品

①　黄胜兵，卢泰宏．品牌个性维度的本土化研究［J］．南开管理评论，2003（1）：4-9.

②　周志民，卢泰宏．广义品牌关系研究［J］．中国工业经济，2004（11）：103-109.

③　韩经纶，赵军．论品牌定位与品牌延伸的关系［J］．南开管理评论，2004（7）：46-47.

④　卫海英，冯伟．品牌资产生成路径：基于企业与消费者互动行为的研究视角［J］．管理世界，2007（11）：164-165.

⑤　王海忠．品牌测量与提升：从模型到执行［M］．北京：清华大学出版社，2006：3.

⑥　孙晓强．品牌资产的提升策略：品牌代言人视角下的理论与案例［M］．北京：经济科学出版社，2009：89.

牌资产价值确认、计量与披露的方法。① 周琨鹏（2013）基于定位理论对企业品牌资产提升绩效进行了研究，提出品牌资产绩效评价指标体系。②

国内品牌资产研究虽起步较晚但也取得一些成果，总体呈现出几个特点：一是主要以国外品牌资产相关理论为研究底版，尚未理顺其概念；二是一些学者尝试利用国外有关品牌资产的理论来指导中国具体实践工作，试图提出具有中国特色的品牌资产理论；三是从消费者角度出发的品牌资产研究较普遍，但对传媒行业尤其是都市报的品牌资产研究极少；四是品牌资产研究主力在于管理学，其他学科的研究人员较少，导致学科融合度不够强。

（四）品牌资产的概念

出于研究需要，本书只从消费者角度对品牌资产做出概念的梳理和归纳（见表1-3）：

表1-3　基于消费者品牌资产的概念与维度表③

学者	概念	维度
Farquhar（1989）	与没有品牌的产品相比，品牌给产品带来的超越其使用价值的附加利益或附加价值	从财务视角出发
Martin，Brown（1990）	品牌资产最终来源于消费者对该品牌的认知	感知质量、感知价值、品牌形象、可信赖度、品牌承诺
Aaker（1991）	与品牌、品牌识别和品牌名称等相关的一系列资产或负债，他们可增加或减少通过产品或服务带给企业或消费者的价值	（1991）品牌忠诚度、品牌知名度、感知质量、品牌联想、其他专属资产；（1996）忠诚度、感知质量、品牌联想、品牌知名度、市场状况

---

① 陈洁. 品牌资产价值研究［M］. 北京：经济科学出版社，2012：34-59.
② 周琨鹏. 基于定位理论的品牌资产提升绩效研究［M］. 北京：中国经济出版社，2013：132-136.
③ 资料来源：本书归纳整理文献。

（续上表）

学者	概念	维度
Srivastava, Shocker (1991)	可分为品牌实力和品牌价值，前者指消费者、渠道成员和母公司对品牌的联想和行为集合，它使品牌享有持续的和差异化的竞争优势；后者指的是品牌管理者通过战略和战术行为，通过品牌实力所产生的能提供优异的当期和未来利润并降低财务风险	品牌实力、品牌价值
Keller (1993)	因消费者的品牌知识导致的对企业品牌营销的差别化反应，品牌资产首先来自消费者反应的差异，如果消费者对所有品牌的反应都一样，那么品牌资产就不存在了	（1993）品牌知名度、品牌形象；（2001）品牌识别、品牌含义、品牌响应、品牌关系
美国营销科学院 (MSI，1998)	品牌的消费者、渠道成员、母公司等对于品牌的联想和行为	
符国群 (1999)	品牌资产是附在品牌之上的能为企业在未来带来额外收益的消费者关系	品牌态度、信任度、感知品质、购买意愿
Berry (2000)	注重品牌与消费者之间的关系	品牌展示、品牌认知、品牌意义、消费者体验、外部品牌沟通
范秀成 (2000)	品牌资产是企业以往营销努力的沉淀，指企业以往在品牌方面的营销努力赋予产品或服务的附加价值	联想总数量、与产品特性有关的联想品牌、与产品特性无关的联想品牌、喜欢程度、独特性、联想信息来源
卢泰宏 (2000)	品牌资产实质上是一种无形资产，要基于消费者的概念模型理解概念	构建出财务会计概念模型、基于市场的品牌力概念模型及基于消费者的概念模型的三个维度

（续上表）

学者	概念	维度
袁登华（2000）	品牌是以消费者为中心的概念。品牌孵化、品牌传播、品牌决策和品牌诊断等要有消费者测量	品牌知名度、品牌联想度、品牌美誉度、品牌忠诚度
Yoo & Donthu（2001）		感知质量、品牌忠诚、品牌联想
张传忠（2002）	能够为消费者和企业带来不同于产品的特别价值或利益，品牌资产是能产生这些特别价值或利益的有价值的能量	品牌延伸、品牌信赖、品牌周期、品牌战略
王海忠、于春玲、赵平（2003）	消费者对企业营销活动在认知、情感、行为意向、行为方面的差别化反应	公司能力联想、品牌知名度、品质/价值认知、品牌共鸣、品牌延伸力、价格灵活性、重复购买意向
Netemeyer（2004）	消费者愿意为自己所偏爱的品牌支付超过本身价格的额外费用	感知质量（PQ）/相对于成本的感知价值（PVC）、品牌独特性、溢价支付意愿
赵占波（2005）	品牌资产是品牌名称为产品所带来的额外附加价值	品牌忠诚、品牌形象、品牌支持、企业家形象、品牌创新、品牌韧性、品牌延伸
丁家永（2006）	品牌资产指基于消费者的品牌资产，不是由企业财务决定，是企业通过长期品牌战略管理在消费者心智上产生的品牌知识与品牌形象	品牌知名度、感知质量、品牌联想、品牌忠诚度
夏丽君（2009）	基于顾客的品牌资产的实现，是指通过顾客参与实现企业收益，为企业创造价值的过程	服务品牌认知/联想、感知质量、服务品牌关系

（续上表）

学者	概念	维度
徐超 （2009）	品牌能给企业带来利益，源于品牌对顾客心理和行为产生积极影响	品牌知名度、产地联想、品种联想、品牌认知、品牌关系
张峰 （2010）	基于顾客心智的品牌资产，即认知、感觉和体验的好坏直接源于企业营销活动在顾客心中留下的印象，是企业营销活动的数量和质量的直接作用结果	品牌知名度、品牌联想、感知质量、品牌情感、态度忠诚、行为忠诚

本书在总结分析有关品牌资产的代表性观点后，更为认可 Keller（2001）在基于消费者的品牌资产模型提出的有关品牌资产的概念。Keller认为："尽管人们对品牌资产具有不同的看法，但是大多数研究者都认为品牌资产应该是品牌所具有的独特的市场影响力。也就是说，品牌资产解释了具有品牌的产品或服务和不具有品牌的产品或服务两者之间营销结果差异化的原因。"① 基于消费者的品牌资产结合了最新的关于理解和影响消费者行为的理论研究和管理实践，相对于有关品牌资产已经提出的一些有用观点来说，基于消费者的品牌资产模型提供的是一种独特视角。

二、品牌资产管理的文献综述及其概念

综合一些学者（Kapferer，1989；Tollin，2002；Webster，2002）的观点看，品牌管理一般包括以下内容：品牌定位、品牌设计、品牌传播、品牌创新、品牌扩展、品牌保护。② 从演变轨迹可看出，品牌管理发生了较大转变，例如，从"以产品为焦点"到"以受众为焦点"，"以制造商为中心"到"以消费者为中心"，"传者本位"到"受众本位"等多种转变。此外，新兴的品牌生态理论、品牌竞争理论等对品牌管理和品牌资产管理

---

① 凯文·莱恩·凯勒. 战略品牌管理［M］.3 版. 卢泰宏，吴水龙，译. 北京：中国人民大学出版社，2009：35.

② FARQUHAR P H. Managing brand equity［J］. Marketing research，1989，1（9）：24－33.
王成荣. 品牌价值评价与管理［M］. 北京：中国人民大学出版社，2011：270.

研究领域有一定的促进作用。

（一）国外有关品牌资产管理研究

国外对品牌管理研究起步较早。1931 年，宝洁公司的 Mike Elroy 提出"一个人负责一个品牌"的构想，并成为世界第一位品牌经理。到 1976 年，美国大型包装类消费品生产企业有 84% 设立了品牌经理，这种方法标志着以"品牌经理"为核心的营销管理体系逐步建立。① 20 世纪 50 年代初，美国 Bates 广告公司的 R·Raese 提出 USP 理论，一是广告应该把清晰的消费利益主张传递给消费者；二是广告主张独特性，其他品牌未曾使用或无法提供。② 20 世纪 60 年代，Ogilvy 提出品牌形象论，对品牌的长期投资主要途径是做广告，满足消费者的心理需求是广告运用形象根本出发点，广告至关重要的职责是竭力让品牌拥有和维持高知名度的品牌形象，因此，描绘品牌形象是广告重中之重。③ 20 世纪 60 年代，以美国 Grey 广告公司所提"品牌性格哲学"和日本小林太三郎（1996）所提"企业性格论"为标志的"品牌个性论"（Brand Character Theory），④ 其观点主要是，品牌在与消费者沟通中历经标志—形象—个性的演绎，个性是最高层面，塑造品牌个性的关键在于核心图案或主题文案的表现力。因此，选择品牌个性象征物是塑造品牌至关重要的环节。1979 年，以 Jake Trout 和 Al Ries 的《定位》一书为标志的"定位论"正式诞生。"定位论"是从传播对象（即消费者）的角度出发，由外向内传播品牌，企图在传播对象心目中占据有利位置。⑤

随着品牌资产的研究在 20 世纪 80 年代末期被提上日程后，一些品牌管理学者转向对品牌资产管理进行研究。其中 Aaker 等研究者认为强势的品牌资产是企业在品牌竞争中制胜的武器，品牌知名度、品牌忠诚度、心目中的品质、品牌联想和其他特有资产是衡量品牌资产的五大变量，构建不同的模型对品牌资产进行评估和管理。⑥ 奥美国际在 20 世纪 90 年代初提出"品牌管家"（Brand Stewardship）的理念，它实际上是一套用以确保

① 龚立新. 关于品牌经理制的几个问题［J］. 市场经济，2004（9）：66.
② 瑞夫斯. 实效的广告［M］. 张冰梅，译. 呼和浩特：内蒙古人民出版社，1999：95.
③ 大卫·奥格威. 一个广告人的自白［M］. 北京：中国友谊出版公司，1991：56.
④ 小林太三郎. 新型广告［M］. 北京：中国电影出版社，1996：215 – 289.
⑤ RIES A. The 22 immutable laws of branding［M］. Collins：Reprint Edition，2002：21.
⑥ AAKER D A. Managing brand equity：capitalizing on the value of a brand name［M］. New York：Free Press，1991：14.

所有与品牌相关的活动都反映品牌本身独有的核心价值及精神的完整企业规划。① 随后，奥美国际提出"360°品牌管理"新思想，它遵循着"品牌与消费者的每一个接触点"是"360°品牌管理"的逻辑起点。Aaker 的《管理品牌资产》（1991）、《建立强势品牌》（1996）以及《品牌领导》（2000）成为品牌管理的著名"三部曲"，构筑起管理思想（品牌资产）——管理工具（品牌识别）——管理模式（品牌领导）立体化的品牌管理。② Paul Temporal（2004）认为，品牌管理角色要注重六点：一是市场中心论成为主流，生产中心论退为其次；二是战术思维逐渐让位给战略思维，全球市场成为市场重点和市场分析对象，产品类别管理取代产品管理，塑造企业品牌成为品牌管理的重点；三是对客户负责替代对产品负责；四是现实和虚拟的品牌管理并举；五是品牌价值和品牌资产管理成为品牌管理中心；六是注重承担社会责任，不忘经济利益。③ Tom Duncan（2005）和 Sandra Moriarty（2007）认为品牌资产管理是一个利用整合营销和沟通互动的过程，并提出整合营销（Integrated Marketing，简称 IM）的商业模式，其中的品牌关系网络是由利益相关者包括员工、股东、销售商、供应商、传媒及客户、品牌接触点、售后服务、企业信誉、客户依赖度、其他影响利害关系的综合元素构成的整体。④ King 和 Grace（2010）实证研究了基于员工的品牌资产是由内部品牌管理、员工品牌知识效果及员工品牌资产收益三个维度组成。⑤

（二）国内有关品牌资产管理研究

21 世纪初，我国开始借鉴国外品牌管理理论探索品牌管理模式。苏晓东等人（2002）提出"720°品牌管理"思想，认为企业品牌应涵盖战略、员工等内向 360°和客户、渠道等外向 360°的企业行为圈，有利于沟通人员

① 宋秩铭. 奥美品牌管家的基本框架 ［EB/OL］. ［2004－02－24］http//www. chinaADren. com.

② AAKER D A. Managing brand equity：capitalizing on the value of a brand name ［M］. New York：Free Press，1991：15－33. AAKER D A. Building Strong Brands ［M］. New York：Free Press，1996：102－120. 戴维·阿克. 品牌领导 ［M］. 北京：新华出版社，2001：89－92.

③ TEMPORAL P. 高级品牌管理 ［M］. 高靖，刘银娜，译. 北京：清华大学出版社，2004.

④ DUNCAN T. Principles of advertising and IMC ［M］. New York：McGraw－Hill Companies，2005：26－28. FRANZEN G，MORIARTY S. The science and art of branding ［M］. Armonk，New York，London，England：M. E. Sharpe Inc，2007：69－73.

⑤ KING C，GRACE D. Building and measuring employee－based brand equity ［J］. European journal of marketing，2010，44（7/8）：938－971.

整合和控制品牌与消费者接触的任何点线面；① 陈放（2002）提出了MBC（营销系统工程）品牌管理模式，它集合质量、服务、广告、公关等模式来共同锻造品牌与塑造名牌。② 张冰（2002）认为企业或产品品牌塑造的催化剂是进行高品位的广告宣传，智慧拼盘的组合艺术是挖掘强大的营销力。③ 梁中国（2004）提出"易难7F"品牌价值管理模型，认为品牌运作的实质就是一个管理过程，推动品牌成长的七个驱动力是综合调查、市场定位、品牌规划、品牌审定、品牌推广、品牌监控、品牌提升。④ 李光斗（2004）认为品牌竞争力是企业核心竞争力的外在表现，它主要由核心力、市场力、忠诚力、辐射力、创新力、生命力、文化力、领导力八个层次组成，品牌资产管理围绕八个层次展开。⑤ 冯帼英（2006）提出泛营销时代运用"品牌资产积累十八法"和"天进品牌资产地球理论"进行品牌资产管理。⑥ 卫海英，李瑞一（2007）认为企业的品牌资产管理的模式选择主要基于企业—消费者互动关系、基于管理者—员工等角度出发，并提出品牌资产互动管理模式。⑦ 沈鹏熠（2012）阐述零售商品牌资产管理的逻辑框架和流程，并提出其品牌资产管理的模式和路径。⑧ 韩丹（2013）以"《南方都市报》全媒体"为案例分析报业的品牌资产管理创新。⑨ 张亦姝（2016）基于品牌与用户关系视角提出构成主流新媒体品牌资产的六个要素为品牌知名度、品牌形象、品牌动性、品牌忠诚度、品牌平台力和品牌资源力，并构建新媒体品牌资产概念模型和提出品牌资产管理策略。⑩

（三）品牌资产管理的概念

品牌资产管理的主要理论具有四个共同点：一是品牌资产管理是一个

① 苏晓东，等.720°品牌管理：概念与应用［M］.北京：中信出版社，2002：11-15.
② 陈放.品牌新论［J］.企业研究，2002（4）：20-21.
③ 张冰.捍卫品牌九策略［J］.中国民营科技与经济，2002（10）：65.
④ 梁中国.品牌感动心灵［C］.首届中国市场战略论坛文集，2004：8-9.
⑤ 李光斗.品牌竞争新利器：分众行销［J］.出版参考，2004（4）：34.
⑥ 冯帼英.品牌资产积累十八法［M］.厦门：厦门大学出版社，2006：3-6.
⑦ 卫海英，李瑞一.企业品牌资产管理模式探析——以广东高新技术企业为例［J］.科技管理研究，2007（12）：7-10.
⑧ 沈鹏熠.零售商品牌资产管理：结构、模式与路径分析［J］.商业研究，2012（1）：101-105.
⑨ 韩丹.报纸品牌资产管理创新——以"《南方都市报》全媒体"品牌运营为例［D］.广州：暨南大学，2013：41-49.
⑩ 张亦姝.基于品牌与用户关系视角的新媒体品牌资产管理研究——以"澎湃新闻"为例［D］.南宁：广西大学，2016：25-39.

内外共同运作的复杂系统，既需要内部职能部门的协调合作，也需要外部品牌关系网络的大力支撑；二是消费者是品牌关系的主要核心点，品牌关系制约着品牌资产管理的范式，同时消费者、其他利益相关者、系统环境等与品牌关系的逻辑也影响着品牌资产管理；三是品牌资产管理绩效评价要考虑品牌力和其他利益相关者的内外变量和维度；四是须不断改进与完善品牌资产管理的组织结构和管理流程。

结合相关研究成果，本书认为品牌资产管理是将品牌资产维度细化并付诸实施的一项经常性品牌管理活动和过程，以此实现品牌资产增值。而都市报品牌资产管理主要是从受众角度出发，通过各种管理活动和管理过程实现品牌在受众心目中的知名度和美誉度，最终把受众忠诚度转化成都市报的核心竞争力，使得都市报的品牌资产实现增值。

三、基于受众的都市报品牌资产管理的文献综述

考虑到都市报品牌资产管理的文献较少，本书将都市报品牌经营管理纳入文献梳理中。国内学者主要从市场营销学、管理学、传媒经济学等方面研究媒介品牌的经营与管理。比如，专著有支庭荣（2000）的《媒介管理》，邵培仁（2004）的《媒介管理学》，郭庆光、孟建（2004）的《媒介战略管理案例分析》，包国强（2005）的《媒介营销》，金雁（2008）的《都市报业品牌经营》等。

结合报业的特殊媒介属性，学界有不少专门论述报业品牌建设的论著，比如，霍敏（2004）的《解读南方日报报业集团的多品牌战略》，周志懿（2005）的《报纸媒体品牌建设的缺失》，王成波（2006）的《报业品牌的三重营销策略》，苏兴秋（2007）的《报业如何应对新媒体的挑战》，佘世红、段淳林（2008）的《试论南方报业"双重保护伞"的品牌结构》等。关于都市报品牌建设的相关理论主要散落在这些著述之中。

另外，报纸期刊与硕博士论文中也散见一些针对都市报品牌建设的研究，专门论述的著作则较少。其中，一部分通过具体的报纸探讨都市报的品牌建设，比如，《提升都市类报纸品牌建设的路径思考——兼说〈浙中新报〉的实践之路》《论品牌经济时代主流都市报的发展战略——以〈大河报〉为例》《华商报品牌建设之道及其省思》；还有一部分探讨都市报品牌建设在内容设置、读者定位与版式风格等方面的具体策略，比如，《都市类报纸品牌建设初探》《都市报品牌营销战略研究》《都市报的品牌塑造》；有的研究还结合具体例子来说明，比如，《南方都市报的定位发展探

析》《都市报打造品牌的重要途径——做好重大主题报道》《品牌扩张与积极营销中占领市场——〈华西都市报〉广告经营策略及案例分析》《都市类报纸的内容品牌建设策略——以〈江南都市报〉为例》《小议都市报"读者定位"和"风格定位"》《都市报内容的品质缺陷与质量提升》《关于都市报版面设计的思考》等。

　　从受众的视角来研究都市报品牌建设的论著较少，主要是在一些期刊论文中可以看出对有都市报品牌建设开展研究的痕迹。张东（2002）提出都市报要根据受众需求的变化及时改造媒介产品，运用整合营销传播理论加强品牌建设。^① 汪绍文（2005）从受众角度出发，论述都市报从市场定位、营销组合策略、品牌含义等角度加强品牌建设。^② 陈旭鑫（2006）论述报纸的品牌定位、内容建设、营销推广、对外竞争等具体策略，梳理并总结了都市类报纸品牌建设的一般规律。^③ 王永龙（2003）认为，管理者需要对企业组织和管理全面改革才能将企业导入品牌运营的轨道。^④ 乔永华（2009）从确定独特的受众定位、培育杰出的传媒人才、培植强有力的经济实力等角度阐述都市报加强品牌塑造的方式方法。^⑤ 陈海峰（2012）认为都市报记者站的记者开展新闻业务的情况说明了这是一支易被品牌建设忽视的力量。^⑥ 陈雷（2013）认为，都市报要树立全员公关意识，积极开展品牌教育，共同推进品牌建设这项系统性工程。^⑦ 张文婷（2013）探索都市报如何运营与发展微信公众平台，探讨如何实现手机用户、微信好友等利益相关者的良性互动。^⑧ 吴丹（2014）认为，公益品牌战略的实施要充分整合人力资源等内部资源，同时要有效发挥政府资源、企业资源、公益资源等外部资源优势，形成良好的资源驱动力。吴丹还认为，媒体举办的公益活动，几乎都要动用多种社会资源，以跨界合作来推动公益活动

　　① 张东. 都市类报纸品牌建设初探［D］. 南宁：广西大学，2002：20－25.

　　② 汪绍文. 都市报品牌营销战略研究［D］. 武汉：华中科技大学，2005：3－26.

　　③ 陈旭鑫. 都市类报纸品牌建设策略研究［D］. 南昌：南昌大学，2006：10－28.

　　④ 王永龙. 论企业品牌意识与品牌定位的互动性［J］. 福建师范大学学报（哲学社会科学版），2003（7）：31－36.

　　⑤ 乔永华. 从塑造品牌到创造名牌［J］. 青年记者，2009（7）：28－30.

　　⑥ 陈海峰. 都市报驻站记者如何突破信息不畅的瓶颈［J］. 传媒观察，2012（7）：40.

　　⑦ 陈雷. 双维互动，上下通达——新一轮改革背景下经济报道的几点思考和做法［J］. 中国记者，2013（11）：50－52.

　　⑧ 张文婷. 都市报微信公众平台的运营与发展探索——基于八家都市报微信平台的研究［J］. 中国记者，2013（5）：99－100.

的进行，提高品牌美誉度。①

　　截至 2019 年 3 月 7 日，在中国知网中输入主题"报业"并含"品牌资产"，共有《论媒体品牌资产累积的途径和方法》《论报业经营的品牌价值》《报纸品牌建设——21 世纪中国报业发展策略》《风险时代的中国报业品牌健康管理》等 26 篇相关文献。在中国知网里输入主题"都市报"并含"品牌资产"，只搜到 8 篇文献，有来自河北大学的硕士论文《〈燕赵都市报〉品牌发展战略分析》和来自暨南大学的硕士论文《报纸品牌资产管理创新——以"南都全媒体"品牌运营为例》及笔者的博士论文等，而真正从品牌资产管理的角度出发来研究报业发展的文献更是少之又少。

　　从已经检索到的都市报品牌建设相关文献资料可以发现，学者们的研究热点主要集中在都市报的发展现状、问题和对策，深度剖析优势、劣势、机遇与挑战，试图探求适合我国都市报的发展模式。但是，单列品牌资产管理的研究专题和专著还是比较少，只有在论著的字里行间阐述了适合本土消费者需求的品牌资产管理方式方法。尽管对都市报的品牌构建和品牌资产管理存在很大的分歧，但是很多学者从受众和行业的角度出发，借鉴其他行业品牌特征，指出都市报品牌建设的核心关键点是加强整个品牌资产管理，提升品牌资产。

　　结合品牌相关理论，目前关于都市报品牌建设的研究成果为都市报品牌资产管理的研究提供了广阔视角与经验借鉴，但还存在很多不足。比如，案例定性研究多，实证和学理性研究少；比较借鉴研究多，系统研究其战略、运营模式和组织结构等宏观层面研究少；研究品牌建设多，研究资产管理路径和模型的少。尤其是在新媒体发展的媒介生态环境中，站在受众的视角创新品牌资产管理模式和方式不失为都市报寻求发展的有效路径之一，但相关研究跟不上实践需求，这正好成为新的研究空间和今后研究的努力方向。

　　综上所述，都市报、受众、品牌资产和品牌资产管理的相关理论为都市报品牌资产管理体系的构建提供了理论支持，都市报品牌实践工作为研究指明了实践操作方法和创新性空间：一是立足于都市报特有的传媒个性特征，赋予都市报品牌及其资产管理深层次的社会文化内容；二是深究都市报与品牌相关的组织结构以及与受众牵连的网络结构，深刻认识他们对都市报品牌和品牌资产的创造与增值的作用；三是把受众看成都市报品牌

---

① 吴丹. 政务微信：指尖上的政民对话 [J]. 湖南广播电视大学学报，2014（3）：61－63.

资产管理的内生变量，从都市报品牌资产管理维度、向度和指标以及策略入手，构建都市报品牌资产管理模型，再造都市报品牌资产管理体系。

第四节　研究方法、研究思路与创新性

一、研究方法

笔者综合运用新闻传播学、管理学、统计学、心理学、社会学等多学科理论，主要采取深度访谈法和问卷调查法等研究方法，将理论与实证、定量与定性结合起来。

（1）问卷调查法。本书设计的调查问卷在已有文献基础上形成测量量表，采用李克特 5 级量表进行测量，主要由 12 个层级的多个变量组成，分别是品牌识别、品牌含义、品牌响应、品牌关系、品牌显著性、营销传播、话语空间、消费体验、受众—品牌、品牌功效、品牌形象和共鸣，并在回收 45 份预调查问卷后再征求 3 位专家意见修改而成，调查问卷附在文后（见附录一）。本调查问卷通过网络渠道发放，共得到 529 份有效问卷。本书主要利用 SPSS 等统计软件进行统计分析和假设检验，问卷分析结果基本验证了本书提出的都市报的 ABBE 管理模型。

（2）深度访谈法。笔者深入采访了华西都市报社社长、封面传媒董事长李鹏先生，南都报系党委副书记、总编辑任天阳先生等都市报品牌管理负责人，以及暨南大学新闻与传播学院范以锦教授和暨南大学管理学院杨德锋教授等品牌研究方面的学者（见表 1 - 4），进一步佐证和修正已有的研究框架和观点论述。

表 1-4　访谈情况汇总表

类别	人物	人物职务	时间	地点	方式
业界代表	任天阳	南方报业传媒集团管委会委员、南方日报社社委、南都报系党委副书记、总编辑，南都总裁与奥一网创始人之一，荣获"广东新闻金枪奖"，具有 17 年新闻行业经验和 5 年新媒体从业经验	2018 年 1 月 25 日	南方传媒集团	面对面
	李鹏	华西都市报社社长、封面传媒董事长兼 CEO	2018 年 2 月 24 日		微信
学界代表	范以锦	暨南大学新闻与传播学院院长、教授、博士生导师，曾担任《南方日报》总编辑、社长。第一个将品牌概念引入中国报业，提出报业品牌理念，被业界称为开启了中国报业"品牌"时代，是"多品牌战略""跨区域经营战略""人才战略"等一系列报业拓展战略的设计者和推动者	2018 年 2 月 6 日	南方传媒集团	面对面
	杨德锋	暨南大学管理学院教授、博士生导师、市场学系系主任，对品牌资产管理有深入研究	2018 年 1 月 23 日	暨南大学管理学院	面对面

这些访谈工作主要集中在 2017 年 4 月至 2018 年 3 月期间完成。访谈工作根据初稿内容以及难点重点问题拟定访谈提纲初稿，经反复斟酌，结合研究需要和现实实践以及博士预答辩指导老师的意见，不断修改后形成正式的访谈提纲。2018 年 1 月开始联系访谈对象，与访谈对象沟通、访谈，完成访谈成稿，再与访谈对象核实成稿内容、定稿等一系列的工作，至 3 月中旬全部完成，并将访谈内容重新加入论著章节中，进一步完善了研究方法和充实了论著内容。

鉴于研究需要和篇幅限制，本书选择对任天阳总裁和范以锦教授（分别作为业界和学界代表）的访谈附于文后（见附录二），以供参阅。

二、研究思路

本书旨在证明都市报进行的品牌资产管理是为满足受众品牌需求或期望，同时自身也能从中获得品牌资产的创造和增值，揭示都市报在新媒体环境下基于受众的品牌资产管理创新的策略和方法。本书主要遵循"总—分—总"的逻辑关系和行文结构，阐释相关论点并进行论述。第一章为绪论，介绍了问题的缘起和对理论文献进行梳理，说明创新与不足；第二章论述新媒体环境下都市报品牌资产的转型与评价；第三章构建新媒体环境下都市报 ABBE 管理模型并对其进行实证分析，第二章和第三章属于本书的总起部分；第四章至第七章分别论述都市报品牌资产管理的识别向度、含义向度、响应向度和关系向度，属于对前两章的深入性的分论述；第八章陈述总结得出结论，分析都市报品牌资产管理的新趋势，指出研究不足和后续研究建议。根据各部分研究内容之间的逻辑关系，本书将遵循以下研究思路（见图 1 - 8）。

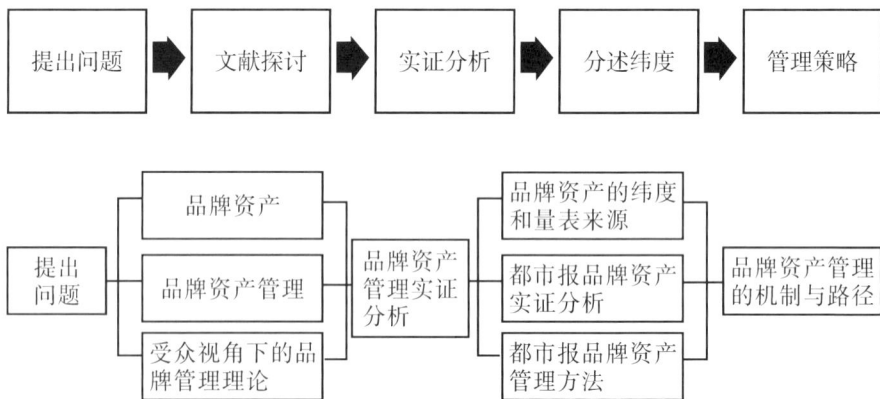

图 1 - 8　本书研究思路

本书主要从新媒体环境、都市报受众、品牌资产来源理论、受众视角下的品牌资产管理创新理论等方面梳理分析相关文献，并根据西方较为成熟的 CBBE 模型构建 ABBE 管理模型，实证分析都市报的品牌资产管理各维度要素，探索都市报品牌识别、品牌含义、品牌响应与品牌关系之间的逻辑关系以及六大维度。结合都市报的特殊属性，提出营销传播、话语空间、消费体验和受众—品牌关系的都市报品牌资产管理四大方向，并以近十年来"中国 500 最具价值品牌"排行榜中的有关都市报为主要案例，提出都市报基于受众视角的品牌资产管理的十大策略。

三、创新性

本书在理论分析的基础上，强调多学科、多视角的交叉研究，力求在研究视角上有所创新，在研究设计上尽可能巧妙，重点在于实验情境的描述，以及对自变量的操作和因变量的度量，从而保障变量之间的影响关系能有比较高的效度。创新性体现在以下两个方面：

（1）研究视角创新。虽然关于品牌资产的理论研究不在少数，但基于受众视角的品牌资产管理的研究文献较少，尤其是以都市报为研究主体更是少之又少。现实实践中，都市报品牌资产管理创新已经成为迫在眉睫的战略工程。本书将借鉴品牌资产、品牌资产管理、受众的有关理论，基于 CBBE 理论构建 ABBE 管理模型提出都市报品牌资产管理的新角度。

（2）研究方法创新。本书主要采用深度访谈法和问卷调查法等研究方法，其中问卷调查法运用 SPSS、Amos 等统计软件，使用回归分析、显著性分析、因子分析等统计分析进行假设检验，论证都市报品牌资产管理 ABBE 模型，提出品牌资产管理的策略和举措。

第二章　新媒体环境下都市报品牌资产的转型与评价

　　品牌资产作为品牌学发展的最新成果之一，它具有动态的、丰富的、庞杂的内涵和外延，品牌资产选择标准与系统的评价体系建立在对品牌进行全方位和立体化了解的基础上。新媒体环境下，都市报的经营发展面临前所未有的机遇和挑战，而品牌建设和品牌资产管理是都市报经营发展的不二法门。因此，从品牌资产的角度对都市报品牌发展脉络进行梳理以及具体分析都市报品牌资产的选择和评价体系，具有较大的研究价值和应用价值。

第一节　都市报转型的必然性

　　2005 年被称为"报业拐点年"[①]，之后受新媒体冲击，都市报发展面临着重重困境，广告收益骤减、资金链吃紧、社会影响力减弱、精英人才不断出走等导致都市报的生存空间不断缩小，都市报转型成为一种必然的选择。

一、新媒体环境下都市报面临的困境

　　新媒体环境下，都市报举步维艰。新媒体环境具有哪些特殊性呢？它让都市报的生存和发展出现了哪些困境呢？

　　朱春阳认为，都市报的兴起，究其根本是它成为当时社会核心群体的主要信息来源，即成为核心人群行动决策的主要参照系，并因此获得社会影响力。而新媒体的兴起带来的直接冲击在于年轻群体的流失，"80 后"

---

① 马二伟. 报业"拐点"中都市报的创新与发展［J］. 新闻界, 2006（3）：83.

"90 后"正日益远离印刷媒体。① 宫承波认为，报纸不会消亡，在新媒体媒介生态格局下，都市报可以尝试主要定位于地域文化及都市文明的传播的转型路径。②

面对新媒体发展之势，不少学者悲观预言，新媒体技术的出现终将导致报纸媒介的消亡。美国北卡罗来纳大学新闻学院教授菲利普·迈耶（Philip Meyer）在《正在消失的报纸：如何拯救信息时代的新闻业》中做过一段精彩描述："到 2044 年，确切地说是 2044 年 10 月，最后一位日报读者将结账走人。"③ 2008 年 11 月，鲁伯特·默多克在《报业未来：超越死亡树》的演讲中提出，网络将使传统报业"重生"，传统报纸未来不会走向死亡，只是以数字时代的全新报业形式出现。数码时代将孕育出拥有庞大市场的全新报业形式。④ 媒介形态的演化正如生物演化一样，常常有人把报纸比喻成已经灭亡的恐龙。但实际上，恐龙并没有灭亡……只不过它们已经不是这个世界的"霸主"。都市报也是如此，都市报的未来，就存在于这种对于自身特性的不断分化中。⑤ 不管都市报的前景是否被看好，都市报目前的困境都实实在在摆在面前。

第一，都市报发行量持续下降。都市报在新媒体冲击和竞争同质化的情况下发行量锐减，世纪华文数据显示，2015 年全国各类报纸的零售总量同比下滑 46.5%，其中，都市报下滑最为严重，幅度高达 50.8%，财经类报纸下降 7.3%，生活类报纸下降 10.8%。除发行量外，整个都市报的订阅率也持续走低，2015 年都市报的订阅率比 2014 年降幅超过 40%。⑥ 对全国 70 个城市的报纸零售终端（包括报刊亭、报摊、便利店、超市、书店等）的监测数据显示，2017 年，全国各类报纸的零售总量与 2016 年相比下滑了 31.2%。⑦

市场份额的减少导致一向以标榜"内容为王"的都市报主体地位的缺

---

① 郝一民，吴静. 新媒体时代都市类报纸的价值与空间［J］. 新闻记者，2013（2）：34.

② 郝一民，吴静. 新媒体时代都市类报纸的价值与空间［J］. 新闻记者，2013（2）：36.

③ 菲利普·迈耶. 正在消失的报纸：如何拯救信息时代的新闻业［M］. 张卫平，译. 北京：新华出版社，2007：12.

④ 张世海. 默多克仍然青睐报业读者信任是报业最大优势［J］. 中国报业，2008，（12）：5.

⑤ 陈国权. 都市报 40 年：转型与未来——从媒介形态分化的视角［J］. 青年记者，2018，（9）：9 - 12.

⑥ 中国报业协会. 2016 年中国报业年度报告［R/OL］.（2017 - 05 - 16）［2017 - 06 - 05］. http://zgbx. people. com. cn/n1/2017/0516/c348493 - 29279095. html.

⑦ 中国报告网. 2018 年中国报刊行业发展分析，多渠道发行模式崭露头角［R/OL］.（2018 - 10 - 09）［2019 - 01 - 31］. http://market. chinabaogao. com/wenhua/1093G3C2018. html.

失，这就要求都市报变革营销方式，寻求新的营销传播策略。广州市内的都市报有《南方都市报》《信息时报》《新快报》等，它们在题材选择、内容生产、受众定位等方面存在同质化严重的现象，在市场份额不变的情况下，每一家都市报的发行量都会因此受到较大影响。

第二，都市报受众被新媒体分化分流。都市报被认为是"我国综合性日报中的一个新的报种"①。经过二十余载发展，都市报以贴近性、亲民性、专业化和分众化的传播特点培育了自己忠实的受众，但是新媒体以满足受众个性化需求和体现受众个人价值的传播优势，抢占了都市报的部分忠实受众，影响其品牌资产的实现和增值。北京市 2006 年的报纸读者相比 2003 年减少了 4%，主要流失的是 35 岁以下的年轻读者，其中，16% 转向了新兴的新媒体。②2017 年报纸订阅下滑趋势加快，根据监测、调查的全国 20 个主要城市订阅市场结果看，都市报订阅率持续走低，相较 2016 年下降幅度超过 30%；连续订阅多年的忠诚读者在 2017 年流失最为严重。③

第三，都市报广告收入被新媒体分割。2005 年，报业的广告额增长率首次低于 GDP 的平均增速，这一现象被称作"报业广告的透明天花板现象"。《中国报业 2016 年发展报告》显示，2015 年与 2011 年相比，纸媒广告累计降幅已经达 55%。进入 2016 年，上半年报纸广告的花费同比下降 41.4%，广告资源量同比下滑了 40%。其中，都市报下滑幅度居于各类报刊之首。据 CTR 媒介智讯显示，报纸广告 2017 年与 2012 年同期相比，降幅达到 77%，其中一个原因是原为广告大户的都市报渠道价值被削弱，影响报业整体的广告营业额。

第四，都市报运转资金链吃紧。在报业出现衰退迹象之时，报业已经尝试开拓新媒体、文化产业、教育产业、房地产产业、电子商务以及智慧城市建设等新的发展领域。2015 年 10 月至 2016 年 1 月，中国人民大学新闻与社会发展研究中心与中国报业协会携手，共同开展中国报业景气状况调查。调查显示，报业集团（2015 年）与报社（2014 年）传统经营收入（包括广告与发行）在总收入中的比例分别高达 65.9% 与 66.6%。主要依赖广告和发行的传统收入存在严重"失血"现象，而其新业态尚未能及时

---

① 阮观荣，席文举，中国记协国内部，等．都市报现象研究［M］．北京：新华出版社，1998：92.

② 引自中国新闻出版报，2016 年 8 月 9 日。

③ 中国报告网．2018 年中国报刊行业发展分析，多渠道发行模式崭露头角［R/OL］．(2018－10－09)［2019－01－03］．http：//market. chinabaogao. com/wenhua/1093G3C2018. html.

补充新"血液"，导致报业的资金链出现吃紧现象。

第五，都市报报业形态的社会影响力减弱。报纸通过核心产品履行环境监测、教育娱乐、社会协调等社会功能，并通过这些功能的实现产生较大的社会影响力。受到新媒体冲击，报业的社会影响力正在下降。"调查显示，47.5%的被调查者认为未来3年，报纸的社会影响力会略有下降；23.7%的被调查者将认为未来3年，报纸的社会影响力将大幅下降。①"报纸社会影响力的下降将带来两方面的可能：一方面，报业的社会影响力下降意味着报纸的社会功能被弱化，社会将缺乏一个具有环境监测和社会协调功能的平台；另一方面，报纸曾经所拥有在社会公众中的意见领袖地位有可能被网络空间的意见领袖代替。

第六，都市报的精英人才不断出走。2010年，美国报业巨头麦克拉奇报业公司通过解雇、自然减员、部门合并、业务外包等各种途径，连续多次进行大规模的人员裁减，单次裁员最高达1 600位。在国内都市报不景气的当下，精英人才流失加剧。据《时代周报》报道，2014年南方报业传媒集团有202名员工离职，其中离职人数最多的是南都报系，有82人离开。② 其后，《新京报》戴自更，《南方都市报》陈朝华、刘庆、庄慎之、钟育彬等以及《半岛晨报》李慧南等纷纷离职。新媒体时代报社品牌经营管理愈发重要，而品牌资产管理人才的缺失是都市报发展面临的严峻问题之一。

第七，都市报的新媒体模式也缺乏盈利。2017年9月，在第24届全国省级党报总编辑会上，湖北日报传媒集团党委书记、社长、总编辑陈剑文说道："新媒体发展投入巨大，但是始终没有足以支撑其自身可持续发展的盈利模式。"这代表着广大报人之声。起初，都市报运用手机报、数字报、两微一端、直播等形式的新媒体；2017年，全国67家媒体采用"中央厨房"的采编系统，但其高额的成本和后期维护费是报社难以承担的一笔费用，而它真正发挥的作用并不能立竿见影，尤其是盈利模式并不被都市报看好。当然也有一些都市报在转型中获利，"由于转型所带来的增值业务，仅《南方都市报》就至少增加了5 000万元的收入"③。这对于

---

① 喻国明，丁汉青. 传媒发展的范式革命：传统报业的困境与进路［M］. 北京：人民日报出版社，2016：6.

② 2014年南方报业离职202人，同比增20%［EB/OL］.（2015－01－14）. http://finance. jrj. com. cn/2015/01/14170618701850. shtml? to＝pc.

③ 周燕群，王武彬. 南方报业全媒体转型的思路与做法——专访南方报业传媒集团董事长杨兴锋［J］. 中国记者，2012（3）：38.

《南方都市报》庞大的市场收入来说，明显盈利较少。

二、受众的品牌消费新特点要求都市报转型

都市报受众的品牌消费本质上是一种文化消费，所谓文化消费，也称文化生活，是指人们为了满足精神生活的需要，采取不同的方式消耗文化和劳务的过程。① 都市报受众的品牌消费源于消费者的个人需求，都市报的品牌消费行为就是这些需求被满足的过程。

"使用与满足"的受众行为理论是从受众心理和受众行为进行考察，该理论将受众成员看作有着特定"需求"的个人，将受众的媒介接触活动看作基于特定的需求动机来"使用"媒介，从而使这些"需求"得到满足（见图 2 - 1）。② 受众对都市报的媒介接触行为是基于对都市报的需求，这种需求来自于特定的社会环境和心理因素，因此，对都市报受众的品牌消费心理特征应结合社会环境和个人特征两方面进行考察。

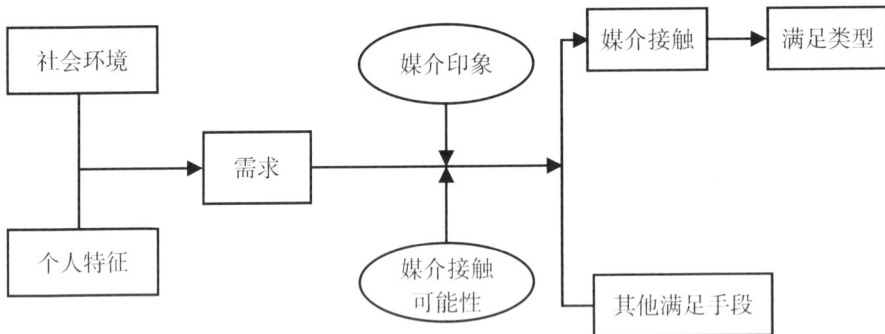

图 2 - 1　"使用与满足"过程的基本模式

都市报受众的品牌消费心理特征强调受众的能动性，从心理学的视角出发，将受众视为主动寻找信息和解读意义以满足自身需要的主体，将受众在传播过程中的主体地位凸显出来，强调了新媒体环境下以受众为主体的受众本位的回归。

---

① 沙丹吉牧，马翔. 消费者的品牌消费心理模式分析［J］. 吉林广播电视大学学报，2008（1）：56.

② 郭庆光. 传播学教程［M］. 2 版. 北京：中国人民大学出版社，2011：166 - 170.

1. 社会环境：都市报受众基于培养理论的品牌消费

根据"使用与满足"理论，需求刺激受众产生媒介使用行为，而受众的需求（即受众的媒介使用行为的心理维度）来自两个方面：社会环境和个人特性。结合弗洛伊德的精神分析理论，都市报的品牌消费心理会受到潜意识的影响，具有无意识性，在行动上就表现为"冲动消费"，其成因一方面来自于都市报品牌本身的吸引力，另一方面来自于都市报受众所处的群体与社会环境。

按照"培养理论"的中心观点，大众传媒提示的"象征性现实"对人们认识和理解现实世界发挥着巨大作用，这是一个长期的、潜移默化的"培养"过程，它在不知不觉中制约着人们的现实观。① 都市报的品牌理念和价值等通过品牌传播，塑造品牌形象，提升品牌知名度，进而刺激受众产生都市报消费冲动，这是品牌资产迎合消费体验的一大重要表征。

都市报品牌是受众消费决策参考中的媒介印象的重要来源。都市报的内容质量、品牌知名度和品牌形象是影响受众购买行为的最重要的因素。除了都市报内容质量这一影响因素之外，都市报的品牌知名度和品牌形象都隶属于其品牌消费的内容。受众对都市报内容质量高低的评判亦来自于对其品牌知名度和品牌形象的主观感知，而对于品牌知名度和品牌形象的追捧便是品牌消费的体现。

2. 从众心理：都市报受众品牌消费的群体传播

群体传播是群体的非制度化的、非中心化的、缺乏管理主体的传播行为。② 文化产业的产能过剩是诱发群体传播的大背景，产能过剩意味着供给大于需求，使得消费者有了选择权、自主权，也相应地有了更多话语权，大众个人的话语权的实现依靠群体传播。在群体意识与群体压力的作用下，群体成员表现出较强的易感染性。新媒体环境下，都市报的受众对于都市报品牌的选择在很大程度上来自于群体传播，受众的品牌消费在群体压力的作用下表现出明显的从众心理（见图 2 - 2）。

---

① 郭庆光. 传播学教程 ［M］. 2 版. 北京：中国人民大学出版社，2011：165 - 170.
② 隋岩，曹飞. 论群体传播时代的莅临 ［J］. 北京大学学报（哲学社会科学版），2012，49（5）：139 - 140.

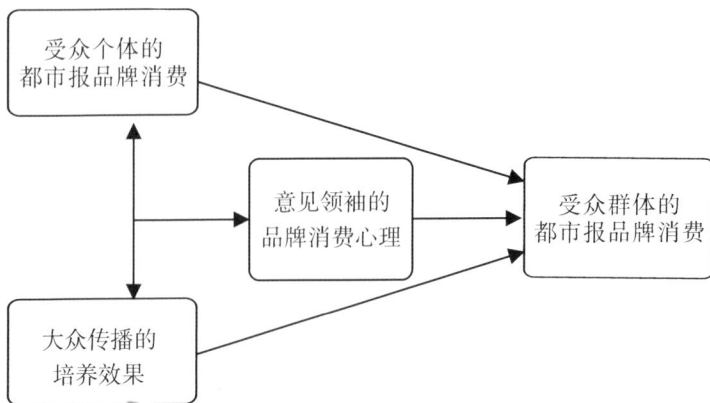

图 2 - 2 都市报受众品牌消费的心理过程模式

群体压力是群体中多数人的意见对个体造成的心理压力，这种压力迫使少数人放弃个人的意见和想法，选择与群体一致的态度。在群体压力作用下，都市报受众的品牌选择会受到群体意见的影响，也就是说都市报受众的品牌消费具有明显的从众心理特征。

3. 分众化：都市报受众的品牌消费新演变

媒介传播技术快速发展与新媒体环境逐渐成熟，受众的传播方式经历着从传统的"点对面"向"点对点"转变，他们的行为方式和心理特征随之发生变化。随着分众化趋势到来，都市报受众的结构、参与方式、阅读习惯和内容偏好均发生了一定的演变。

（1）受众总体数量降低，但结构变化不大。比如，在报纸的受众年龄分布中，30 岁及以下的年轻人所占的比例逐渐降低，从 2014 年的 31.5% 减少至 2016 年的 25.1%；而 50 岁以上的读报群体却逐渐增长，由 2014 年的 22.6% 增长至 2016 年 29.4%（见图 2 - 3）。这一方面与人口老龄化有关；另一方面则是受新媒体的冲击，年轻人的注意力逐渐转移至新媒体。

（％）

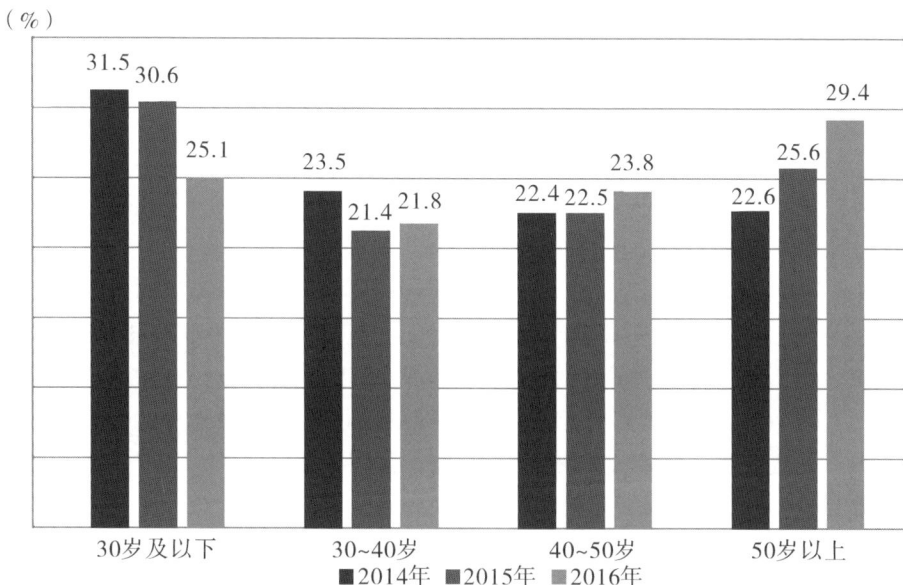

图 2 - 3 2014—2016 年不同年龄段看报人数比率①

（2）受众参与方式由大众向分众变化，内容生产型受众增多。任天阳指出，过去都市报是处于一种单向被动的传播，受众参与度较低，主要通过电话、来信等方式反馈信息。新媒体时代，用户运用移动端，通过微信公众号、微博、南都 App、直播等平台发表评论，互动性加强了，相对来说，受众参与方式更加多元，参与度也更高。② 目前都市报中出现不少比较常见的内容生产型受众参与的形式，如读者投稿、读者评论以及摘自互联网的 UGC 内容等。在 2014 年"两会"期间，《华西都市报》策划了"两会关注华西定制"的活动，不仅通过《华西都市报》的微博、微信公众号、客户端等让受众参与信息定制服务，以便更好适应日益细分的受众需求，还与人民网、腾讯一起，将网络参与者和报纸读者对"两会"的建言献策，通过新媒体平台实现互动，产生了大量 UGC 内容。

（3）受众内容偏好变化。受众对都市报的内容偏好随着新媒体影响有所转移，从起初获取新闻信息尤其是民生新闻为主转向获取以休闲娱乐和积累知识为主的内容信息，从起初读取简单通俗的软性信息转向获取自身

---

① 数据来源：CNRS 中国城市居民调查 2014—2016 年。
② 任天阳的访谈内容，访谈时间：2018 年 1 月 25 日；访谈地点：广州市南方传媒集团。

个人发展信息和精读社会深度报道的硬性信息，如就业信息服务和楼市房产等专版专栏信息对受众具有较大的吸引力。《华西都市报》在自己的平台上推出专题式的深度报道，提出"24小时出版周期"的概念，对热点进行专题化报道；开通"政策详解读""民生发布惠"来对政府的政策进行深度解读，并提取对民众的有益观点；推出"财富论"等栏目，对现代经济形式进行深度观察，为受众提供财经方面的专业解读。

4. 个人存在感：都市报受众基于需求理论的品牌消费

受众选择特定品牌的都市报进行消费，其本质是一种媒介接触行为，按照"使用与满足"理论来说，这种接触行为是建立在以受众的需求为基础之上的。需求是受众的都市报品牌消费的动机。都市报受众的品牌选择体现了受众在需求的欲望刺激下，选择能最大限度满足个人需要的都市报品牌。

根据马斯洛的需求层级理论，随着物质财富的丰富，人们的低层需求得到极大的满足，而探寻更高层次需求的消费心理驱动着以文化消费为本质特征的都市报受众品牌消费。在都市报的同质化背景下，受众消费更倾向于品牌的独特性，这种独特性上升为存在感。存在感是个体在与他人对比中产生的差异感，从而表现出对自身的肯定或否定的精神行为。[1] 正是对这种存在感的需求，使得品牌成为消费社会中都市报受众的媒介选择的重要衡量指标。

第二节　新媒体环境下都市报的转型方向

新媒体环境下，都市报面临着生存和发展的危机，这个报种该何去何从？范以锦教授认为："在中国来说，市场化媒体代表应该说是都市类媒体，都市报要找到新的突围路径是有很大难度的，但不应该让都市报都消失。都市报市场化发展走得好，对推动中国社会发展做出了很大贡献，一定把都市报维护好，把它发展好，品牌资产管理未尝不是都市报转型的新方向。"[2] 因此，重新解读都市报生存和发展的新媒体媒介生态圈显得尤为

---

① 朱海燕，李洋一. 新媒体受众心理倾向与传统报刊的新媒体转型［J］. 记者摇篮，2014（7）：46.

② 范以锦的访谈内容，访谈时间：2018年2月6日；访谈地点：广州市南方传媒集团。

重要。拨开竞争的重重浓雾，都市报改革发展的指向群体为受众，指向的终极目标是提升都市报的品牌资产，这是新媒体环境下都市报的选择方向。

一、新媒体——都市报转型的媒介生态圈解读

（一）新媒体的概念

1967 年，哥伦比亚广播公司（CBS）技术研究所所长 P. 戈尔德马克（P. Goldmark）提出"新媒体"一词。1969 年，美国传播政策总统特别委员会主席 E. 罗斯托（E. Rostow）在向尼克松总统提交的报告中多次提到"New Media"。由此，新媒体的提法迅速扩展到全世界。

联合国教科文组织将"新媒体"定义为："以数字技术为基础，以网络为载体进行信息传播的媒介。"① 《在线》（Online）杂志给新媒体下的定义是：由所有人面向所有人进行的传播（Communications for all by all）。熊澄宇等认为"新媒体是建立在计算机信息处理技术和互联网基础之上，发挥传播功能的媒介总和"②。喻国明认为新媒体"意味着技术的进步、传播语境的改变、传统话语权的解构和内容生产方式的转变"，它包含"数字化""碎片化""话语权的阅众分享""全民出版的自媒体模式"等特性。③ 蒋宏和徐剑认为，内涵上，新媒体是 20 世纪后期以数字技术为基础的一种新型媒体，它以惊人的传播速度扩展了信息传播；外延上，新媒体包括光纤电缆通信网、有线电视网、图文电视、电子计算机通信网、大型电脑数据库通信系统、卫星直播电视系统、互联网、手机短信、多媒体信息的互动平台、多媒体技术广播网等。④ 黄升民等认为新媒体主要由网络电视、地面移动电视、手机电视三个部分组成。⑤ 宫承波认为，新媒体主要包括门户网站、搜索引擎、虚拟社区、电子邮件、网络文学、网络游戏等。⑥

---

① 陶丹，张浩达. 新媒介与网络广告 [M]. 北京：科学出版社，2001：3.

② 熊澄宇，廖毅文. 新媒体——伊拉克战争中的达摩克利斯之剑 [J]. 中国记者，2003（5）：56－57.

③ 喻国明. 解读新媒体的几个关键词 [J]. 广告大观（媒介版），2006（5）：12－15.

④ 蒋宏，徐剑. 新媒体导论 [M]. 上海：上海交通大学出版社，2006：14.

⑤ 虢亚冰，黄升民，王兰柱，等. 中国数字新媒体发展报告 [M]. 北京：中国传媒大学出版社，2006：1.

⑥ 宫承波. 新媒体概论 [M]. 北京：中国广播电视出版社，2007：1.

有不少研究者是从社会文化发展轨迹来解读新媒体概念。匡文波认为新媒体是"利用数字技术，通过计算机网络、无线通信网、卫星等渠道，以及电脑、手机、数字电视机等终端，向用户提供信息和服务的传播形态"。他认为新媒体内涵是相对的，与"历史的旧"相比是"今日之新"，与国内相对滞后的现状相比是"国际之新"。① 马松认为，"相对于旧媒体，新媒体的第一个特点是它的消解力量——消解传统媒体（电视、广播、报纸、通信）之间的边界，消解国家与国家之间、社群之间、产业之间边界，消解信息发送者与接收者之间的边界，等等"②。这些是对新媒体概念的代表性阐述，尽管没有统一定义，但新媒体已成为对社会产生重要影响的工具和环境，成为理论界研讨的热点。

对于众说纷纭的新媒体，我们究竟该如何来厘清这个核心概念？本书认为新媒体客观存在于现实世界，为世人所广泛使用，对于无以逃避的新媒体环境，我们不能因为其没有准确定义就认为对它的研究没有意义。正因为这是一个混沌的概念，我们更有责任和理由去孜孜不倦地追求真理。本书尝试从多角度观察和分析新媒体概念：

从技术层面上来看，新媒体是"应用微电子、电脑和广电技术来提供崭新的，或者变旧为新的资讯服务"（Williams, Stover & Grant, 1994），是人类开展数字沟通的技术平台。从载体内涵角度来看，格兰特提出了一个较为全面的模式，该模式包括"硬件"（Hardware，即具体的传播科技）、"软件"（Software，即传播内容）、"建制"（Institutions，即政府管理机构和传媒公司）、"实践"（Practices，即新媒体的应用）。③ 作为载体的新媒体，其"新"是一个相对概念，新媒体的界定不能绝对化，应从媒体延续性及历史发展的角度着手（Marvin, 1988），更多是指多媒体、多平台、相对统一的网络以及混合运营和多服务的体系。从媒体产品角度来看，利斯特等人认为新媒体包括更为广泛的产品观念，主要包括新的文本经验、新的呈现世界方式、新的关于身份与社区的经验、新的组织与生产模式、新的传播与消费方式、虚拟现实以及已有媒体的全范围转变及重新定位。

由此看出，新媒体有较为丰富的内涵和外延，具体从哪个角度来定义新媒体的实质含义，可以由每个研究者或从业者各自的研究视角来决定。

---

① 匡文波. "新媒体"概念辨析 [J]. 国际新闻界，2008（6）：66–69.
② 马松. 怎样理解新媒体的"新"字 [J]. 新闻实践，2009（2）：61–65.
③ 鲁曙明，洪浚浩. 传播学 [M]. 北京：中国人民大学出版社，2007：299–300.

本书论题主要是置身于新媒体的环境中进行，更为侧重新媒体的媒体环境。媒体环境学开创者尼尔·波斯曼（Neil Postman）指出："人生活在两种不同的环境里，一是自然环境，其构成要素是空气、河流和毛毛虫；二是媒体环境，其构造成分是语言、数字、全息图，还包括一切符号、技术和机器。这种构造成分是人之所以成为今天这个样子的原因。"媒体环境学重点研究媒体结构冲击和形式影响，以及它们与技术、社会、政治、经济和文化的互动。[①] 因此，本书在文献解读基础上将新媒体定义为，以互联网数字技术为基础，向受众或用户提供信息资讯和娱乐功能的一种传播形态及其传播环境。

（二）新媒体对都市报的冲击

英特尔创始人戈登·摩尔曾针对 IT 硬件的更新发展提出"摩尔定律"，简言之即每一美元购买到的硬件性能，将每隔18—24 个月提高一倍以上，这说明信息技术以惊人速度发展着。日新月异的新媒体也以贴合"摩尔定律"的惊人速度演变着。我国学者刘建民提出"纸媒移动灭失规律"，他认为报纸作为先进的信息载体虽然更加便捷，其存活时间也必将更短，移动介质越先进寿命越短。[②] 数字技术与新媒体的更新换代，既改变着宏观的社会心理，也影响着微观的个人感知，它们"以无可阻挡的力量改变着人们感官的合成比例和思维模式"[③]。日新月异的新媒体导致现有的媒体环境发生了一系列的变化，所有的变化组合起来逐渐形成新的媒介生态圈，重新解读该生态圈是深入解析都市报危机影响因素中较为重要的环节，对于都市报的发展来说既是挑战也是机遇。

1. 传播模式的变革

新媒体不断崛起，以互联网、移动电视、手机等为代表的新兴数字媒体和以报刊、广播、电视为代表的传统媒体，共筑了新的媒介环境。约翰·奈斯比特认为，"随着通信技术的发展和信息传递时间的缩短，变化的速度将进一步加快。总的效果是通过信息渠道的信息流加快了，使发讯

---

① 林文刚. 媒介环境学思想沿革与多维视野［M］. 何道宽，译. 北京：北京大学出版社，2007：44.

② 刘群，陈亦钦. 品牌：新闻式传播实战［M］. 上海：复旦大学出版社，2011：89.

③ 黄珏.《南方都市报》的数字化转型与品牌重构［D］. 广州：华南理工大学，2010：60.

者和接受者更加接近"①。这一论断精准地描述出数字媒体的出现为新闻行业带来的核心影响——传播模式的改变。

2009 年 3 月 17 日，美国《西雅图邮报》几经周折转变为完全的电子报纸，这份已具有 146 年悠久历史的报纸成为首份彻底脱离纸媒的大型报纸，令人不胜唏嘘。我国学者李喜根认为，"我们看到的报业变化中，至少有 60% 源于不可避免的网络发展趋势"②。业界人士意识到新媒体带来的传播模式变革，一致认为都市报与数字共舞开展品牌建设是迫在眉睫之事，不少都市报纷纷做出报网融合之举动。这种融合不仅仅局限于简单的"手机报"和"报纸网站"等形式的建设，更多的是在基础资源上寻求更深层次的优化重组和优势结合，迎接新的传播模式挑战。比如，《燕赵都市报》搭建的新媒体平台为"燕赵都市网"，它将"报网一体"模式转化为"三媒一体"模式，实现"报纸权威精华发布，网站互动海量发布，手机对点即时发布"的链条式发布流程，完成《燕赵都市报》数字媒体的全架构布局，形成了多媒体、跨媒体、超媒体的全方位立体传媒矩阵。

"报网一体"的发展模式并不能满足受众在数字移动时代的信息需求，为此，都市报研发移动新闻媒介产品，向移动终端迈出步伐。2005 年，《南方都市报》对"深圳热线"进行全面改版和运营，次年上线测试运行"奥一网"。这是融网络媒体和传统媒体之长建设成的以新闻互动为核心的城市门户，它坚持"看见了一切"的价值理念，成为《南方都市报》全媒体数字体系重要组成部分和主流媒体新闻资讯的集合平台。

2. 传播功能的变化

李鹏认为，在信息无处不在、数据量化一切、移动改变生活的时代，都市报作为"大众化市民报"的优势已不再明显，功能也已发生改变。一是传统的记录式报道功能变迁。新的传播环境下，由于"拇指一族"积极参与发表所见所闻，让报纸"我来了，我看见"式的报道模式已不再具有优势，只有实现"我超越"才更具竞争力。二是传统的舆论爆发起点变迁。在信息相对匮乏的年代，都市报由于新锐的报道风格和舆论监督，常常成为舆论爆发中心，如今这种优势越来越弱。自媒体平台上的各类消息往往快速广泛传播，成为社会舆论始发点，都市报则不再是"风暴式舆

---

① 约翰·奈斯比特. 大趋势：改变我们生活的十个新趋势［M］. 梅艳，译. 北京：中华工商联合出版社，2009：90.

② 南希赫莎. 基督教科学箴言报转型：这是报业的未来吗？［J］. 中国报业，2008（12）：18.

论"的主要产生源头。[①] 可见，都市报作为传统媒体的传播优势由于传播功能的变化而不再，寻求新的优势显得尤为重要。

3. 广告市场的细化

报纸是传统的"泛众传播媒介"，满足大多数人的信息需求是其主要任务。都市报广告以深入百姓的亲民特性、版面设计的视觉冲击以及发行流量走高的优势受到广告商青睐，这让都市报广告收入保持20余年持续增长。新媒体是强调精准、有效到达的"分众传播"，由于与大数据技术的接近性，新媒体能有针对性地分析不同群体的迥异需求，细化广告市场和精准投放广告。除了门户网站、移动视频、电子邮件等常规新媒体广告形式，还有"Video out"视点广告、视链广告等前所未见的广告形式，通过在网络视频中插入浮屏广告以满足网民"买其所看、买其所想"的真正需求。新媒体的出现既迎合了大众的信息需求，也满足了广告商的效果期待，不断分割蚕食都市报的广告份额，改变了都市报广告的霸主地位，成为新的广告宠儿。可以说数字化媒介构建起了新的商业迷阵，而都市报广告却因自身定位与追求固化而陷入僵局。

二、受众——都市报转型的指向

新媒体环境下，社会出现更多有着不同立场和追求的层级，这种社会变化导致市场结构趋向复杂化和深化，这要求都市报将受众作为指向，由传统报业的泛众传播向现代传媒市场下的分众传播不断转变。

（一）都市报受众的迁移与延展

1. 阅读都市报的受众群体被弱化

受到新媒体的影响，受众群体并不如当初那么热衷阅读都市报。本书的问卷调查结果显示，7.9%的被调查者经常购买/阅读都市报，51.8%的被调查者购买/阅读都市报的频率为一般，40.3%的被调查者很少购买/阅读都市报。受众更趋向于运用新媒体形态来阅读新闻，其中，阅读纸质报纸为26.3%，浏览报纸官网和地方门户网站分别为9.3%和24.8%；通过App、微信公众号和微博阅读新闻的占比分别为14.9%、20.2%和4.5%。可见，购买/阅读都市报的频率并不乐观，受众运用新媒体形态阅读新闻

---

① 李鹏的访谈内容，访谈时间：2018 年 2 月 24 日；访谈方式：微信。

占绝对优势。

目前,新媒体对报纸的影响主要是生产内容、话语方式以及用户转移到移动端,这也是都市报发展的大趋势。任天阳认为:"在受众结构方面,原来的《南方都市报》是一种都市类报纸,其主要依靠发行量,发行量越大越好,受众越多越好。虽然《南方都市报》的整体受众群是以中高端层次为主,但以量取胜是纸媒时代的生存法则。新媒体环境下,比较大的变化是新用户群转移到移动端,《南方都市报》的用户群至少分化成两部分。有一部分传统报纸的用户群变少了也变高端了。对此,2014 年,《南方都市报》提出在移动媒体格局下《南方都市报》纸媒的定位为'三精',即精英、精致、精品,也就是说,用户是精英阶层,产品品质是精致,出品是精品。另外一部分是移动端的用户结构,《南方都市报》希望用户量是越精越好,区别于纸媒越多越好的要求。《南方都市报》的转型策略是将原来纸媒的受众结构进行调整,将资源、注意力和影响力往移动端转移,这是一个战略性的改变。"[①]

2. 受众结构的迁移

随着互联网发展,目前,我们生活在新媒体包围的媒体生态环境中,新媒体对都市报生存和发展产生了极大冲击,都市报受众的结构、参与方式无疑都发生了一定的变化,他们的心理偏好随着新媒体的快捷、及时、活跃、生动等特点发生了消费场的转变。都市报受众参与都市报的运营和发展的热情并不高,主要是信息供应已经不是主要由官方垄断了,新媒体让信息来源增多,其中的搜狐、新浪、腾讯等综合性资讯门户网站成为信息汇集平台。如果采用了都市报消息源,至多在来源处注明即可,导致都市报独家新闻报道的优势难以发挥。

杨德锋认为新媒体对都市报受众结构影响较为明显。2002 年他在广州求学,岗顶、石牌等天河区公交车站旁的报刊亭都是堆着高高的报纸,其中包括《南方都市报》,许多年轻人上下班会买一份报纸来阅读,但是现在都市报的年轻读者明显减少,当然还有部分老年读者还在阅读都市报。[②]杨德锋还认为,都市报是新闻供给者,面对新媒体的传播平台发展,其作为社会公器的附加值相对被弱化。倘若建设像新浪一样的传播平台,都市报的专业水准与传统三大资讯平台相比还欠佳,况且传播平台的竞争也是

---

① 任天阳的访谈内容,访谈时间:2018 年 1 月 25 日;访谈地点:广州市南方传媒集团。
② 杨德锋的访谈内容,访谈时间:2018 年 1 月 23 日;访谈地点:广州市暨南大学管理学院。

很大，都市报发展传播平台只是将竞争的对手转变了一下而已，其发展态势并没有发生本质性变化，这就直接对其品牌资产管理产生了负面影响。美国的一些城市报纸也同样面临着市场发展的困难期，有些难以为继则直接选择倒闭破产。①

3. 受众的信息需求变化

新媒体环境下，都市报受众更偏好场景式、碎片化和图文化的信息。随着新媒体技术兴起，社会受众被各种形式多样的媒介形态吸引着眼球，他们的时间被各种媒介占用，尤其是碎片化的时间被移动媒体侵蚀，他们的阅读习惯也随之呈现出快餐式、碎片化和读图式的特征。任天阳认为，受众在信息需求方面是不一样的，原来报纸的信息需求比较单一，现在信息生产体系发生了变化：一是移动端的信息生产，立足于"快"。《南方都市报》提出了"更快更灵动"和"更慢更优雅"，"快"和"灵动"是指移动端的生产，所有新闻以最快速度生产，动态性新闻几乎都在移动端，首先由南都的微信、微博、App 和直播平台发出新闻。二是纸媒的信息生产针对深阅读、精阅读和慢阅读需求，主要是做深度调查、述评类报道和调查类报道。有深度的思想和观点是一个社会最需要的精神产品，作为一个专业媒体不应该放弃这个优势。因此，纸媒《南方都市报》以深度报道为主，几乎没有纯粹的动态新闻，其产品主要是深度调查、评论、述评以及借助南都公信力发布一些包括排行榜和评价体系在内的数据产品等。这些都是《南方都市报》在内容转型上的一个变化。②

与以往传播场景不同，移动新媒体时代的场景性和伴随性促进都市报关注受众各个空间的相关联系，都市报应顺应受众阅读习惯调整自己的版面及内容选择方向，充分运用图片等浅易通俗的形式提供适合当下的阅读诱导，满足受众相关信息需求。新媒体环境下都市报的营销传播环境发生了媒介"碎片化"、消费者"个性化"、市场"分众化"等特征的根本性变化，要求都市报品牌传播要具备完整和一致的信息来维系受众对都市报品牌认知的广度和深度。

4. 受众变化延展了都市报品牌资产空间

新媒体的发展使信息作为资产从供给不足转变为供给过剩，我国报业市场出现严重同质化竞争现象。如何判断并满足受众的信息需求，如何针

---

①　杨德锋的访谈内容，访谈时间：2018 年 1 月 23 日；访谈地点：广州市暨南大学管理学院。

②　任天阳的访谈内容，访谈时间：2018 年 1 月 25 日；访谈地点：广州市南方传媒集团。

对性地抢夺媒介市场，这是处于竞争中的都市报首要考虑的问题。任天阳认为："受众受新媒体影响，在结构、信息需求和心理偏好上发生了一系列变化，这些变化对都市报的品牌资产影响较大，它们不是削弱了品牌影响力和品牌资产，而是延展了都市报品牌资产空间，原来品牌资产管理主要是围绕一份报纸开展工作，现在《南方都市报》在微信公众号、微博、App 等移动端用户超过一个亿，这是在传统媒体时代难以想象的用户数字，它是南方都市报品牌依靠原来《南方都市报》纸媒强大的内容生产优势在新媒体格局下继续高位运行。"①

消费者的购买习惯、心理偏好和信息需求等各因素虽然存在明显差异，但作为都市报消费者的受众画像并非模糊不清不可描绘，都市报只有深入掌握目标受众的差异化特征，才能继续深耕挖掘差异化的报纸内容，提供不一样的服务体验，并将分众传播的差异化特征渗透在都市报品牌资产管理的每个细节中。《南方都市报》根据新媒体发展趋势和特征，对原有读者用户进行了重新定位，在机场、银行等场所的贵宾厅、商务舱以及高端渠道场所，扩展《南方都市报》纸质产品发行渠道，为受众提供值得深读的精品。任天阳认为，发行量不是越多越好，而是越精越好。在移动端做品牌资产管理是一个新角度，这要求开展品牌管理、品牌宣传时要根据不同用户群体采取不同方式方法。②

（二）新媒体环境下受众品牌资产观变化

1. 都市报品牌成为受众自我表达符号

消费行为学专家罗素·贝克（Russell Belk）曾指出，"我们就是我们拥有的事物，这可能是消费行为中最基本最有力的事实"③，这表明品牌所有元素都是品牌自我表达的符号。受众可将自我的生活状态和价值观念刊发在都市报上并购买都市报，受众的消费行为成为他们表达自我的符号，品牌所代表的符号意义对他们提升品牌资产具有较大意义。受众对都市报的品牌需求包括追求感官愉悦、多样消费、认知刺激等情感层面的需求，以及展示自己的身份、实现自我的提升等追求社会认同的需求。

同时，都市报品牌成为受众表达自我的符号，其品牌形象成为受众用以选择表达自我形象的方式，受众会根据都市报的品牌形象是否能满足自

---

① 任天阳的访谈内容，访谈时间：2018 年 1 月 25 日；访谈地点：广州市南方传媒集团。
② 任天阳的访谈内容，访谈时间：2018 年 1 月 25 日；访谈地点：广州市南方传媒集团。
③ RELK R. Possessions as the extended self［J］. Journal of consumer research，1998（9）：139.

我的社会认同需求而判定它是否属于优质品牌。《南方都市报》曾提出"新主流媒体"的品牌发展之路，打造出自己作为一家新兴的、有立场、有担当的主流媒体形象，这符合都市新兴白领群体对自己的定位：新锐、时尚、年轻，关注社会热点、拥有高生活品质等。通过《南方都市报》，他们得以彰显自己的特质，成为这份报纸的忠实受众，让《南方都市报》日均发行量一度飙升至 169 万份，树立了一个独特而强大的品牌。

2. 都市报的品牌忠诚度更加复杂

（1）品牌忠诚度界限模糊不清，品牌资产的影响因素和评价指标复杂多变。衡量受众对都市报品牌是否具有黏合性的指标即为品牌忠诚度，它反映受众放弃某都市报品牌而转向其他品牌的可能性。按照品牌忠诚度从低到高可将受众分为无品牌忠诚度受众、低品牌忠诚度受众、高品牌忠诚度受众等不同类型，但是品牌忠诚度的界限并不清晰可见，显得更为复杂。同时，品牌资产的影响因素和评价指标是多维的系统，只要是系统中任何一个元素出现问题都会直接影响到品牌忠诚度。

（2）新媒体环境让品牌忠诚度更为复杂。变化多端和更新快速的新媒体信息环境在一定程度上会改变受众的品牌观念，尤其是与时俱进的新媒体营销方式较为明显地影响到品牌忠诚度。新媒体对品牌忠诚度的影响首先体现在粉丝社群的凝聚力上，受众在社群中获得的归属感和认同感会转移到都市报品牌上；其次是新媒体赋权让每个受众拥有发声权力，受众获取都市报品牌信息不再单纯依靠广告传播和他人使用体验分享，还会从新媒体上的转载量和评价等渠道来得到；最后是都市报受众品牌消费不仅是对产品和服务的消费，更重要的是对于品牌符号的消费，符号的复杂性难以把握。

三、品牌资产——都市报转型的终极目标

面对困境，都市报积极寻求转型，努力摆脱困境。主要采用的方式概括起来有以下几种：一是向主流报纸转型。都市报面对自身存在公信力降低、评论缓和、报道无力等不足，开始转向主流报方向，关注社会发展主流领域和主流发展方向，主动参与重大事件报道，成为城市居民的思想源泉和资讯场域。二是向全媒体转型。都市报转变着传统的传播机制，不断增强多种渠道之间的互补、互动、合作与合力，并转变以传媒为主导的报业思维，构建基于大数据的用户细分机制，不断转变报纸从业人员的新闻

生产理念，切实推进内容呈现方式的创新，建立健全全媒体转型多需的人才和培育机制。① 三是提高办报层次。丁柏铨认为，好看，方可在报林中脱颖而出，吸引受众的注意力；有用，方可为受众深感受用，并将其作为不可缺少的工具；有影响，则表明报纸在披露信息和表达意见方面具有相当的权威性，是可以信赖的。三者合一的都市报，就具备了毋庸置疑的生命活力，可以面对哪怕是更为严峻的局面。② 四是重视新媒体环境下受众品牌消费心理。报纸要借鉴、学习和运用新媒体的优势和运营特点，发挥受众参与媒体运作的实践，借用"精致""独特""有用""有趣"的内容来以质取胜，强化品牌建设，吸引受众广泛关注，扩大品牌影响。③ 因此，对于都市报如何摆脱困境，学界和业界众说纷纭，但是不管哪一种具体的路径或策略还是出路，最终都可汇总为都市报要有自己的品牌建设，要在受众心里拥有厚实的品牌资产。作为都市报管理者来说，站在受众的视角加强品牌资产管理是一种最佳选择和最高管理模式。

20多年来，都市报始终坚持正确舆论导向，锐意创新求变，大力推动转型升级，实现了主流化转型、数字化转型和全媒体转型三次大转型。目前，都市报的品牌价值存在虚高现象，但不管品牌价值多高，都市报的发展都要尊重市场规律和顺应淘汰机制，让那些没有品牌力量和影响力的都市报正常有序"退场"。若要避免被"退场"的结局，有能力或有必要活下去的都市报需要从品牌影响力等角度寻求新的突破点，重新确立新的立足点。

1. 都市报品牌价值存在虚高现象

在"纸媒消亡论"的喊声里，列入榜中的都市报其品牌价值出现逆势增长。范以锦认为，有的机构公布的一些都市报媒体的品牌价值还是呈现升高趋势，但需要明确，品牌价值高并不意味着它的风险小，其实风险还是比较大。有些都市报媒体的品牌价值之所以高，是因为原来传统媒体形态都市报的内容、传播手段打造出的品牌影响力尚未消失，这并非是由新媒体形态所带来的品牌价值，且现有评估体系也未完全按照新方法来评估都市报品牌资产，导致都市报品牌资产虚高。事实上，这种现象隐藏着很大危机。目前都市报发行量、内容版面、经营效应（包括广告收入和利

---

① 唐英，曹新伟. 都市报全媒体转型的路径与困境思考——基于《华西都市报》的个案考察［J］. 西南民族大学学报（人文社科版），2015，36（12）：178.

② 丁柏铨. 论都市报的困境与出路［J］. 新闻爱好者，2013（1）：17.

③ 王涌米. 论媒体融合背景下的报纸困境与发展策略［J］. 今传媒，2017（12）：89.

润）均被压缩变少，都市报尝试往新媒体转型也碰到了重重困境。尽管传统都市报品牌资产影响力还在，但它所隐藏的危机导致其品牌不断被削弱，如果都市报未能抓住发展时机，不去维护、打造和抓好品牌管理，它的品牌资产总有一天会消失。比如，《京华时报》的品牌曾经响当当，最后其传统报纸形态和公众号、客户端等新媒体形态一起完全消失了。当然与之对比的是《新京报》的品牌犹在，这说明报纸的品牌资产要维护好和管理好是多么重要。《新京报》的未来同样也面临这个问题。①

2. 品牌资产提升和维护是都市报转型的终极目标

在经济全球化、信息数字化、传媒一体化的当今社会，品牌成为企业综合运营的灵魂和有机组成部分。都市报要应对新媒体市场考验，必须将品牌的营销和竞争置于发展战略首位，将品牌资产的提升与维护作为转型的终极目标。南方报业传媒集团原董事长杨兴锋认为，"转型就是要在充分发挥传统媒体内容生产优势、长期积累下来的品牌优势和公信力优势的基础上，把传统媒体的内容制造与新技术、新渠道信息发布的速度和宽度优势相结合，通过流程重组，实现新闻信息统一采集、加工、编辑，跨媒介、跨媒体多次发布，实现多媒体融合发展"②。

2009 年 11 月 18 日，大众报业集团半岛传媒有限公司（半岛都市报社）与潍坊报业集团在潍坊正式签署战略合作协议。通过协商，双方达成共识，成立潍坊晚报传媒有限公司，半岛传媒以现金和输出品牌等报业资源购买潍坊晚报传媒公司 49% 的股份，潍坊报业集团控股 51%。③ 世界品牌实验室主席、"欧元之父"、美国哥伦比亚大学教授罗伯特·蒙代尔（Robert Mundell）曾经在评鉴中国制造业发展时，道破品牌的重要性："品牌是世界交流的语言，也是国家名片。中国现在最大的竞争力是制造业发达，但缺乏一批全球化品牌。中国应该以装备制造业为突破口，实现从中国制造向中国品牌的转变。"④

而《华西都市报》实行的是"双品牌"战略。所谓"双品牌"，就是充分彰显《华西都市报》品牌，强势打造封面传媒的全新品牌，进而以

①　范以锦的访谈内容，访谈时间：2018 年 2 月 6 日；访谈地点：广州市南方传媒集团。

②　周燕群，王武彬. 南方报业全媒体转型的思路与做法——专访南方报业传媒集团董事长杨兴锋［J］. 中国记者，2012（3）：37.

③　陈雷.《半岛都市报》品牌工程建设研究［D］. 青岛：中国海洋大学，2010：1.

④　2009 年（第六届）中国 500 最具价值品牌排行榜隆重揭晓［EB/OL］.［2017 - 02 - 15］. http：//brand. icxo. com/brandmeeting/2009china500/.

"双品牌"为支撑，以"双引擎"为驱动，推动《华西都市报》和封面传媒融合发展，打造全国一流的新型主流媒体。一是持续彰显《华西都市报》品牌。据了解，《华西都市报》自身重点在于持续增强品牌影响力，以《华西都市报》为品牌驱动，向传媒文化产业细分和拓展。自 2011 年推动转型以来，《华西都市报》先后打造了华西都市网、成都范儿客户端、华西城市读本、华西社区报、户外传媒等涵盖纸质媒体、网络媒体、移动媒体、社区户外传媒为一体的华西传媒集群，产业链不断细分拓展，影响力不断提升。在纸媒持续下滑的环境下，《华西都市报》的平面广告收入虽然也有所下滑，但活动经营和新媒体经营仍然实现持续增长。二是强势打造封面传媒品牌。封面传媒以做强做大封面新闻客户端为核心，依托数据挖掘、机器学习与写作、兴趣推荐算法等技术实现能力，加快封面号、舆情、智库、电商平台建设，大力构建覆盖媒体、电商、文娱的产业生态圈，重新定义人与信息、人与商品、人与服务以及人与人的连接方式，建设引领人工智能时代的泛内容生态平台。在推动《华西都市报》和封面传媒的融合上，两者作为华西传媒集群的"双引擎"，在集群框架内实现一张图统筹。①

3. 受众是都市报品牌资产的核心指标

都市报因其特殊的文化属性与商业属性，具有不同的受众市场面向。它抢占市场，提升其品牌资产成为拥有两个迥异维度的都市报努力发展的终极目标。作为市面上流通的都市报，既是一种传播媒介产品形态，也是一种特殊流通的商品，它的受众即为都市报读者。从这一角度出发，都市报竞争的核心力量可等同于品牌资产，作为有价值的差异化存在，强大都市报品牌意味着在读者的眼中它变得不可替代，都市报才有极高的读者忠诚度。② 对此，《洛杉矶时报》的发行人马克·韦尔斯曾说过：要像管理企业那样去管理报纸。

同时，都市报受众数量反过来也是一种品牌资产，受众数量越多意味着都市报传播力越广、影响力越大、公信力越高，对于广告商来说这是影响他们决定是否在都市报上投放广告的重要因素，将"受众卖给广告商"，在实践意义上构成都市报另一种市场面向。从这一角度出发，品牌正是作为"商品"被出售给广告商，一旦都市报形成稳固品牌，它将成为广告商

① 李鹏的访谈内容，访谈时间：2018 年 2 月 24 日；访谈方式：微信。
② 郑坚. 南方都市报的报纸品牌形象的建构与营销 [J]. 中国广告，2008（7）：45.

眼里进行宣传与推广的最佳载体，以及与广告商自身发展相匹配的合作伙伴。

当然，不同受众对都市报的品牌资产关注的角度也不一样。本书的问卷调查显示，55%的被调查者关注着都市报的品牌识别（如品牌名称、Logo、版面设计等）；71.5%的被调查者更关注品牌含义（如报纸的内容、价格、方便购买/阅读、品牌形象等）；37.2%的被调查者选择了品牌响应（阅读感受、评价或联想等）；49.9%的被调查者选择了品牌关系（读者忠诚度、认同感、参与度、社会责任感等）；而另外13.8%的被调查者则侧重于企业文化；还有14.6%的被调查者认为企业多元化发展尤为重要。

4. 持中知变促进品牌资产增值

2015年10月，第二十届全国省级晚报（都市报）总编辑年会上就纸媒如何做到"持中知变"做出了回答：持，面对严峻形势，依然要坚守品牌价值，扛起主流都市报的社会责任；知，即知变化、知天下、知潮流、知趋势，纸媒要有互联网思维和媒体融合的观念；变，即敢于应对挑战，敢于再出发，积极适应时代变革，拥抱"互联网＋"时代。2017年5月发布的《国家"十三五"时期文化发展改革规划纲要》，把推动媒体融合发展作为提高媒体舆论引导水平的重要举措，要求明确不同类型、不同层级媒体定位，统筹推进媒体结构调整和融合发展，打造一批新型主流媒体。国家从政策层面指出了都市报改革发展的转型目标是坚守品牌价值和增加品牌资产。

都市报品牌资产具有丰富的内涵与构成，国内外的众多学者从金融学、管理学、符号学等众多学科角度出发，不断探究品牌资产的构成与衡量要素，形成较为完备的体系。当然，品牌资产的建设与提高不是通过简单的广告与活动就能实现，它与各大都市报的实践与探索密不可分。身处新媒体环境中的现代都市报已不再简单追求销量最大化或者利润最大化，更关注的是资产价值最大化，这里的资产价值包含市场、文化和精神等各层面的资产价值。业界经过长期的竞争实践和改革创新后，提出"整合报纸"的观念来提升报业的品牌资产，即将采编、广告、发行和促销等管理手段有机统一，目的在于累积报纸的无形资产和有形资产，并通过品牌资产带来的"乘积效应"力促都市报发展。

第三节　都市报品牌资产的内涵与评价体系

　　品牌是在商业环境成熟和市场竞争激烈的高阶条件下，企业赢得市场的营销理念与实践落点。都市报的品牌资产不是与生俱来的，它是都市报经过漫长的品牌嬗变后得以形成的一种无形资产。都市报品牌是在报业市场充分发展的基础上形成的，是各大都市报生存和发展的核心所在。都市报品牌资产提升被提上管理议程标志着我国报业进入到成熟稳健的市场发展阶段。它的内涵具有丰富多元性，主要可归纳为品牌识别、品牌含义、品牌响应和品牌关系四大板块，这四大板块按照依次递进关系共同构建都市报品牌。

一、都市报品牌嬗变历程

　　20 世纪 80 年代中期，我国经济基本脱离了计划经济的僵化模式，城市居民生活呈现出了崭新面貌，"城市化和城市的现代化必然需要大众传媒快捷地、大量地提供各类信息，以满足城市居民对信息的需求"①。当时，我国的报业竞争处于党报（日报）与晚报"二分天下"的局面。"官办、官订、官看"的机关党报坐拥庞大的公费市场，它们以行政订阅为发行手段，以政务要闻为核心内容，以聘编双轨为用人机制。党报（日报）无论是新闻内容、版面设计等内容要素，还是发行途径、创编团队等经营要素，都与普通百姓的寻常生活相距甚远，既不能满足城市居民日常生活的真正需求，也无法真正地参与到报业的市场化竞争之中。

　　创刊于 1993 年 8 月的《贵州都市报》是我国第一份以"都市报"命名的报纸，但当时只拥有内部刊号，并没有产生多大影响。真正将"都市报"的概念带入公众视野的是于 1995 年 1 月由党报《四川日报》创办的《华西都市报》。《华西都市报》的创办者席文举曾解读都市报："主要读者是市民，是市民生活报；内容以新闻为主，突出硬新闻，但强调与市民生活有关的实用信息；变生产报道为消费报道，传播对象从决策机关和生

---

　　①　张琦.《燕赵都市报》的品牌经营分析［D］. 保定：河北大学，2009：41.

产机构变为消费者个人；报纸的管理、经营以市场为导向。"① 《华西都市报》的创刊具有里程碑式的意义，这标志着我国报业市场化改革的不断深入以及城市读者群体的最终形成。紧接着，《南方都市报》《燕赵都市报》《楚天都市报》《大河报》等都市报如雨后春笋般出现。1999 年，"城市报刊发行工作研讨会"在北京召开，会议对都市报的定义达成大致共识："都市报指立足城市、面向市场、贴近读者，具有强烈的市民化、城市化色彩的报纸。换言之，都市报就是市民报。其实质是市民报，其形式是综合日报，它是相对中国所特有的党报和机关报而言的。"② 可见，都市报是我国报业市场化进程中的特色产物，其兼具社会属性与商品属性，是特殊的大众文化消费品。

面对着市场化浪潮与新媒体技术冲击，我国都市报不断调整办报理念、读者定位、发行经营等运营管理策略。依据都市报发展特点，本书将我国都市报品牌划分为四个发展阶段。

1. 市民生活小报阶段（1995—1999 年）

创立之初的都市报以广大城市居民为目标受众，增强信息传播的可读性、实用性、时效性、趣味性。从传播内容来看，都市报宗旨是为城市受众提供信息和服务，大量的社会新闻甚至猎奇新闻是初创都市报的内容主体。《燕赵都市报》确定了"关注生活、关注热点，心系市井人家"的编辑方针，《华西都市报》提出了"全心全意为市民服务"的办报宗旨，《南方都市报》当时的定位可概括为"都市人，都市报"。由此可见，处于市民生活小报阶段的都市报以亲民化、本土化为追求，提供城市新闻信息和生活资讯服务，这是该阶段都市报的核心内容。

各大都市报正是通过亲民易读的内容和新奇实惠的发行掀起"都市报热"，都市报逐渐成为报业市场的主力军。1997 年，《华西都市报》订阅数飙升至 50 万余份，发行量位居中国西部都市报之首。同年，《燕赵都市报》订阅数超过 26 万份，是创刊以来的盈利首年；1999 年，《南方都市报》作为新生力量在我国传统报业领军城市广州突出重围，以 65 万份的高发行量位列发行第四位。③ 都市报在此阶段的发展按地域划分开展各自为营的经营运行，并在局部市场取得成功，为今后的强势品牌发展奠定了基础。

---

① 孙玮. 现代中国的大众书写：都市报的生成、发展与转折［M］. 上海：复旦大学出版社，2006：20.

② 孙燕君. 报业中国［M］. 北京：中国三峡出版社，2002：18.

③ 彭姣时.《南方都市报》定位发展探析［D］. 广州：暨南大学，2005：23.

2. 主流媒体大报阶段（2000—2003 年）

短短数年，我国都市报顺利完成市场覆盖和读者转化，成为为城市受众提供资讯与服务的中坚力量。同时，各大小城市涌现出数量繁多、种类丰富的各级都市报，使得低层次的报业竞争进入白热化状态。对此，《华西都市报》总编辑席文举提出都市报向"主流媒体"转型的发展方针，一改都市报传民事、抒民情的"接地气"定位，向有担当、有责任的主流大报媒体定位积极迈进。在此阶段，聚焦于社会主流阶层、增强权威性和影响力、强化时政财经等核心内容版面、增加深度报道与社评社论，成为都市报集体转型的方向和共同举措。《南方都市报》前主编程益中在 2002 年说过："另类是手段，主流才是目的；另类其实是为了更主流，这是《南方都市报》的一种策略。"

21 世纪初，我国进入社会转型关键期，都市报关注与报道社会热点事件，彰显主流姿态与大报风范。例如，《燕赵都市报》新增"视点"版面，分设"热点透视""冷眼旁观""大众评说"等众多小版块，这些板块从不同舆情热点事件入手，即时报道热点新闻，深度剖析热点事件，持续跟进舆情监督，在华北地区收获了大批忠实的精英读者，与《华西都市报》《大河报》《楚天都市报》并称为"都市报四小龙"。《南方都市报》是都市报转型的典范，它提出"主流就是力量"的办报理念，旨在为具有较高知识文化水平与资讯需求的城市精英阶层提供更具深度与力量的专题报道和深度报道。其中，2003 年 4 月 5 日，《南方都市报》刊登出的深度报道《被收容者孙志刚之死》产生了较大社会反响，引发国务院出台新的城市收容遣送管理办法。勇担社会责任和引导社会主流意识的良好形象让《南方都市报》在 2003 年的广告收入实现了 460% 的惊人增长，高达 11.98 亿元，一跃成为全国性的强势都市报。

3. 媒体品牌初创阶段（2003—2006 年）

市场化浪潮连番冲击迫使都市报主动或被动地完成"改革转企"的历史使命，企业化的都市报更加彻底地自主经营寻求生存发展，不少都市报将市场竞争点转移到品牌建设的新阵地上。而之前的市民生活小报阶段和主流媒体大报阶段还只是都市报品牌建设的奠基期，都市报真正开始品牌建设是以《南方都市报》2002 年提出品牌建设的战略开始的。[①] 如何快速

---

① 肖景辉. 拿什么铸就品牌丰碑——访南方报业传媒集团管委会主任范以锦［J］. 传媒，2006（7）：21.

建立都市报品牌，如何在纸媒发展的拐点期完成品牌转型，成为都市报需要解决的问题。品牌影响力的扩大和品牌资产的累积依赖于品牌核心竞争力的提高。"单纯的发行量或者广告经营已经不是衡量一张都市报的全部，媒体之间的竞争也不再是一城一地的得失，而是对报纸综合实力以及品牌的衡量，媒体之间的竞争更多的是媒体战略眼光和战略布局的宏观较量。"① 面对新的竞争格局，各大都市报遵循着不同的发展规划与经营理念，开启不同的品牌塑造之路。

《南方都市报》一直强调内容为王，客观、公正、权威、深刻的报道是其品牌立足的根本，人文情怀与责任大义是其品牌资产的来源。它以广州、深圳为中心城市，全面覆盖珠三角地区，开展一系列论坛、评选等跨业态媒体活动，重塑品牌建设与管理体系，成为中国报业最具价值和影响力的品牌之一。《燕赵都市报》重新设立"统一品牌、统一运营"的发展方针引导品牌建设工作，它的核心举措是在河北报业集团内部进行资源重组，形成了以《燕赵都市报》为轴、以《都市时讯》《燕赵都市报冀东版》为翼的"1+2"办报体系，并疯狂扩版，不断精细化新闻资讯与广告投发，成为出版满足不同读者需求的翔实"厚报"。2005年，《燕赵都市报》成功打入全球日报发行量百强行列，被世界品牌实验室列入"中国500最具价值品牌"榜单。作为当时都市报领头羊的《华西都市报》提出"三个转变"、"二次创业"、打造"西部一流传媒企业战略"的"321"工程战略目标，通过建立媒体体系、举办跨界活动不断传播和扩散着品牌的市场影响力，延伸品牌资产，培育品牌文化，努力从传统报业向现代传媒企业转型。

4. 媒体品牌提升阶段（2006年至今）

为了寻求新的突破，都市报品牌必须为自身注入新的活力，通过品牌资产的提升来渡过纸媒危机。喻国明（2005）认为，"我国传媒产业的发展已经进入品牌经营时代"②。针对新媒体蓬勃发展之势，都市报品牌管理工作应审时度势，探寻与新媒体的融合与发展，及时调整品牌战略和战术。

《南方都市报》从"立志做一张好报纸"，发展到成为一个强势的媒体品牌，目前已进入媒体集群规模发展时代。从2007年起，《南方都市报》

① 张宪民. 创新传媒价值打造报业品牌 ［J］. 中国报业，2006（12）：45.
② 喻国明. 变革传媒：解析中国传媒转型问题 ［M］. 北京：华夏出版社，2005：44.

开始进行子媒体延伸进程，先后衍生出《南都周刊》《风尚周报》《南都娱乐周刊》《云南信息报》四份纸媒，并创立南都网和奥一网两大互联网平台，形成最初的南都报系。2009 年，《南方都市报》全媒体集群正式诞生，其以《南方都市报》为核心旗舰品牌，形成《南都周刊》、《星遥日报》、《南都 Metro》、大粤网、《南方都市报》官方微博群等优质媒体跨区域、跨媒体、跨行业的品牌体系。《南方都市报》全媒体不再是简单的报刊纸媒，而是基于全媒体数字技术的信息集成商、混合运营商，综合业态、立体覆盖、全面架构是其作为信息巨轮的技术特征及优势所在。通过强大的品牌媒体平台和丰富的品牌媒体活动，南都全媒体集群无时无刻不在向社会大众传播和解读着"南方都市报，无处不在"的品牌含义。2018 年，南方都市报成立"媒体大数据应用实验室"学术委员会，与广东联通合作成立"5G 媒体大数据应用实验室"。同时组织调研人民网数据、新华网数据、央视网数据、财新网数据、中国知网等外部数据单位，举办"认知智能技术实践经验"的主题技术培训，推进中央数据库项目团队与用户的项目应用交流，统筹推进中央数据库、智慧能管理平台等技术项目，实现《南方都市报》的数据融合转型。

数字时代，《半岛都市报》客户端 2015 年正式上线，目前，半岛客户端新闻板块下设头条、青岛、天下、娱乐、视频、VR 等 41 个频道，现已更新迭代到 4.0.11 版本，由单纯的新闻类客户端，发展为新闻类大型综合服务平台。2017 年 2 月，《半岛都市报》创新新闻采编和传播方式，成立跨部门融合工作室。截至目前，《半岛都市报》已搭建 15 个融媒工作室，包括"半解"工作室、解密青岛工作室等，涵盖了深度、人文、阅读等多个领域，并策划生产了大量融媒体产品，结合半岛新闻客户端各大频道、官方微博微信矩阵、"半岛 V 视"小程序等新媒体平台，实现了在"报、网、端、微"的立体多元、全媒体、多角度、多层面的传播。自 2011 年 9 月 2 日发出第一条微博后，《半岛都市报》官方微博的粉丝量不断攀升，截至 2017 年 11 月 30 日，半岛官微迎来第 800 万个粉丝，而至 2018 年 1 月 18 日，官微粉丝已达 8 142 860 个。[①] 这是都市报在传统时代难以想象的数字，这种转型形态已经成为现存大多数都市报实现品牌增值的选择方式。作为《华西都市报》融合转型新载体的封面传媒在 2018 年客户端用

---

① 陈雷. 面对资金和技术两大瓶颈，看《半岛都市报》融合转型如何突围？［EB/OL］. http：//www.sohu.com/a/217622088_ 196120.

户数超过 1 480 万，封面新闻移动传播矩阵总用户规模超过 4 500 万。①

如今，社会进入到后都市报时代。"蓦然回首，我们发现都市报在分化裂变，一批原有都市报寻求自我超越，一批新兴都市报另辟蹊径，呈现出向主流媒体演进的鲜明趋势，这一现象可称为'后都市报时代'。"② 随着受众的变化，都市报的办报理念、操作手法、风格特色要发生改变，就要做到四结合，即关注重大新闻事件与重视内容信息的丰富性相结合；追求品质、格调与保持民众化相结合；追求严谨、权威与重视生动活泼相结合；让群众满意与让领导满意相结合。③

二、都市报品牌资产内涵

都市报是一种文化产品，它不同于一般商品。都市报书写着都市文化，又深刻烙印着城市文化内涵。不同城市的都市报书写着所在城市的人口概貌、经济环境、政治生活以及文化背景等城市文化，它作为城市文化的承载体，沉浸在城市文化的气息里，深刻烙印着城市独有的文化内涵。都市报拥有着特殊时间和空间里的生态位，自其产生之时，便注定具有特有的行为和作用。④ 同时，不同的城市文化为都市报开展差异化竞争和特色生存发展提供了优势资源，这为都市报以区域性和社区化的城市为立足点指明了发展的方向。

都市报是一种新型报纸，相对党报来说，它具有市场性、灵活性、亲民性、活泼性等特点，明显区别于党报。它与晚报的区别则没有那么明显，"都市报的崛起预示着有更多的报纸走上产业化的办报之路"，"它还突破了传统意义上的晚报概念，将晚报的视角投向了更加宽广的领域，拓展了办晚报的路子。其办报理念、思路、方法，代表了城市报纸（包括晚报）的发展趋势"。⑤ 都市报比起晚报的文娱性、消遣性等特点来说更以都市百姓新闻报道见长，强调新闻策划、版面风格、民间话语等市民视角，这是它与晚报不同的鲜明特征。

---

① 封面传媒 CEO 李鹏年会演讲曝光：2019 年建成区域平台型媒体［EB/OL］．［2019 - 01 - 30］．https：//mp. weixin. qq. com/s/5CpNLFsczZirtlalSE9dBA.

② 罗建华. 后都市报时代：向主流媒体演进［J］. 传媒观察，2004（11）：18 - 20.

③ 陶玉亮. 如何理解和把握后都市报时代的特点与规律［J］. 河南社会科学，2009（5）：162.

④ 张洁意. 都市报特点与城市文化的关系［J］. 青年记者，2007（9）：47.

⑤ 康岚，徐敏. 城市报在都市大众传媒市场中的位置［J］. 新闻实践，2002（2）：30 - 33.

与一般商品品牌不同，都市报兼具商品属性与社会属性，它的品牌发展具有一定的特殊性：一是都市报的商品形式本身是大众传播的媒介载体，受众可更为直接和方便地接触，这导致其品牌的养成与维护难度增加；二是都市报受区域、体制、文化等多方面制约，品牌转移性较差，难以形成跨地域乃至全国性或国际性的都市报品牌；三是都市报价格较低、共享度高、消耗量大，受众难以主动评价其价值并形成品牌依赖。

历经激烈的市场竞争后，一批强势都市报品牌诞生，它们牢踞各自品牌区域，打造出不同品牌形象，拥有不同面向和层级的品牌资产。可以说，都市报品牌资产就是读者（或受众）对报纸所提供的信息内容产品和服务的持续性认知关系。[①] 都市报品牌资产增值来源于对这种认知关系的养成和维护。都市报品牌代表着媒体的资源和能力，代表着受众的认知与评价，代表着传受双方基于承诺与认同的市场关系。依托 CBBE 模型，结合都市报特性，本书将都市报品牌资产内涵归纳为品牌识别、品牌含义、品牌响应、品牌关系四大板块，它们依次递进共同形成具有较高价值的都市报品牌资产。

（一）品牌识别

品牌识别是受众对都市报的差异性感知，是区别于其他同类报纸的重要标志，它是都市报名称、版面、文风、定位、设计及其组合要素产生的综合效果。除了这些外显的标识要素外，都市报从业人员的言谈举止和行事风格也是都市报品牌识别的重要组成部分，它们共同构成都市报品牌资产的维度。

（二）品牌含义

从微观角度来说，品牌含义是都市报所提供的信息内容产品和服务；从宏观角度来说，它涵盖了品牌定位、整合营销、盈利能力等内容，一家都市报运营过程的方方面面均为其品牌含义的体现。

品牌识别是都市报品牌生成和发展的物质基础，品牌含义是都市报参与行业竞争的实体核心，两者是都市报品牌资产来源的基础和重要衡量指标。

---

① 张琦.《燕赵都市报》的品牌经营分析［D］. 保定：河北大学，2009：36.

（三）品牌响应

品牌资产的生成与积累离不开受众消费的感受和体验。都市报通过引导受众购买体验和阅读体验，建立品牌文化，实现品牌资产增值。社会大众对都市报品牌的反应，包括感知、评价与联想，这都是都市报品牌资产最重要、最核心的构成部分。按照品牌响应的特点，都市报品牌响应主要体现在：

（1）知名度。都市报品牌知名度可简单理解为社会公众知晓该报纸的程度，它是受众进行品牌认知的首要环节，是品牌响应体系的基础部分，它反映报纸在受众心目中的显著性，可进一步影响到读者更深层次的感知和评价态度。根据品牌覆盖范围的地域层级划分，知名度可分为区域性知名度、全国性知名度和国际化知名度，而都市报作为区域性文化产品，通常难以形成全国或国际范围内的知名品牌。

（2）联想力。联想力是品牌实力的体现。通常来讲，强势品牌可引导受众产生联系更为紧密、发散更为丰富的品牌联想，能在吸引受众方面产生强大的竞争优势。因此，品牌联想可以帮助受众获取品牌相关信息，打造品牌差异化特征，提供强有力的购买理由，引导消费者的正向评价与积极态度，奠定品牌延伸的基础，引导客户形成品牌忠诚度。具体而言，品牌联想包括：品牌属性，品牌故事与历史，品牌服务体验，品牌个性与价值等。

（3）公信力。不同于普通的流通商品，都市报是具有政治功能和担负社会责任的文化产品，公信力对于都市报品牌来说尤为重要。品牌公信力指受众对都市报所提供的新闻内容、信息服务的信任程度，是都市报发挥社会影响力的基础。公信力是由都市报长期以来真实、准确、客观、权威、深刻的新闻特质累积而成，离不开都市报高质量的广告刊登和严循社会契约精神的营销发行。

（4）美誉度。美誉度指都市报的产品或服务在社会中获得赞誉的程度，可以从公众美誉度、行业美誉度、目标受众美誉度三个方面进行考察。

（四）品牌关系

都市报受众与品牌的关系主要体现在品牌忠诚上。品牌忠诚度是受众对都市报品牌忠实的程度，它是包括认知忠诚、态度忠诚、行为忠诚等多维度的综合概念，与品牌资产其他要素有机统一。受众购买频率、使用力度、认知态度均是衡量都市报品牌忠诚度的重要因素。品牌忠诚一定是建立在受众对都市报品牌满意的基础之上，与品牌保持忠诚关系的受众会保持重复购买行为并引导他人重复购买，更深层次的品牌忠诚者会主动关注品牌信息、参与品牌活动和介入品牌发展，自发生成品牌归属感，形成特定的亚文化群体。

都市报品牌的忠诚受众被称为"关键消费者"（Key Customer）。著名的品牌学家 Kotler 称"关键消费者"为"战略消费者"（Strategic Customer）或"核心消费者"（Core Customer），他强调从读者购买量、购买频率、关联效应、推广效应等维度考察品牌与受众间的忠诚关系。作为低价快消品的都市报与受众建立黏性较大的品牌关系尤为必要。面临新媒体时代发展，大多数拥有数字化架构的都市报建立起强大的用户关系数据库，通过对品牌社群的管理引导消费者从多维度产生情感共鸣。

任天阳认为，《南方都市报》的品牌资产管理并没有细分到品牌识别、品牌含义、品牌响应、品牌关系这四大板块，但品牌资产管理的实际工作是按照这四个板块开展的。在品牌识别上，《南方都市报》做了不少改变，根据移动端用户群的需求和反应采取不同的管理方法，包括 Logo、色彩等方面。在品牌含义上，将报纸的传统纸质形态与新媒体形态融合起来，构建起品牌建设矩阵，包括报纸、杂志、移动端的微信、微博、App 的品牌矩阵，对不同的用户群实施不同的品牌策略。《南方都市报》相比以前更注重新闻产品化，以前报纸的新闻产品，记者写完稿后编辑编完就发布，而现在注重新闻产品品牌的打造，如《南方都市报》鉴定、《南方都市报》直播、短视频等，一方面是把《南方都市报》有价值的产品或符号进行商标注册，规避知识产权上的风险，另一方面是让固定出版、固定发布行为常态化、品牌化。在品牌关系上，借助品牌活动不断推广和扩大影响力，强化与用户的关系。比如，2017 年 1 月打造的深圳口碑网，通过用户微信投票，深圳用户参与度广，在短时间内增加了三十几万的用户，这是一个运用产品优势进行品牌推广并带动《南方都市报》整体品牌的成功案例。品牌识别、品牌含义、品牌响应、品牌关系四大板块是一种逻辑递进的关系：品牌识别是基础，在品牌识别基础上，都市报要加强品牌含义建设，这是核心。用户认可都市报的品牌含义后做出自我的品牌响应，并在与都市报互动中强化双方之间的品牌关系。[①]

---

① 任天阳的访谈内容，访谈时间：2018 年 1 月 25 日；访谈地点：广州市南方传媒集团。

三、都市报品牌资产评价体系

品牌资产的内涵和来源都是相对于受众的认知而存在，价值内容及其形成最终是以得到受众认可而完成。品牌资产的积累来源于都市报的实措与动作，品牌资产效能的发挥来源于受众的评价体系。归根结底，受众的认知与评价是品牌资产发挥作用的最终落点。

受众在选择品牌、使用产品的过程中有着怎样的心理路径与客观进程？读者对都市报品牌资产的评价又依照怎样的体系？根据 CBBE 模型，消费者主要在六个维度上与品牌产生联系——品牌认知（Brand Salience）、品牌绩效（Brand Performance）、品牌形象（Brand Imagery）、消费者评价（Consumer Judgment）、消费者感觉（Consumer Feeling）和消费者共鸣（Consumer Resonance），这六个维度对应的内容就是品牌资产的内涵与构成。

杨德锋教授认为，都市报因其内容属性和意识形态属性而区别于一般商品。我国都市报有别于欧美国家的城市报纸，欧美国家报纸常被定性为左派报纸或右派报纸、共和党报纸或民主党报纸，它们更倾向于支持与本身相吻合的价值观和社会理念，但我国都市报是一种不同于欧美国家的媒体形态。都市报是区域性媒体，广州受众主要关注《南方都市报》，成都受众主要注意《华西都市报》，青岛受众更在乎《半岛都市报》等。受众作为都市报的消费者，对都市报品牌资产的评价与消费者对一般产品品牌资产评价体系没有什么区别。按照 Keller 提出的基于消费者品牌资产金字塔模型，依然主要是围绕品牌识别、品牌含义、品牌响应和品牌关系四个板块开展评价，这四者之间是一个阶梯性的递进关系。其中，品牌识别方面受地域性因素影响不大，而品牌含义体现的是都市报的价值观，传达着利益，为普通民众提供资讯、娱乐等功能，彰显出都市报的品牌价值，这是都市报品牌资产最为核心的板块。①

关于品牌资产评价体系，国内外学者建立过纷繁多样的要素系统，从不同学科基础与研究视角出发提出不同观点。本书依照 CBBE 模型，扎根于国内都市报发展现状，综合分析具有代表性的都市报典型案例，进行消费者认知要素的调整，构建出用于实证研究的我国都市报品牌资产评价体

---

① 杨德锋的访谈内容，访谈时间：2018 年 1 月 23 日；访谈地点：广州市暨南大学管理学院。

系。该体系共分为受众认知、品牌联想、受众评价（体验）、品牌—受众关系四个层级。

1. 受众认知层级

受众认知是品牌知名度建立的起点。受众认知包括初始的品牌认知，也包括后续的品牌回忆。品牌认知能否顺利实现，主要取决于品牌是否突出，很多情况下，受众并没有都市报相关的购买或使用体验，而是通过对都市报品牌的了解，对其进行区分和辨认；品牌回忆是当受众有购买需求，且都市报品牌符合其消费状况与购买范围的情况下，品牌能够出现在受众记忆中的程度。这两者共同构建出都市报完整的认知过程，使品牌作为整体概念植入于受众的记忆中，即品牌知名度的建立。

2. 品牌联想层级

品牌联想是受众认知阶段对都市报所形成的品牌记忆的延伸，既包括纵向的深度认知也包括横向的范围扩展。品牌联想的涵盖内容非常宽泛，包括受众的记忆和印象中与都市报品牌相关的全部内容，简言之就是"提到品牌，受众想到的内容"。品牌实力越高、影响力越大，品牌联想就越丰富和复杂，这是对受众评价（体验）的扩充与延伸。品牌资产理论的权威学者 Aaker 曾提出品牌联想的十一种类型，即：产品特征、无形特征、消费者利益、相对价格、用途、用户/消费者、名人/人、生活方式/个性、产品门类、竞争对手、国家/地域。[①]

受众在对都市报品牌资产进行评价时，品牌联想的散发是极其主观的。都市报品牌的所有者与经营者，要打造独特而强势的品牌个性，以引导受众进行特定的品牌联想。成功的都市报品牌往往可准确捕捉目标客户群的性格特征和消费需求，让品牌个性和品牌特色无限贴合受众的自我概念与认知，引发两者之间产生情感认同与共鸣，拉近心理距离，从而生成紧密、持久的品牌关系，这就是下一个层级品牌—受众关系的评价阶段的形成过程。

3. 受众评价（体验）层级

受众评价层级是受众对都市报品牌的感知质量提升的重要阶段。品牌研究学者 Bendixen 和 Abratt 认为感知质量是品牌资产生成的最基本变量。从都市报营销角度出发，受众的感知质量要比都市报信息产品的客观质量

---

① AAKER D A. Managing brand equity: capitalizing on the value of a brand name ［M］. New York: Free Press, 1991: 21 −35.

更有意义，这种感知质量的构建基础是客观的，但真正的形成来源于受众的主观判断与感受。受众总是带有特定的消费目的，并在进行购买和体验的过程中不断将都市报品牌产品与备选方案加以比较后才做出购买决策。

品牌感知可从功能性和情感性两个角度分为质量感知和价值感知。质量感知是从功能性角度对都市报品牌产品或服务进行客观的质量考察。美国哈佛大学 David A. Garvin 教授从产品性能、产品功能、符合标准性、可靠性、耐用性、服务能力、质感和外观等要素对质量感知进行测量。[①] 价值感知则从情感需求的角度出发，是受众对都市报的心理预期、心理满足等关于品牌的情感得失体会。

4. 品牌—受众关系层级

在品牌—受众关系层级，受众的评价进程走到最后一个环节，便是都市报品牌运营商打造品牌资产所追求的终极目标——养成品牌忠诚，形成健康、稳定的品牌—受众关系。对于已拥有社会知名度的都市报强势品牌，受众可能会在简单认知后，能够迅速渗入了解都市报品牌，直接形成品牌忠诚。对于其他普通都市报，作为价格相对低廉的日用快消品牌，受众在认知阶段往往不会深入思考，很难确立与品牌的稳固关系，自然无法建立对品牌的忠诚，只有深入挖掘信息传播的深度内涵，才是都市报培养品牌忠诚的努力方向。

当然，受众对都市报的品牌忠诚养成后，如何管理和维护品牌—受众关系，依旧是都市报面临的重要问题。都市报可以尝试打造和经营品牌社群，有针对性地管理和维护用户关系数据库，开展相应的品牌活动持续引发受众共鸣，进一步增强品牌忠诚度。

我们的问卷调查显示，都市报品牌资产评价体系中最为重要的是：47.8%的被调查者选择了品牌识别；62.9%的被调查者选择了品牌内容（品牌功效）；24.4%的被调查者选择了品牌形象；31.4%的被调查者选择了受众判断；33.6%的被调查者选择了受众感受；49.9%的被调查者选择了受众共鸣。可见，受众将品牌内容（品牌功效）和受众共鸣以及品牌识别作为都市报品牌资产评价体系中最为重要的部分，这为都市报品牌资产管理提供了侧重方向和管理的重心点。

李鹏认为，媒体品牌不同于其他的商品，更多是以内容传播的方式来

---

① GARVIN D A. Product quality：an important strategic weapon [J]. Business horizons，1984：55 – 70.

塑造品牌。你是否用心生产高质量的内容，你是否满足用户的信息需求，你是否勇于担当社会责任，决定了你的品牌影响力如何。在基于消费者的品牌资产模型体系中，品牌识别只是一个符号，品牌含义即传播定位和传播内容是核心，起着决定性作用，品牌响应与品牌关系是传播效果层面。后两者是由品牌含义决定的，因而会影响品牌识别是否突出，是否会深入人心。因此，用户对都市报品牌资产的评价依据的更多是传播力体系，其中包含传播定位、传播内容、传播效果等，是传播力、公信力和权威性决定了影响力。①

---

① 李鹏的访谈内容，访谈时间：2018 年 2 月 24 日；访谈方式：微信。

第三章　新媒体环境下都市报 ABBE 管理模型构建与实证研究

　　都市报自诞生后，立足城市，面向市场，报道市民关注的生活信息、民生新闻，具有较强的可读性和娱乐性，迅速获取大量受众，掀起一股都市报热潮。随着竞争的激烈开展，都市报出现严重同质化现象，它们赖以成功的生活化、市民化内容失去效果，紧接着来势汹汹的新媒体没有给都市报充分发展完善的时间，甚至改变了受众的阅读方式和阅读习惯，分流了大量的广告投放。在同质化与新媒体的双重考验下，都市报经营者不仅重视报纸内容生产，还重视其品牌资产的扩张。无论是从理论上还是从实践上看，都市报要突围而出就须从受众的视角出发，开展都市报的品牌资产管理工作。

第一节　理论依据：基于消费者的品牌资产（CBBE）模型

　　面对重重困境，都市报的希望何在？《洛杉矶时报》发行人马克·韦尔斯曾指出，管理报纸应像管理企业一样建立品牌，用推销消费品的效率来推销报纸。[①] 在互联网时代，传统信息传播体系下被动接受信息的受众逐渐转变为主动的搜寻者、咨询者、反馈者、对话者、交谈者，[②] 成为"用户型"的消费者。早在《数字化生存》一书中，尼葛洛庞蒂就提出"数字化生存改变大众媒介的本质，推送给人们比特的过程将变成大家拉出想要的比特的过程"[③]，不同于传统信息时代，互联网时代过剩的信息让

---

　　① 杨金鑫. 新媒体环境下都市报品牌影响力研究［D］. 郑州：郑州大学，2014：14.

　　② 周勇，黄雅兰. 从"受众"到"使用者"：网络环境下视听信息接受者的变迁［J］. 国际新闻界，2013（2）：33.

　　③ 尼古拉·尼葛洛庞蒂. 数字化生存［M］. 胡泳，范海燕，译. 海口：海南出版社，1997：103.

用户开始根据自己的需求和偏好，对信息进行"选择性注意"。更重要的是，用户不再单方面地接收信息，而是积极参与到信息的生产、传播中去，作为用户的消费者成为互联网传播的中心，也逐渐成为营销和品牌建设的出发点。同时，受众在都市报品牌资产建设中发挥重要作用，原本属于营销学领域中的基于消费者的品牌资产模型对都市报建构强势品牌具有一定的指导意义。

一、品牌资产模型的演变

西方最早研究品牌资产模型的学者 Aaker（1991）认为，品牌资产具有品牌认知度、品牌忠诚度、品牌联想、品牌的感知质量和其他独占性五个维度；[①] 并细化分为 10 项具体测评指标：忠诚度（溢价、满意度/忠诚度）、品牌认知度（领导性、普及度）、品牌联想度（价值、品牌个性、企业组织联想）、品牌知名度、市场状况（市场价格和销售区域、市场份额），但具体到某一特定品牌时，赋予的权重并不均衡。[②] 美国《金融世界》主要使用市场结构模型来计算品牌价值。它们从 1992 年起对世界著名品牌的价值进行每年一次的跟踪评估，其测量公式是：被评估品牌价值＝某一可以比较品牌的价值×调整后的加权平均百分比，这能客观地考虑到品牌的市场占有率、赢利性和成长性。

美国研究品牌资产的著名学者 Keller，1993 年提出基于消费者的品牌资产（Customer – Based Brand Equity，简称 CBBE）模型影响很大，后续研究大多在此基础上进行。该模型从建立品牌识别、创造品牌含义、引导正确品牌响应、建立合适的消费者—品牌关系四个步骤来构建一个强势品牌，其中四个步骤依赖六个维度：显著性、绩效、形象、评价、感觉和共鸣。它强调了品牌营销的重要性，也为品牌管理和研究活动找寻到重心，它为营销者和管理者提供了一座连接过去与未来的战略性桥梁。[③] Krishnan（1996）以 Keller 的 CBBE 模型提出记忆网络模型作为新的品牌资产模型，它主要从品牌联想的数量、偏好度、独特性和来源四方面研究品牌联想。

---

① AAKER D A. Managing brand equity: capitalizing on the value of a brand name ［M］. New York: Free Press, 1991: 14.

② AAKER D A. Measuring brand equity across products and markets ［J］. California management review, 1996 (3): 102 – 120.

③ 凯文·莱恩·凯勒. 战略品牌管理 ［M］. 3 版. 卢泰宏, 吴水龙, 译. 北京: 中国人民大学出版社, 2009: 59 – 83.

Netemeyer（2004）依托 CBBE 理论多次访问了 16 个品牌、超过 6 种产品、1 000 个目录，发现感知质量、感知价值的成本、独特性和消费者愿意为该品牌支付的超过价格的额外费用或消费者愿意溢价支付的费用这四个方面存在内在一致性和有效性。① Yoo（2000）是西方近年来比较活跃的品牌研究学者，他应用结构方程模型研究了"广告投入、价格、分销密度、零售店形象、价格策略"对品牌资产构成要素感知质量、品牌忠诚、品牌联想的影响，研究发现频繁的价格促销将损害品牌资产，广告投入量、价格、分销密度、零售店的形象则与品牌资产正相关。②

同时，实战咨询派还提出了一些品牌资产模型，如 Young 和 Rubican 的品牌资产评价模型、Research International 的资产驱动模型和 Total Research 的资产趋势模型，它们共同建立健全品牌资产模型系统。

近年来，我国学者在品牌资产模型研究上也有一些探索。如：卢泰宏（2002）从财务、市场和消费者三个角度提出三种品牌资产概念模型。③ 于春玲等（2007）建构了品牌资产结构维度的层次模型，包括消费者的感知因素和行为意向因素。品牌知名度为外生变量，物理属性联想、社会属性联想、品牌信任、品牌喜爱、品牌关系和总体品牌资产为内生变量。结构变量之间的路径关系呈现了品牌资产从品牌知名度到品牌联想，到品牌信任或喜爱，进而到品牌关系，最终形成品牌资产有序的形成过程。④ 宁昌会（2006）将消费者从品牌中获得的效用称为"感知效用空间"，分为产品效用、品牌功能效用和品牌象征效用三个维度，设计出一个基于消费者角度的品牌资产模型。⑤ 卫海英等（2010）构建了一个基于多维互动质量的服务品牌资产驱动模型，并将互动质量分为员工—消费者互动质量、企业—消费者互动质量和企业—员工互动质量三个维度。⑥ 陈洁（2012）提

---

① NETEMEYER R G, et al. Developing and validating measures of facets of customer – based brand equity [J]. Journal of business research, 2004 (57): 209 – 224.

② YOO B, DONTHU N, LEE S H. An examination of selected marketing mix elements and brand equity [J]. Academy of marketing science, 2000 (28): 195 – 211.

③ 卢泰宏. 品牌资产评估的模型与方法 [J]. 中山大学学报（社会科学版），2002，42（3）：88 – 96.

④ 于春玲，赵平，王海忠. 基于消费者的品牌资产模型实证分析及其营销借鉴 [J]. 营销科学学报，2007（3）：31 – 42.

⑤ 宁昌会. 基于产品类别层次的品牌感知效用研究 [J]. 中南财经政法大学学报，2006（3）：115 – 119.

⑥ 卫海英，张蕾. 服务品牌资产驱动模型研究——基于多维互动质量的视角 [J]. 经济管理，2010（5）：151 – 158.

出品牌资产价值评估方法，并构建了品牌资产价值综合评估模型，确定品牌获利能力与潜力。[①]

国内外品牌资产模型研究也有一些不足与缺陷：一是财务因素与利益相关者尤其是消费者、员工、股东、投资者的关系未理顺，未能根据品牌评价的目的来界定品牌资产；二是品牌资产大部分研究还处于静态，未能从动态上把握品牌资产影响因素的演化，难以掌握其社会属性和环境因素；三是都市报品牌资产研究起步晚，未能把握都市报品牌资产的本质和规律以及品牌资产的管理意义和模型。

二、基于消费者的品牌资产（CBBE）模型

（一）CBBE 模型的四个步骤

1993 年，Keller 提出基于消费者的品牌资产概念，他认为"品牌资产本质上是由于消费者头脑中已有的品牌知识导致的消费者对品牌营销活动的差别化反应"[②]，消费者脑海中的品牌知识（Brand Knowledge）是品牌资产得以建立的关键因素，品牌知识由消费者脑海中关于某品牌的品牌形象（Brand Imagery）和品牌知名度（Brand Awareness）构成。品牌形象是指消费者对于某一品牌的感知印象，表现为某一品牌在消费者脑海中所代表的所有联想。而品牌知名度的大小则体现为消费者在不同消费情景下是否能够确认某一品牌，与品牌在消费者脑海中留下的印象深浅有关。

除了将品牌知识看作品牌资产的关键构成之外，Keller 还指出建构品牌资产的意义在于获得消费者的品牌忠诚度（Brand Loyalty），品牌资产高的品牌，一个重要特征在于消费者对于该品牌的忠诚度高。Aaker 曾对品牌忠诚的重要意义做出论述：首先，企业的品牌资产在很大程度上是由该品牌的消费者对品牌的忠诚所创造出来的；其次，当企业把品牌忠诚当成一项重要资产不断建设时，反过来又会提高企业的品牌资产。

自提出品牌资产概念后，Keller 不断修正调整概念模型，2001 年正式提出基于消费者的品牌资产（CBBE）金字塔模型（见图 1 - 1）。在金字塔的左侧，是建立强势品牌的四个板块，Keller 认为是建立品牌的"理性

---

① 陈洁. 品牌资产价值研究 ［M］. 北京：经济科学出版社，2012：69 - 94.

② KELLER K L. Conceptualizing measuring and managing customer - based brand equity ［J］. Journal of marketing，1993：57.

路径"；金字塔的右侧则是每个阶段品牌建设的目标，是 Keller 所谓建立品牌的"感性路径"。该模型目前来说运用较为广泛，主要用于解决的问题有两个：构建强势品牌所需要具备的要素；如何建构一个强势品牌。[①]

Keller 指出，创建强势品牌需要遵循以下四个步骤：一是确保消费者对品牌产生认同，确保消费者的脑海中建立与特定产品需求相关联的品牌联想；二是战略性地把有形、无形的品牌联想与特定的资产联系起来，在消费者脑海中建立稳固、完整的品牌含义；三是引导消费者对品牌认同和品牌含义做出适当反应；四是将消费者对品牌的反应转换成消费者和品牌之间紧密、积极、忠诚的关系。[②]

四个步骤对应相应的品牌四部曲：品牌识别（Brand Identity）、品牌含义（Brand Meaning）、品牌响应（Brand Response）、品牌关系（Brand Relationships）。Keller 强调，四个步骤的每一步，都是建立在前一步成功的基础之上。首先要建立品牌识别，其次在品牌识别的基础上考虑品牌含义。在品牌含义建构起来后，消费者才能产生品牌主想要获得的品牌响应，品牌主引导消费者对品牌产生正向、积极的反应，建立并管理持久、正向的品牌关系。同时，四个步骤又依赖品牌的六个维度：品牌显著度（Brand Salience）、品牌功效（Brand Performance）、品牌形象（Brand Imagery）、品牌判断（Brand Judgement）、品牌感受（Brand Feeling）和品牌共鸣（Brand Resonance）。

（二）CBBE 模型的四大板块与六大维度

Keller 提出的 CBBE 金字塔模型中，四个步骤分别对应四大板块和六大维度。

1. 品牌识别

"品牌识别"的概念是由世界级品牌管理大师戴维·阿克（David Aaker）于 1996 年提出。"品牌识别"是品牌战略制定者建立或保持的一系列特定的品牌联想。这些联想表达了品牌所代表的东西，还表达了组织成员对消费者的承诺。[③] 品牌识别的维度主要是显著度，它代表消费者对品牌的熟悉程度，即在不同的消费情形下，消费者记忆并识别出某品牌的

[①] 金定海. 对 Keller CBBE 金字塔模型的反思与重构［J］. 广告大观（理论版），2014（6）：29.

[②] KELLER K L. Building customer – based brand equity［J］. Marketing management，2001：15.

[③] 戴维·阿克. 创建强势品牌［M］. 吕一林，译. 北京：中国劳动社会保障出版社，2004：56.

能力。品牌显著度源于品牌认知，当消费者建立起对于某一品牌的认知时，能了解该品牌竞争的范围，并对于品牌所能提供的基本功能有所了解。

Keller 认为品牌显著度体现在品牌深度和品牌广度两个方面。品牌深度是指与品牌相关的元素在消费者头脑中出现的可能性与难易程度，当一个品牌很容易被消费者想起来时，它无疑具有较高的品牌深度；品牌广度是指消费者对某一品牌的消费情景范围的认知。Aaker 把"品牌识别"总结为 4 个维度共 12 个要素，并伴随 3 种品牌资产加以体现（见图 3－1）。

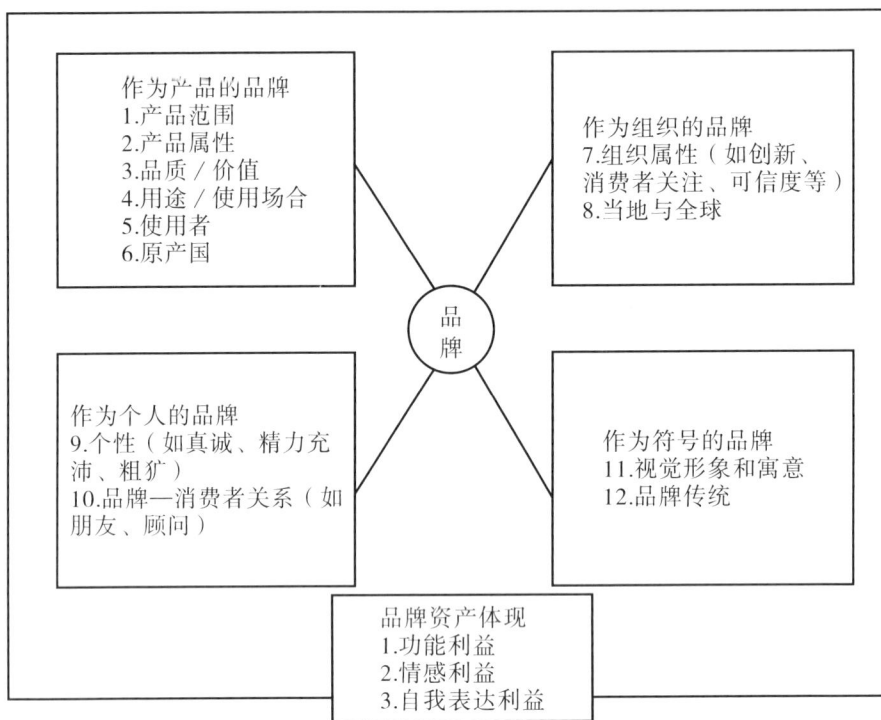

作为产品的品牌
1. 产品范围
2. 产品属性
3. 品质／价值
4. 用途／使用场合
5. 使用者
6. 原产国

作为组织的品牌
7. 组织属性（如创新、消费者关注、可信度等）
8. 当地与全球

品牌

作为个人的品牌
9. 个性（如真诚、精力充沛、粗犷）
10. 品牌—消费者关系（如朋友、顾问）

作为符号的品牌
11. 视觉形象和寓意
12. 品牌传统

品牌资产体现
1. 功能利益
2. 情感利益
3. 自我表达利益

图 3－1　戴维·阿克的品牌识别计划模型①

虽然都市报从来都是新文化、新技术的传播者，品牌的概念在中国报界也传播甚早，但都市报使用先进的品牌识别思考工具建设品牌的时间不

---

① 戴维·阿克．创建强势品牌［M］．吕一林，译．北京：中国劳动社会保障出版社，2004：58.

长。目前业界还没有现成的案例是使用 Aaker 品牌识别思考工具的，对于案例的分析有一部分用的是"倒推"和"假设性归纳"方法，这对业界实践具有启发和思考意义。都市报品牌识别比其他的商业品牌更加重视个性和读者关系，它是"会说话"产品——它的文化属性、社会舆论公器的特殊身份，决定它更像一个人一样生活在大众中间。它们传播新闻就像聚餐的朋友交流意见，彼此认同不同的报道风格以及言论看法，容易产生情感利益关系。1997 年创刊的《楚天都市报》提出"全心全意为市民服务"的口号为其品牌核心识别的主要组成部分。同时，《华西都市报》虽开创了"都市报"成功的先河，但在其创刊短短 8 个月后，《成都商报》迅速改版并效仿《华西都市报》的版面模式，令其品牌赢利能力超越了《华西都市报》，不得不说这与当初《华西都市报》的"产品"聚焦有余而其他的品牌特点不足等有关。

2. 品牌含义

一个具有高显著度的品牌，可以让消费者在许多不同的消费情景都能想起该品牌，并促成购买行为。品牌显著度是建立品牌资产的第一步，但是只有品牌显著度并不能确保品牌具有高额的品牌资产，甚至当品牌形象不好时，越高的显著度反而带给品牌越大的伤害。因此，还需要在品牌显著度的基础上建立品牌含义。如《江南都市报》虽然位于经济欠发达的江西南昌，仍能闯进中国报业前 30 强，除了有赖于报纸强化市场营销、打造知名度外，也离不开注重社会公益事业、提升报纸公信力和美誉度。《江南都市报》在 2017 年春节期间，组织"江南都市报号"免费大巴，送务工人员返乡过年，并策划系列报道，关注务工人员的返乡难题。这样的策划，不仅是《江南都市报》的一次成功报道，更是其承担社会责任的体现，获得了极高的社会美誉度。

品牌含义包括品牌功效和品牌形象两个维度，企业或组织提供的产品、服务本身是品牌资产的核心，而品牌功效就是指产品或服务在多大程度上能够满足消费者的需求。通常来说，品牌功效包括五类属性和利益[1]：一是主要成分及次要特色；二是产品的可靠性、耐用性及服务便利性；三是服务的效果、效率及情感；四是风格与设计；五是价格。

品牌含义的另一组成部分是品牌形象，它与产品或服务的外在属性有

---

① 凯文·莱恩·凯勒. 战略品牌管理［M］.3 版. 卢泰宏，吴水龙，译. 北京：中国人民大学出版社，2009：63.

关，更多的是指品牌的有形元素。消费者可通过直接的消费经历获得对某一品牌形象的认知，也可从广告或口碑等其他渠道形成对某一品牌形象的联想。品牌能够传达出的形象主要包括以下四类：一是用户形象；二是购买及使用情境；三是个性与价值；四是历史、传统及体验。

品牌的用户形象、购买及使用情境是某一品牌传达出的最直观的品牌形象，代表购买该品牌产品或服务的消费者类型，以及人们会在何种场景下购买并使用该品牌。品牌如人一样彰显着自己的个性与特质，消费者往往会购买和使用能够表达自我和满足自我的品牌，品牌所传达的价值就成为品牌形象的重要因素，而且品牌历史、传统和已有的品牌体验将带给消费者更加具体的品牌形象。

3. 品牌响应

创造出强有力的、积极的、与众不同的品牌含义，对于企业或组织来说是建立强势品牌必不可少的一部分。好的品牌含义不仅可加深消费者的品牌认知，还可带来积极的品牌响应。品牌响应在 Keller 的金字塔模型中所对映的两个维度是品牌判断和品牌感受，这两个维度分别从理性和感性的角度来评估品牌响应。

品牌判断是指消费者对某一品牌的评估，通常是消费者以品牌功效和品牌形象为基础，对品牌做出的理性判断，主要包括品牌质量、品牌信誉、品牌考虑、品牌优势四种。值得一提的是，品牌考虑在建立品牌资产的整个过程中很关键，它直接关系到消费者是否会购买某品牌的产品或服务。品牌感受是指人们在情感上对某一品牌产生的情感体验，品牌所引发的情感会直接影响到人们对品牌的选择，品牌感受的六种主要类型为温暖感、乐趣感、兴奋感、安全感、社会认同感、自尊感。消费者对品牌的判断和感受，只有是正面、积极的时候才会提高品牌资产，促成消费者的购买行为。

4. 品牌关系

Keller CBBE 金字塔模型的最后一步骤聚焦于在消费者与品牌之间建立的关系，积极的消费者—品牌关系体现在消费者感到自己与品牌产生了某种情感共鸣，认为自己与品牌之间的心理联系达到了一定的深度和强度，主要体现在四个方面：一是行为忠诚度；二是态度依附；三是社区归属感；四是主动介入。

消费者对品牌的忠诚行为将给品牌带来直接收益，对某品牌拥有较高行为忠诚度的消费者，会重复购买该品牌的产品，对企业而言价值巨大。

同时，品牌共鸣要求个体产生强烈的"依附"，因为行为忠诚并不代表消费者对品牌忠诚，也有可能是受限于同类产品或服务的稀缺，或是消费者在其经济实力范围内只能选择该品牌。而当消费者对品牌出现依附时，将会对品牌产生更正向的态度，从而对品牌萌生情感。当某一品牌拥有大量依附的消费者时，品牌社区自然就出现了。互联网技术的发展带来了社群经济的兴起，如从"果粉"（iPhone 品牌拥趸）到"米粉"（小米品牌拥趸），再到逻辑思维的粉丝社群，消费者因为对某一品牌的喜爱，会自发地在网络上展开讨论、互动，分享产品的使用经验，组织线上、线下活动。对群体的归属感会加深消费者对于品牌的归属感，带来强烈的品牌忠诚。当消费者成为品牌的粉丝时，会产生"主动介入"的行为，这是 Keller 所认为的最显著的品牌忠诚度。消费者愿意为某一品牌付出额外的时间、金钱，甚至会主动向周围人推荐。

第二节　ABBE 管理模型的构建与特性

一、构建都市报基于受众的品牌资产（ABBE）管理模型

在分析新媒体环境的基础上，本书结合都市报特殊属性，借鉴 Keller 的 CBBE 金字塔模型以及其他有关的品牌资产理论，尝试构建都市报基于受众的品牌资产（Audience – Based Brand Equity，简称 ABBE）管理模型（见图 1 – 2）。

该模型首先对新媒体环境进行深入分析，清晰解读都市报转型的新媒体生态背景，在新媒体席卷之势下，传统媒体尤其是都市报的传播模式、媒体整合以及广告市场等内外环境发生了巨大变化，都市报要生存发展就必须转型。转型的路径众多繁杂，但是万变不离其宗的是受众和品牌资产。本书围绕受众和品牌资产两大主题，针对都市报的产品特性，结合中国都市报特殊生态，在 CBBE 模型原有四大阶梯和六大维度的基础上，新构建的模型直指都市报营销传播、话语空间、消费体验和受众—品牌四大指向，提出了数字营销、社群营销、整合营销、树立社会责任形象、打造主流意识、参与生活形态政治、建立品牌文化、增强认同感、延伸品牌关

系和孵化品牌关系十大策略，从战略和战术上实现都市报品牌资产增值。

如图1-2所示，ABBE管理模型保留Keller CBBE金字塔模型的核心骨架，并在此基础上进行调整，尽可能显示该模型的内在逻辑关系，实现该模型的实践操作性。

（1）ABBE管理模型置身新媒体环境中。将整个模型置于新媒体环境下，清楚认识受众所发生的嬗变，充分考虑到新媒体环境对都市报品牌资产管理模型的构建与运用所起的作用和影响，由此尝试构建更具有科学性和可行性的都市报基于受众的品牌资产模型。

（2）模型的阶梯层级之间存在互动关系。对Keller CBBE金字塔模型进行微调，原本的Keller CBBE金字塔模型中"四大阶梯"部分与"六大维度"之间没有互动的关系，但实际上，每个阶梯层级方面是存在着一定的互动关系的："品牌识别"表征为"显著度"，而"显著度"强化着"品牌识别"；"品牌含义"表征为"功效"和"形象"，这两者又会强化着"品牌含义"；"品牌响应"表征为"评判"和"感觉"，这两者会强化着"品牌响应"；"品牌关系"表征为"共鸣"，"共鸣"则会强化"品牌关系"。

（3）"四大指向"与"四大阶梯"和"六大维度"相关联。根据都市报的双重属性，在"四大阶梯"和"六大维度"的基础上提出"四大指向"，该"四大指向"与"四大阶梯"和"六大维度"之间存在着密切的相互关联。以"显著性"为表征的"品牌识别"指向都市报的"营销传播"，而"营销传播"则反过来强化"品牌识别"；以"功效"和"形象"为共同表征的"品牌含义"指向都市报的"话语空间"，而"话语空间"则会强化其"品牌含义"；以"评判"和"感觉"为共同表征的"品牌响应"指向都市报的"消费体验"，"消费体验"则会反过来强化"品牌响应"；以"共鸣"为表征的"品牌关系"指向都市报的"受众—品牌"，"受众—品牌"反过来强化"品牌关系"。从这些角度可以看出"四大阶梯""六大维度"和"四大指向"有着重要的联结关系。

（4）品牌资产管理"十大策略"。尊重Keller CBBE金字塔模型"四大阶梯"和"六大维度"的内涵基础上，结合都市报属性，根据新媒体环境下都市报受众呈现的新特征，将Keller CBBE金字塔模型的"品牌识别""品牌含义""品牌响应""品牌关系"四大阶梯分别细化为"四大指向"——都市报的"营销传播""话语空间""消费体验""受众—品牌"，并针对都市报品牌资产提升的要求提出十大具体策略：从"营销传播"指向出发提出"数字营销""社群营销"和"整合营销"的三大策略措施；

从"话语空间"指向角度出发提出"树立社会责任形象""打造主流意识""参与生活形态政治"的三大策略；从"消费体验"指向出发提出"建立品牌文化"和"增强认同感"的两大策略；从"受众—品牌"指向出发提出"延伸品牌关系"和"孵化品牌关系"的两大策略。并整合这十大策略措施的合力共同实现都市报品牌资产增值。

由于都市报品类多样且存在的差异较大，本书采用 ABBE 管理模型作为标准模型来系统衡量。但鉴于 ABBE 管理模型是一个复杂系统的模型，为了更清晰解读都市报基于受众的品牌资产管理模型每个要素之间的内在逻辑，更清楚把握都市报在创建强势品牌和管理品牌资产的每个阶梯层级的关键节点，更娴熟运用都市报品牌资产管理的十大策略，本书将从第四章至第七章分章节详细阐述 ABBE 管理模型的阶梯、维度、指向和策略，并采用不同的都市报作为研究个案进行分析，力求做到 ABBE 管理模型的适用性和普遍性，多维度多案例印证 ABBE 管理模型的衡量标准具有普适性。第四章至第七章的逻辑思路分别为：第四章在阐述以显著度为表征的都市报品牌识别内涵的基础上，分析如何通过开展以"数字营销""社群营销"和"整合营销"为主要形式的营销传播活动，提高都市报显著度和品牌识别，打好品牌资产管理的基础；第五章遵循都市报品牌的核心内涵建设思路，阐述从"树立社会责任形象""打造主流意识""参与生活形态政治"等话语空间的角度加强以都市报形象和功效为表征的品牌含义建设方式；第六章阐述消费体验为都市报品牌响应的重要维度，并介绍如何从"建立品牌文化"和"增强认同感"两个宏观品牌环境为都市报受众提供消费体验，受众根据自我的感觉和评判做出都市报消费行为的"品牌响应"；第七章是阐明如何通过"孵化品牌关系"和"延伸品牌关系"的两大策略来引发都市报受众—品牌的共鸣，牢固缔结受众—品牌关系，真正实现品牌资产的增值。

二、都市报 ABBE 管理模型特性

1. 品牌资产管理要素的互动性

新媒体环境下，受众消费日益自主化和个性化，新媒体为受众控制品牌传播活动的主动权和主导权提供了媒介环境和运用技术。受众不仅是都市报品牌营销传播的起点和重点，更是品牌营销传播活动的直接参与者。开展品牌资产管理工作，必须尊重受众的个性和特点，注重都市报品牌资

产与受众价值观的相关性，运用正确的有针对性的品牌传播策略，通过品牌营销传播活动实现价值传递，调动品牌资产管理要素的互动性，建立基于价值交流的受众—品牌之间的交心互动。

2. 品牌资产管理策略的一致性

都市报要从战略高度出发加强品牌资产管理的一致性和统一性，坚持一致的品牌策略，铸造一致的品牌资产，实现品牌的持续发展，而非散乱无章地开展品牌资产管理工作。具体地说可从三点入手：一是要保证都市报品牌策略的科学性，只有方向正确了，目标才会更加接近；二是坚持都市报的品牌定位、品牌诉求、品牌表现等品牌资产管理要素一致性，而非单打独斗开展建设；三是坚持与时俱进，在品牌一致的基础上丰富都市报品牌的新媒体时代内涵，通过一致性的策略铸造具有竞争优势的品牌资产，实现品牌的持续发展。

3. 基于受众视角完整地开展品牌传播活动

都市报品牌资产管理必须基于受众—品牌的思路展开分析，要清楚分析新媒体环境下的受众的构成和媒介习惯，并在此基础上建立完整的都市报品牌资产管理策略，制订科学完整的品牌传播计划，开展一系列的品牌传播活动，建立一套完整的都市报品牌组合传播策略，理性分析品牌传播方案，促使品牌建设良性持续发展。

第三节　实证分析

上文中基于受众的都市报品牌资产管理模型主要是借鉴已经较为成熟的 CBBE 模型而构建起来的，为了进一步论证该模型的科学性和可行性，笔者采取实证分析的研究方法加以证实。

一、量表来源

较为成熟的 CBBE 模型有着清晰的层级和维度（见表 3 - 1）。基于消费者的品牌资产模型的基本前提是：品牌存在于消费者的心智之中，它的强弱程度由消费者长期对品牌的所知、所感、所见和所闻来决定。Keller 认为品牌资产是消费者品牌知识所导致的对营销活动的差异化反应，从定义可看出，品牌资产有差异化效应、品牌知识、消费者对营销的反应三个关键要素。结合都市报特殊属性，笔者认为都市报的品牌资产指的是都市报受众由于品牌知识差异而形成的对都市报品牌营销活动的差异化反应，它存在于都市报受众长期经历形成的对品牌的认知心理之中，它属于一种无形资产价值。

表 3 – 1　CBBE 模型四大层级六个次级维度的含义①

层级	次级维度	含义
品牌识别（这是什么品牌）	品牌显著度	树立良好的品牌形象需要在消费者中建立较高的品牌显著度，它测量了品牌的认知程度。在不同情形和环境下，品牌出现的频率如何？品牌能否很容易被回忆或认识出来？需要哪些必需的暗示或提醒？品牌的认知程度有多高
品牌含义（这个品牌的产品有什么用途）	品牌功效	指产品或服务满足消费者功能性需求的程度。品牌客观评估的质量如何？品牌在产品或服务的品类中在何种程度上满足了消费者实用、美学和经济方面的需求
	品牌形象	更多指品牌的无形元素，消费者可从自身经历中直接形成品牌形象联系，也可通过广告等其他信息源间接形成品牌形象联想。主要以用户形象，购买及使用情境，个性与价值，历史、传统及体验四类为主

① 凯文·莱恩·凯勒. 战略品牌管理［M］.3 版. 卢泰宏, 吴水龙, 译. 北京：中国人民大学出版社, 2009：59 – 71.

（续上表）

层级	次级维度	含义
品牌响应（我对这个品牌产品的感觉如何）	品牌判断（Brand Judgements）	主要是指消费者对品牌的个人喜好和评估，它涉及消费者如何将不同的品牌功效与形象联想结合起来以产生不同的看法。消费者常常会形成不同的判断，主要有品牌质量、品牌信誉、品牌考虑和品牌优势四种类型
	品牌感受（Brand Feelings）	指消费者在感情上对品牌的反应。品牌感受同样与由该品牌所激发出来的社会流行趋势有关，主要有温暖感、乐趣感、兴奋感、安全感、社会认同感和自尊感六种类型
品牌关系（你和我的关系如何）	品牌共鸣（Brand Resonance）	指的是这种关系的本质，以及消费者感受到与品牌同步的程度。它是通过消费者与品牌的心理联系的深度和强度来衡量的，也通过他们的行为形成的品牌忠诚来体现，可分为行为忠诚度、态度依附、社区归属感、主动介入四个方面

其中，CBBE 模型的品牌显著度、品牌功效、品牌形象、品牌判断、品牌感受、品牌共鸣的六个维度有着它们各自不同的评估指标（见表 3 - 2）。

表 3 - 2　CBBE 模型的维度和评估指标①

维度	评估指标
品牌显著度	你能想到哪些产品或服务种类的品牌
	你曾经听说过哪些品牌
	在什么样的情况下，你可能选择使用哪些品牌
	你想起该品牌的频率是多少

---

① 凯文·莱恩·凯勒. 战略品牌管理［M］. 3 版. 卢泰宏，吴水龙，译. 北京：中国人民大学出版社，2009：71.

（续上表）

维度	评估指标
品牌 功效	与同一品类的其他品牌相比，该品牌提供的产品或服务的基本功能如何
	与同一品类的其他品牌相比，该品牌满足产品或服务需求的情况怎样
	该品牌的特色表现在哪些方面
	该品牌的可靠性如何
	该品牌的耐用性如何
	该品牌的服务便利性如何
	该品牌的服务效果如何？是否能完全满足你的需求
	该品牌在服务速度、响应等方面的效率如何
	该品牌的服务人员是否有礼貌且能解决问题
	你发现该品牌有多流行
	你在多大程度上喜欢该品牌的外观、感觉及其他设计方面
	与同一品类的其他竞争者品牌相比，该品牌价格偏高还是偏低，或者相同
	与同一品类的其他竞争者品牌相比，该品牌价格变动频率偏高还是偏低，或者相同
品牌 形象	你所钦佩和尊敬的人使用该品牌的程度如何
	你对使用该品牌的人感觉如何
	下列哪些词能较好地描述该品牌：实际、诚实、大胆、现代、可靠、成功、高档、迷人、适于户外
	在哪些场合适合购买该品牌
	在哪些情境中使用该品牌合适
	你能在很多地方买到该品牌吗
	这是你能在各种不同情境下使用的品牌吗
	该品牌能带来多少美好的回忆
	你觉得在多大程度上能伴随该品牌成长

（续上表）

维度		评估指标
品牌判断	质量	你对该品牌的总体感觉如何
		你对该品牌的产品质量有何评价
		该品牌在多大程度上能完全满足你的产品需求
		该品牌的价值如何
	信誉	该品牌制造者是否拥有渊博的知识
		该品牌制造者的创新意识如何
		你在多大程度上相信该品牌的制造者
		该品牌制造者有多了解你的需求
		该品牌制造者有多在意你的意见
		该品牌制造者在多大程度上记住了你的兴趣
		你在多大程度上喜欢该品牌
		你在多大程度上钦佩该品牌
		你在多大程度上尊敬该品牌
	考虑	你会将该品牌推荐给其他人吗
		在该品类中，你喜欢哪些产品
		该品牌与你本人有多大关系
	优势	你会将该品牌推荐给其他人吗
		该品牌在多大程度上具有其他品牌所没有的优势
		与同一品类的其他品牌相比，该品牌具有多大优势
品牌感受		该品牌让你有温暖感吗
		该品牌让你有乐趣感吗
		该品牌让你有兴奋感吗
		该品牌让你有安全感吗
		该品牌让你有社会认同感吗
		该品牌让你有自尊感吗

（续上表）

维度		评估指标
品牌共鸣	行为忠诚度	我认为自己对该品牌是忠诚的
		无论何时，我都会购买该品牌
		我会尽可能购买该品牌
		我感觉在这类产品中，该品牌是我唯一想要的
		该品牌是我更愿意购买/使用的品牌
		如果该品牌缺货或必须使用其他品牌，对我来说无所谓
		我会尽量使用该品牌
	态度依附	我真的喜爱该品牌
		如果该品牌消失的话，我真的会想念它
		该品牌对于我来说具有特别的意义
		该品牌对我而言不仅仅是个产品
	社区归属感	我真的认同使用该品牌的人
		我几乎感到和该品牌的其他使用者属于同一个俱乐部
		该品牌被像我这样的人使用
		我感觉和该品牌的其他使用者之间具有很深的联系
	主动介入	我真的愿意和其他人谈论该品牌
		我总是喜欢了解该品牌的更多信息
		我对贴上该品牌名称的商品抱有兴趣
		让他人知道我使用该品牌会让我感到自豪
		我喜欢浏览该品牌的网站
		与其他人相比，我会随时关注该品牌的新闻动态

　　同时，品牌资产的概念是一个动态的概念，品牌建设过程是一种品牌资产，品牌资产在品牌建设中得以实现。首先，品牌资产来源于消费者的品牌知识；其次，品牌资产必须在市场中具有影响力和品牌强度，能抵御其他竞争品牌入侵；最后，品牌资产能形成比较静态的品牌价值，品牌价值是动态品牌资产作用的结果。

二、ABBE 管理模型的测量量表

ABBE 模型的测量量表综合 CBBE 模型的四个层级和六个维度以及每个维度的评估指标，结合都市报的特性，站在受众的视角上提出（见表 3-3），对品牌识别、品牌含义、品牌响应、品牌关系、品牌显著度、营销传播、话语空间、消费体验、受众—品牌、品牌功效、品牌形象、品牌共鸣变量进行问题项设计，形成问卷调查的主体内容。

表 3-3　基于受众的都市报品牌资产测量量表①

层级	变量	量表来源
品牌识别	我能够很容易地从同类产品中识别出该品牌	Keller（1993）Yoo（2000）
	我购买/使用之前就知道该品牌（这是一个知名品牌）	
	我能够很快想起该品牌的一些特征	
	我能够很快回忆起该品牌的商标、标识和标语	
品牌含义	这个品牌的报纸的内容、设计等方面具有很高的品质	Keller（1993）Fetscherin（2014）Aaker（1997）
	我觉得这个品牌的报纸购买或阅读/订阅很方便	
	价格合理	
	在脑海中构造出该品牌的形象并不困难	
	这个品牌历史悠久	
品牌响应	这个品牌的报纸有自己的特色	Pimentel（2004）Pichler（2008）
	这个品牌的报纸满足了我的需求	
	我认为这个品牌的品质比较稳定	
	我很喜欢这个报纸品牌	

① 笔者归纳设计。

（续上表）

层级	变量	量表来源
品牌关系	该品牌是我购买/阅读报纸的第一选择	Keller（1993）Aaker（1996）何佳讯（2006）卫海英（2011）
	我愿意向朋友推荐这个品牌	
	我认同购买/阅读该品牌报纸的人	
	我觉得我是这份报纸的忠实读者	
	我会主动参与到品牌活动中去	
品牌显著度	我能回忆出这个品牌做过的一个或多个报道	Yoo，Donthu（2000）Albert N.，Merunka D.（2013）
	这个品牌有很多有特色的报道或栏目	
	相比其他品牌，我愿意多付很多钱来购买它	
	你想起该品牌或该品牌里面内容的频率	
	该品牌在同类产品中是不可取代的	
营销传播	该品牌的社交媒体账号更新频繁	Beatty，Kahle（1988）
	与其他品牌相比，这份报纸的促销、有奖活动较多	
	该品牌会积极与读者互动	
	该品牌为自己做过很多广告	
话语空间	可以通过很多渠道买到这份都市报	Yoo（2000）Dodds（1991）
	该都市报具有社会责任感	
	该都市报十分关注民生问题	
	该都市报时刻关注社会热点	
	该都市报的报道能给人带来正能量	
消费体验	总体来说，都市报给我的消费体验很好	Fournier（1998）Brakus，Schmitt（2009）
	该都市报的排版（包括纸质版和电子版）让人看着很舒服	
	向该都市报提建议、投诉、报料都很方便	
	我可以很轻松地在网上找到这份都市报最近的报道	
	该都市报的购买、配送服务周到	

（续上表）

层级	变量	量表来源
受众—品牌	这个都市报品牌会和读者定期保持联系	John，Brady（2011）马兵（2017）
	这个都市报非常注重收集读者的意见	
	这个都市报能很好地满足读者的需求	
	相比其他品牌，我愿意多付很多钱来购买这个品牌	
品牌功效	这份都市报对我增长见识很有帮助	Parasuraman（1988）Blackston（1995）
	这份都市报对我的行为处事有指导作用	
	这个都市报报道的内容对　些问题的解决很有帮助	
	这份都市报对社会是有价值的	
品牌形象	这份都市报具有很强的社会号召力	Verlegh，Steenkamp（1999）
	这份都市报的定位明确、风格稳定	
	这份报纸很值得信赖，这个品牌的内容就意味着高质量	
	几乎大部分人都十分认可这份都市报	
品牌共鸣	这份都市报报道的内容和我的生活很贴近	Nambisans（2009）Stahl，Heitmann（2012）杨瑞（2017）
	该都市报报道的事情我以前也经历过	
	我十分认同这份都市报看待问题的角度和方式	
	我会经常和别人聊起我在这份都市报中读到的内容	

三、量表测试与分析

（一）变量测量与样本特征

问卷由 12 个变量组成，相应的测量量表是在已有文献的基础上，根据回收得到的 45 份预调查问卷，并且结合 3 位专家的意见修改完成，分别为品牌识别、品牌含义、品牌响应、品牌关系、品牌显著度、营销传播、话语空间、消费体验、受众—品牌、品牌功效、品牌形象、品牌共鸣。采用李克特 5 级量表进行测量。通过网络渠道发放调查问卷。共得到 529 份有效问卷。样本的人口结构特征见表 3－4。

表 3 - 4　样本特征描述

变量	赋值	频数	比例（%）
年龄	18～25	37	7.0
	26～30	249	47.1
	31～40	141	26.7
	41～50	77	14.6
	50 岁以上	25	4.7
学历（包括在读）	小学、初中或高中	60	11.3
	本科及以上	469	88.7

（二）研究假设检验

基于以上研究模型，本书提出以下研究假设：

H1：都市报的品牌识别对其品牌含义具有显著影响。

H2：都市报的品牌含义对其品牌响应具有显著影响。

H3：都市报的品牌响应对其品牌关系具有显著影响。

H4：都市报的品牌显著度对其营销传播具有显著影响。

H5：都市报的品牌识别对其营销传播具有显著影响。

H6：都市报的品牌功效和品牌形象对其话语空间具有显著影响。

H7：都市报的品牌含义对其话语空间具有显著影响。

H8：都市报的品牌响应对其消费体验具有显著影响。

H9：都市报的品牌共鸣对其受众—品牌具有显著影响。

H10：都市报的品牌关系对其受众—品牌具有显著影响。

（三）数据统计方法

本书采用 SPSS 22 数据分析软件处理所收集到的有效数据，进行信度分析、描述性统计分析、因子分析、方差分析和回归分析。

（1）信度分析（Reliability Analysis），又称可靠性分析，是一种衡量综合评价体系是否具有一定稳定性和可靠性的有效分析方法。在进一步分析数据之前，要对研究模型和假设中的变量进行信度分析。

（2）描述性统计分析（Descriptive Analysis），通过计算各变量的均值、标准差、频数等基本统计量，把握受访者对品牌资产态度的基本特征和整体分布形态。

（3）因子分析（Factor Analysis），利用降维方法进行统计分析的方法，将多个变量综合成为少数几个因子。

（4）方差分析（Analysis of Variance），又称"变异数分析"，用于两个及两个以上样本均数差别的显著性检验。通过分析研究不同来源的变异对总变异的贡献大小，从而确定可控因素对研究结果影响力的大小。

（5）回归分析（Regression Analysis），用于分析事物之间的统计关系及变量之间的数量变化规律，并通过回归方程形式描述和反映。

（四）信度分析

为了检验问卷数据的可靠性和有效性，本书采用 SPSS 分析软件中的 Cronbach α 系数对问卷进行信度检验（见表 3 - 5）。数据分析结果显示，各部分问题项 Alpha 系数如下。由此可见，问卷达到了较高的可信度，可以做进一步的数据统计分析。

表 3 - 5　信度分析

变量	Alpha 系数
品牌识别	0.839
品牌含义	0.893
品牌响应	0.986
品牌关系	0.894
品牌显著度	0.845
营销传播	0.844
话语空间	0.809
消费体验	0.804
受众—品牌	0.813
品牌功效	0.977
品牌形象	0.834
品牌共鸣	0.830

（五）描述性统计分析

在描述性统计分析（见表 3 - 6）中，经常用到均值和标准差来对各变量或指标进行衡量。本问卷尺度使用 1 到 5 的 5 级量表，均值在 3 分以上表示大多数受访者倾向于同意该说法，均值越高，代表越同意。

表 3 - 6　描述性统计分析

层级	变量	均值	标准差
品牌识别	我能够很容易地从同类产品中识别出该品牌	3.98	0.80
	我购买/使用之前就知道该品牌（这是一个知名品牌）	3.52	1.10
	我能够很快想起该品牌的一些特征	4.01	0.81
	我能够很快回忆起该品牌的商标、标识和标语	4.01	0.81
品牌含义	这个品牌的报纸的内容、设计等方面具有很高的品质	3.00	0.81
	我觉得这个品牌的报纸购买或阅读/订阅很方便	4.01	0.81
	价格合理	3.99	0.81
	在脑海中构造出该品牌的形象并不困难	2.98	0.81
	这个品牌历史悠久	3.56	1.13
品牌响应	这个品牌的报纸有自己的特色	4.02	0.80
	这个品牌的报纸满足了我的需求	4.02	0.80
	我认为这个品牌的品质比较稳定	4.03	0.80
	我很喜欢这个报纸品牌	4.02	0.81
品牌关系	该品牌是我购买/阅读报纸的第一选择	3.00	0.80
	我愿意向朋友推荐这个品牌	3.57	1.13
	我认同购买/阅读该品牌报纸的人	4.01	0.80
	我觉得我是这份报纸的忠实读者	4.02	0.80
	我会主动参与到品牌活动中去	4.02	0.80
品牌显著度	我能回忆出这个品牌做过的一个或多个报道	3.55	1.14
	这个品牌有很多有特色的报道或栏目	3.02	0.79
	相比其他品牌，我愿意多付很多钱来购买它	3.56	1.14
	你想起该品牌或该品牌里面内容的频率	4.00	0.79
	该品牌在同类产品中是不可取代的	2.98	0.78

（续上表）

层级	变量	均值	标准差
营销传播	该品牌的社交媒体账户更新频繁	2.97	0.77
	与其他品牌相比，这份报纸的促销、有奖活动较多	3.98	0.77
	该品牌会积极与读者互动	3.60	1.12
	该品牌为自己做过很多广告	3.57	1.12
话语空间	可以通过很多渠道买到这份都市报	3.97	0.77
	该都市报具有社会责任感	4.02	0.78
	该都市报十分关注民生问题	3.57	1.10
	该都市报时刻关注社会热点	4.03	0.78
	该都市报的报道能给人带来正能量	4.01	0.79
消费体验	总体来说，都市报给我的消费体验很好	3.54	1.10
	该都市报的排版（包括纸质版和电子版）让人看着很舒服	4.02	0.78
	向该都市报提建议、投诉、报料都很方便	4.01	0.78
	我可以很轻松地在网上找到这份都市报最近的报道	3.52	1.10
	该都市报的购买、配送服务周到	4.01	0.78
受众—品牌	这个都市报品牌会和读者定期保持联系	4.02	0.79
	这个都市报非常注重收集读者的意见	3.50	1.11
	这个都市报能很好地满足读者的需求	4.01	0.79
	相比其他品牌，我愿意多付很多钱来购买这个品牌	3.02	0.80
品牌功效	这份都市报对我增长见识很有帮助	4.01	0.80
	这份都市报对我的行为处事有指导作用	4.00	0.80
	这个都市报报道的内容对一些问题的解决很有帮助	4.02	0.80
	这份都市报对社会是有价值的	4.01	0.80
品牌形象	这份都市报具有很强的社会号召力	3.50	1.10
	这份都市报的定位明确、风格稳定	4.02	0.80
	这份报纸很值得信赖，这个品牌的内容就意味着高质量	3.49	1.09
	几乎大部分人都十分认可这份都市报	3.48	1.10

（续上表）

层级	变量	均值	标准差
品牌共鸣	这份都市报报道的内容和我的生活很贴近	3.99	0.79
	该都市报报道的事情我以前也经历过	3.98	0.79
	我十分认同这份都市报看待问题的角度和方式	3.52	1.09
	我会经常和别人聊起我在这份都市报中读到的内容	3.98	0.79

（六）因子分析

分别对品牌识别、品牌含义、品牌响应、品牌关系、品牌显著度、营销传播、话语空间、消费体验、受众—品牌、品牌功效、品牌形象、品牌共鸣 12 个变量的测量结果采用斜交旋转法进行了探索性因子分析，各提取出一个因子，显著性水平 p 均小于 0.001，各变量 KMO 检验统计量和累积解释方差见表 3 -7。

表 3 -7　因子分析

变量	KMO 检验统计量	累积解释方差（%）
品牌识别	0.743	75.026
品牌含义	0.804	78.401
品牌响应	0.816	95.945
品牌关系	0.835	78.329
品牌显著度	0.682	65.554
营销传播	0.658	65.240
话语空间	0.734	73.231
消费体验	0.665	61.348
受众—品牌	0.735	73.310
品牌功效	0.814	93.588
品牌形象	0.682	67.659
品牌共鸣	0.743	74.199

（七）方差分析

表 3 - 8　不同城市对于消费体验、受众—品牌、品牌功效、品牌形象、品牌共鸣的
得分（$M \pm SD$）及方差分析结果

	广州 （$n = 154$）	上海 （$n = 132$）	北京 （$n = 124$）	武汉 （$n = 65$）	成都 （$n = 54$）	F (4，524)
消费 体验	3.99 ± 0.60	3.73 ± 0.69	3.61 ± 0.69	3.81 ± 0.76	4.05 ± 0.71	7.84***
受众 品牌	3.82 ± 0.53	3.45 ± 0.71	3.38 ± 0.77	3.76 ± 0.75	3.99 ± 0.60	14.47***
品牌 功效	4.21 ± 0.56	3.78 ± 0.88	3.86 ± 0.90	4.19 ± 0.67	4.13 ± 0.61	8.31***
品牌 形象	3.98 ± 0.44	3.29 ± 0.52	2.80 ± 0.66	4.36 ± 0.76	4.44 ± 0.76	132.563***
品牌 共鸣	4.17 ± 0.35	3.50 ± 0.68	3.35 ± 0.73	4.49 ± 0.41	4.37 ± 0.35	84.08***

＊＊＊$p < 0.001$。

方差分析结果（见表 3 - 8）表明，不同城市的被访者在消费体验 $[F(4, 524) = 7.84, p < 0.001]$、受众—品牌 $[F(4, 524) = 14.47, p < 0.001]$、品牌功效 $[F(4, 524) = 8.31, p < 0.001]$、品牌形象 $[F(4, 524) = 132.563, p < 0.001]$、品牌共鸣 $[F(4, 524) = 84.08, p < 0.001]$ 上存在显著的差异。在品牌识别、品牌含义、品牌响应、品牌关系、品牌显著度、营销传播、话语空间上没有显著差异。通过分析平均值可看出成都的被访者的消费体验、受众—品牌得分均最高，其次是广州；广州的被访者品牌功效得分最高，其次是武汉；成都的被访者品牌形象得分最高，其次是武汉；武汉的被访者品牌共鸣得分最高，其次是成都。

表3-9　不同年龄段对于消费体验、受众—品牌、品牌功效、品牌形象、
品牌共鸣的得分（$M \pm SD$）及方差分析结果

	18～25 岁 （$n=37$）	26～30 岁 （$n=249$）	31～40 岁 （$n=141$）	41～50 岁 （$n=77$）	50 岁以上 （$n=25$）	F （4，524）
消费 体验	3.55±0.67	3.75±0.71	3.98±0.65	3.84±0.69	3.95±0.58	4.53**
受众— 品牌	3.35±0.82	3.48±0.72	3.83±0.60	3.85±0.66	3.86±0.61	10.15***
品牌 功效	3.68±0.81	3.81±0.80	4.16±0.60	4.42±0.72	4.41±0.69	15.62***
品牌 形象	2.93±0.84	3.36±0.74	4.12±0.75	3.80±0.77	3.95±0.85	33.16***
品牌 共鸣	3.19±0.76	3.54±0.68	4.23±0.41	4.40±0.37	4.48±0.50	69.99***

＊＊ $p < 0.01$；＊＊＊ $p < 0.001$。

方差分析结果（见表3-9）表明，不同年龄段的被访者在消费体验 [$F_{(4, 524)} = 4.53$，$p < 0.01$]、受众—品牌 [$F_{(4, 524)} = 10.15$，$p < 0.001$]、品牌功效 [$F_{(4, 524)} = 15.62$，$p < 0.001$]、品牌形象 [$F_{(4, 524)} = 33.16$，$p < 0.001$]、品牌共鸣 [$F_{(4, 524)} = 69.99$，$p < 0.001$] 上存在显著的差异。在品牌识别、品牌含义、品牌响应、品牌关系、品牌显著度、营销传播、话语空间上没有显著差异。通过分析平均值可以看出年龄段为31～60岁的被访者的消费体验、受众—品牌、品牌功效、品牌形象、品牌共鸣得分均高于18～30岁的被访者。

表3-10　不同学历对于品牌识别、受众—品牌、品牌功效、品牌形象、品牌共鸣的
得分（$M \pm SD$）及方差分析结果

	小学、初中或高中 （$n=60$）	本科及以上 （$n=469$）	F （1，527）
品牌识别	3.69±0.77	3.90±0.72	4.66*
受众—品牌	3.39±0.81	3.67±0.68	8.33**
品牌功效	3.75±0.84	4.05±0.76	8.10**

（续上表）

	高中及以下 （$n = 60$）	本科及以上 （$n = 469$）	F（1，527）
品牌形象	3.01 ± 0.91	3.70 ± 0.80	37.90^{***}
品牌共鸣	3.29 ± 0.76	3.94 ± 0.67	49.38^{***}

$*p < 0.05$；$**p < 0.01$；$***p < 0.001$。

方差分析结果（见表 3 - 10）表明，不同学历的被访者在品牌识别 $[F（1，527）= 4.66，p < 0.05]$、受众—品牌 $[F（1，527）= 8.33，p < 0.01]$、品牌功效 $[F（1，527）= 8.10，p < 0.01]$、品牌形象 $[F（1，527）= 37.90，p < 0.001]$、品牌共鸣 $[F（1，527）= 49.38，p < 0.001]$ 上存在显著的差异。在消费体验、品牌含义、品牌响应、品牌关系、品牌显著度、营销传播、话语空间上没有显著差异。

通过分析平均值可以看出学历为本科及以上的被访者的品牌识别、受众—品牌、品牌功效、品牌形象、品牌共鸣得分均高于学历为高中及以下的。

表 3 - 11　不同都市报接触频率的被访者对于品牌识别、品牌含义、品牌响应、
品牌关系的得分（$M \pm SD$）及方差分析结果

	很少 （$n = 42$）	一般 （$n = 274$）	经常 （$n = 213$）	F（2，526）
品牌识别	3.07 ± 0.59	3.77 ± 0.64	4.17 ± 0.70	55.28^{***}
品牌含义	2.97 ± 0.77	3.39 ± 0.67	3.77 ± 0.72	31.67^{***}
品牌响应	3.82 ± 0.63	3.92 ± 0.57	4.19 ± 0.60	14.80^{***}
品牌关系	3.50 ± 0.84	3.65 ± 0.70	3.86 ± 0.73	7.19^{**}

$**p < 0.01$；$***p < 0.001$。

方差分析结果（见表 3 - 11）表明，不同都市报接触频率的被访者在品牌识别 $[F（2，526）= 55.28，p < 0.001]$、品牌含义 $[F（2，526）= 31.67，p < 0.001]$、品牌响应 $[F（2，526）= 14.80，p < 0.001]$、品牌关系 $[F（2，526）= 7.19，p < 0.01]$ 上存在显著的差异。在受众—品牌、品牌功效、品牌形象、品牌共鸣、消费体验、品牌显著度、营销传播、话语空间上没有显著差异。

通过分析平均值可以看出都市报接触频率越大的被访者的品牌识别、品牌含义、品牌响应、品牌关系得分越高。

表 3 - 12　不同都市报阅读方式对于品牌识别、品牌含义、品牌响应、品牌关系、
品牌显著度的得分（$M \pm SD$）及方差分析结果

	纸质报纸 （$n = 139$）	报纸官网 （$n = 49$）	门户网、App、 微信公众号 （$n = 131$）	官方微博 （$n = 79$）	论坛 （$n = 107$）	$F(5, 523)$
品牌 识别	3.32 ± 0.69	3.57 ± 0.70	3.95 ± 0.60	4.22 ± 0.51	4.27 ± 0.56	44.78***
品牌 含义	3.12 ± 0.76	3.28 ± 0.74	3.53 ± 0.63	3.72 ± 0.63	3.82 ± 0.63	18.55***
品牌 响应	3.86 ± 0.64	3.87 ± 0.65	4.01 ± 0.55	4.08 ± 0.54	4.21 ± 0.57	6.34***
品牌 关系	3.49 ± 0.78	3.69 ± 0.69	3.77 ± 0.68	3.71 ± 0.70	3.95 ± 0.66	5.59***
品牌 显著度	3.19 ± 0.84	3.47 ± 0.71	3.50 ± 0.69	3.50 ± 0.75	3.54 ± 0.67	3.90**

＊＊$p < 0.01$；＊＊＊$p < 0.001$。

方差分析结果（见表 3 - 12）表明，不同都市报阅读方式的被访者在品牌识别［$F(5, 523) = 44.78, p < 0.001$］、品牌含义［$F(5, 523) = 18.55, p < 0.001$］、品牌响应［$F(5, 523) = 6.34, p < 0.001$］、品牌关系［$F(5, 523) = 5.59, p < 0.001$］、品牌显著度［$F(5, 523) = 3.90, p < 0.01$］上存在显著的差异。在受众—品牌、品牌功效、品牌形象、品牌共鸣、消费体验、营销传播、话语空间上没有显著差异。

通过分析平均值可以看出都市报阅读方式为论坛的被访者的品牌识别、品牌含义、品牌响应、品牌关系、品牌显著度得分均为最高。

（八）回归分析

H1：都市报的品牌识别对其品牌含义具有显著影响。

表 3 - 13 品牌识别与品牌含义的回归分析

变量	回归系数	标准误
品牌识别	0.853***	0.023
常数	0.199*	0.092

$*p < 0.05$；$***p < 0.001$。

对品牌识别与品牌含义的回归分析（见表 3 - 13）验证了假设 1（$\beta = 0.853$，$p < 0.001$），都市报的品牌识别越高，其品牌含义越强。

H2：都市报的品牌含义对其品牌响应具有显著影响。

表 3 - 14 品牌含义与品牌响应的回归分析

变量	回归系数	标准误
品牌含义	0.644***	0.022
常数	1.762***	0.079

$***p < 0.001$。

对品牌含义与品牌响应的回归分析（见表 3 - 14）验证了假设 2（$\beta = 0.644$，$p < 0.001$），都市报的品牌含义越强，其品牌响应越好。

H3：都市报的品牌响应对其品牌关系具有显著影响。

表 3 - 15 品牌响应与品牌关系的回归分析

变量	回归系数	标准误
品牌响应	0.849***	0.038
常数	0.305*	0.153

$*p < 0.05$；$***p < 0.001$。

对品牌响应与品牌关系的回归分析（见表 3 - 15）验证了假设 3（$\beta = 0.849$，$p < 0.001$），都市报的品牌响应越好，其品牌关系越强。

H4：都市报的品牌显著度对其营销传播具有显著影响。

表 3 - 16　品牌显著度与营销传播的回归分析

变量	回归系数	标准误
品牌显著度	0.715***	0.029
常数	1.169***	0.102

* * *$p < 0.001$。

对品牌显著度与营销传播的回归分析（见表 3 - 16）验证了假设 4（$\beta = 0.715$，$p < 0.001$），都市报的品牌显著度越高，其营销传播越强。

H5：都市报的品牌识别对其营销传播具有显著影响。

表 3 - 17　品牌识别与营销传播的回归分析

变量	回归系数	标准误
品牌识别	0.195***	0.043
常数	2.861***	0.168

* * *$p < 0.001$。

对品牌识别与营销传播的回归分析（见表 3 - 17）验证了假设 5（$\beta = 0.195$，$p < 0.001$），都市报的品牌识别越强，其营销传播越强。

H6：都市报的品牌功效和品牌形象对其话语空间具有显著影响。

表 3 - 18　品牌功效、品牌形象与话语空间的回归分析

变量	回归系数	标准误
品牌功效	0.266***	0.042
品牌形象	0.119**	0.038
常数	2.409***	0.157

* *$p < 0.01$；* * *$p < 0.001$。

对品牌功效（$\beta = 0.266$，$p < 0.001$）、品牌形象（$\beta = 0.119$，$p < 0.01$）与话语空间的回归分析（见表 3 - 18）验证了假设 6，都市报的品牌功效和品牌形象越强，其话语空间越强。

H7：都市报的品牌含义对其话语空间具有显著影响。

表3-19 品牌含义与话语空间的回归分析

变量	回归系数	标准误
品牌含义	0.164***	0.040
常数	3.331***	0.145

***$p < 0.001$。

对品牌含义与话语空间的回归分析（见表3-19）验证了假设7（$\beta = 0.164$，$p < 0.001$），都市报的品牌含义越强，其话语空间越强。

H8：都市报的品牌响应对其消费体验具有显著影响。

表3-20 品牌响应与消费体验的回归分析

变量	回归系数	标准误
品牌响应	0.176***	0.049
常数	3.111***	0.200

***$p < 0.001$。

对品牌响应与消费体验的回归分析（见表3-20）验证了假设8（$\beta = 0.176$，$p < 0.001$），都市报的品牌响应越强，其消费体验越强。

H9：都市报的品牌共鸣对其受众—品牌具有显著影响。

表3-21 品牌共鸣与受众—品牌的回归分析

变量	回归系数	标准误
品牌共鸣	0.533***	0.036
常数	1.575***	0.143

***$p < 0.001$。

对品牌共鸣与受众—品牌的回归分析（见表3-21）验证了假设9（$\beta = 0.533$，$p < 0.001$），都市报的品牌共鸣越强，其受众—品牌越强。

H10：都市报的品牌关系对其受众—品牌具有显著影响。

表 3 - 22　品牌关系与受众—品牌的回归分析

变量	回归系数	标准误
品牌关系	0.129**	0.157
常数	3.156***	0.143

＊＊$p < 0.01$；＊＊＊$p < 0.001$。

对品牌关系与受众—品牌的回归分析（见表 3 - 22）验证了假设 10（$\beta = 0.129$，$p < 0.01$），都市报的品牌关系越强，其受众—品牌越强。

（九）所有研究假设

表 3 - 23　研究假设验证结果表格

假设序号	假设内容	验证结果
H1	都市报的品牌识别对其品牌含义具有显著影响	验证
H2	都市报的品牌含义对其品牌响应具有显著影响	验证
H3	都市报的品牌响应对其品牌关系具有显著影响	验证
H4	都市报的品牌显著度对其营销传播具有显著影响	验证
H5	都市报的品牌识别对其营销传播具有显著影响	验证
H6	都市报的品牌功效和品牌形象对其话语空间具有显著影响	验证
H7	都市报的品牌含义对其话语空间具有显著影响	验证
H8	都市报的品牌响应对其消费体验具有显著影响	验证
H9	都市报的品牌共鸣对其受众—品牌具有显著影响	验证
H10	都市报的品牌关系对其受众—品牌具有显著影响	验证

四、实证结论

问卷分析结果基本验证了本书提出的都市报 ABBE 管理模型。首先，都市报品牌资产的四大阶梯：品牌识别、品牌含义、品牌响应、品牌关系依次具有显著影响的关系。其次，在品牌显著度、品牌功效、品牌形象、品牌评判、品牌感觉、品牌共鸣六大维度里，四大阶梯分别对四大指向具有显著影响。在品牌显著度维度下，品牌识别对营销传播具有显著影响；

在品牌功效和品牌形象维度下，品牌含义对话语空间具有显著影响；在品牌评判和品牌感觉维度下，品牌响应对消费体验具有显著影响；在品牌共鸣维度下，品牌关系对受众—品牌具有显著影响。最后，都市报品牌资产的四大指向同时也受到维度的影响，品牌显著度维度对营销传播具有显著影响；品牌功效和品牌形象维度对话语空间具有显著影响；品牌共鸣维度对受众—品牌具有显著影响。

由此，基于受众视角的都市报品牌资产管理模型的四大阶梯、六大维度和四大指向及其相互之间的关系基本得到验证。

五、实务建议

本书通过分析新媒体环境下受众的变化特征，结合都市报的品牌资产构成，建立了都市报 ABBE 管理模型。通过案例分析与实证研究相结合，分别依据都市报品牌资产管理的识别向度、含义向度、响应向度和关系向度分析出新媒体环境下实现都市报品牌资产增值的关键节点：增强品牌外在显著性是营销传播的着力点，重构话语空间是品牌含义的提升点，消费体验是品牌互动的核心以及架构，品牌—受众关系是品牌关系的路径。

但是，面对新媒体的冲击，都市报的转型升级并不是一个简单的命题。都市报的品牌资产管理既需要在战略层面上理清思路，把握住实现品牌资产增值的关键节点，同时也需要在战术层面上提出切实可行的方案，为都市报转型铺设数条多方面的可行性路径，观测出基于受众角度的都市报品牌资产管理的新动向，为相关行业和学术研究提供相应借鉴。

（一）运用营销传播方式提高都市报品牌外在的显著性

都市报的品牌营销传播本质上体现为都市报品牌与受众之间的互动过程，受众在这一过程中表现出强烈的主动性，都市报需要跳出卖方思维，从以互动为突出特征的现代营销理论的角度出发，了解需要改善何种内容推送与品牌体验，转而为受众提供多渠道服务，增加受众消费，实现品牌增值。都市报的营销传播行为产生于与目标受众的互动沟通之中，营销是一种带有特殊目的的互动。新媒体环境下都市报受众行为发生了一系列演变，媒介消费贯穿于以都市报为中心的受众互动过程之中，都市报与新媒体相融合的全渠道媒介消费成为受众推崇的主流消费方式，受众的媒介消费呈现出场景触发式的消费特点，并主要体验着以数据驱动的深度个性化的媒介消费。对此，营销传播是建立在以满足受众需求为核心的基础之上的，体现了以受众为导向的营销思想转变。进行都市报品牌的营销传播实质上是一种反向思维的模式，受众主动利用搜索引擎寻找能够满足自我需求的都市报品牌，都市报品牌同样可以通过在精准的受众分析基础上针对受众需求的实时品牌信息，实现受众的认可和向往，在受众主动的品牌识别中占据高地。

营销传播致力于以受众互动与受众需求为中心，并且以技术、理念、路径和手段的创新为基点，实现个性化、有针对性的品牌传播，使受众深切感受品牌资产。营销传播以数字营销为技术依托，依靠大数据技术与资源，能够最有效地谋求受众特征，发现受众的需求，为受众提供实时的品牌信息和品牌资产评估方案，向受众深度传达品牌资产；以社群营销为路径模式，以满足新需求为核心，通过意见领袖传递都市报产品和消费体验以满足社群个体的需求，并依托读者资源表达共同利益，弱中心化表达，通过多样化的引导方式强化社会成员的共同体意识和集体荣誉感，提高品牌的吸引力；以整合营销为理念，与受众多渠道沟通，和受众建立起品牌资产认可关系，针对受众的需求开展都市报的采编和品牌运作，良好的双向沟通传播品牌资产，建立受众的品牌忠诚度。

可见，数字营销、社群营销和整合营销是基于软营销的理念，将一味地向受众言说转变为向受众提供解决问题所需要的信息，强调都市报的市场营销活动必须尊重受众的感受和体验，使其便捷地接受都市报品牌的营销活动。同时，营销理念能够为都市报受众提供符合其心理预期的价值评估方案，凸显都市报品牌资产的非价格因素，以便在受众心中形成良好的品牌形象，使受众以最快速最便捷的方式锁定品牌，刺激受众产生消费行为。

（二）以实现受众的公共性期待扩展都市报话语空间的品牌资产

在新媒体冲击下，都市报的话语空间面临"收窄"状况，都市报若要调整话语空间以再造品牌资产就必须转变话语方式，以受众的视角调整话语实践，才能重塑品牌资产，求变图强。对此，都市报在话语空间上要多方面转型升级：

（1）功能定位上需升级。正如哈贝马斯所言，只有当个人意见通过公共批判变成公共舆论时，公共性才能实现。[①] 都市报的话语空间要起到在

---

① 哈贝马斯. 公共领域的结构转型［M］. 曹卫东，等译. 上海：学林出版社，1999：315.

民众与民众之间、民众与政府之间搭建互动桥梁的作用，促进官方话语、民间话语、精英话语和专业话语的平等交流，实现民主对话和民主协商，推进社会民主化进程。

（2）议程设置上需重构。受众在公共话语空间里涉及民众利益议题的话语实践需要都市报改革话语建构方式，承担起公众代言人的角色。但是，大众媒体的社会改革话语建构面临权力控制和难以突破的困境，面临来自政治和行政权力、政策宣传，以及媒介组织内部与外部把关等压力。[①]因此，基于受众的角度，都市报的话语空间运作旨在平衡好官方话语与民间话语的舆论博弈，坚持新闻客观真实的立场设置媒体议程，突破媒介框架和议程设置的限制，积极实现官方话语的"再生产"。

（3）内容表达上需升级。媒体文本意义上的公共性有赖于话语空间的公共性的实现，"公共领域是以开放的、可渗透的、移动着的视域为特征的"，"（公共领域）是适合于日常交往语言所具有的普遍可理解性的"。[②]媒体在官方议题的话语实践中，尤其是在社会改革议题的生产实践中，需考虑受众的求知欲与高涨的参与热情。因此，都市报需积极进行话语方式的路径尝试，以实现话语的多元性。

西方传播学理论认为，媒介表现的规范性框架（Frame of Norms）要求大众媒介责无旁贷地服务于公共利益或整体福祉。[③]可见，都市报的话语空间实践的公共性保障有赖于一套能让受众利益自由表达，构成公共协商并影响政府决策的传媒体制。然而当今中国传媒业的主要困境之一是传媒体制变革滞后于社会的历史性转型。[④]目前，都市报的话语空间重构，不仅是新媒体冲击下的受众身份重构带来的新的需求，更是传统媒体保持自身权威性和公信力使然。经过 20 年的发展，都市报已经成为与党报、新媒体"三足鼎立"的主流媒体。[⑤]主流媒体受制于政治经济因素的影响，长期以官方立场为主进行话语生产。大众媒体在受众心目中早已是官方话语的代言人，都市报的话语实践只有重建公共性，促进公共话语表现多元立

① 陈欣钢. 我国医疗改革的媒介话语——对中央电视台新医改报道的个案研究［D］. 上海：复旦大学，2012：215.

② 哈贝马斯. 在事实与规范之间：关于法律和民主法治国的商谈理论［M］. 童世骏，译. 北京：生活·读书·新知三联书店，2003：446.

③ 洪兵. 转型社会中的新闻生产：《南方周末》个案研究（1983—2001 年）［D］. 上海：复旦大学，2005：175.

④ 金冠军，郑涵. 当代传媒制度变迁［M］. 上海：上海三联书店，2008：211.

⑤ 曹轲. 再造"话语空间"都市报需三大转型［J］. 新闻与写作，2015（1）：50.

场和多元话语的开放性，才能在对公共事务的表达中保持原有的公信力。

在都市报重构话语空间中最核心的问题其实就是如何处理好官方话语与民间话语在报道立场、议程设置及生产方式上的矛盾。由于都市报的市场化特征，长久以来一直扮演着官方大报的补充角色，着重报道市井民生新闻。然而，社会变革和公民意识的觉醒使都市报受众对政治经济新闻有了更多的需求。社会政治关系、民众生活、身份等作为议题设置，以及群体性的政治认同使社会政治与民众生活产生勾连的"生活形态政治"的出现，为实现都市报的话语生产平衡官方与民间立场提供了思路。都市报对民众生活的政治作为，一方面将民众日常生活的政治状态以一种显性的政治氛围表现出来，充当生活形态政治的中介，为民众的意见表达和公共讨论提供平台空间；另一方面，全球化的政治主体一般以大众运动的形式表现出来，在民众的日常生活方面更容易被民众感知。都市报设置全球化的政治主体，引发民众本土化的话语再造，在民众个体与政治相链接的空间中，都市报实现了自身的政治作为。

（三）建立在消费体验之上的品牌互动提升都市报的品牌资产路径

新媒体发展使得受众概念无论在内涵上还是外延上都发生了变化。丹尼斯·麦奎尔认为，新媒体时代下，受众的概念与种种经济因素交织在一起，"越来越大的消费压力，以及由越来越多的媒介公司提供服务的趋势"①。一般而言，对消费者价值的概念辨析从品牌和消费者两个行为主体出发有不同的界定。受众价值的衡量就是一种消费者价值，消费者价值是由公司的产品或者服务产生的，并且被消费者所认知的价值，或者是公司产品或者服务所能达到的消费者目标或者期望水平。②因此，受众价值的实现依赖于受众自身的一套基于理性评价和感性感觉的认知体系，都市报的品牌消费体验则是满足这套认知体系的标准。

第六章将对新媒体环境下都市报受众的品牌消费心理进行分析。研究发现，都市报的品牌消费心理形成受到以马斯洛需求层次为基础的内部系统和以群体传播与大众传播为基础的外部系统的影响。以感觉价值为主体的受众价值可引导受众产生品牌情感，受众在个性鲜明的品牌消费体验中

---

① 丹尼斯·麦奎尔. 受众分析［M］. 刘燕南，等译. 北京：中国人民大学出版社，2006：160.

② 张进智. 关系视角的消费者资产驱动要素研究［D］. 济南：山东大学，2008：30.

更容易实现自我识别，而自我识别是认同结果。都市报受众的品牌认同在个人品牌认同与社会品牌认同两个层次上发挥作用。从社会同一性的角度而言，受众的个体自我是根据自身的个性特征来定义，而受众的社会自我是基于自身所属的社会群体来定义。可见，品牌认同是激发受众产生对品牌的情感归属，是提高品牌资产判断与认可度的前提，并进一步影响受众形成对特定都市报品牌的偏好甚至品牌忠诚度。

优化受众的品牌消费体验的探索仍需要以体验经济的思想作为指导。以都市报为代表的媒体行业正在逐步转向体验经济的运营模式。体验经济与以往的经济形态相比，在生产和消费领域都出现了升级转变：生产将从以工业资本为主的模式上升为以体验创意（知识价值、信息价值、技术价值）为主的模式；需求方面也相应地从发展需求上升到更高的自我实现需求。① 都市报的品牌认同是建立在受众更高的自我实现需求之上的品牌互动结果，这与前文分析的都市报受众品牌消费心理嬗变历程与形成动因取得了一致性。可见，在新媒体时代，都市报的"需求侧"趋势逐渐成型，但"供给侧"模式面临重新定义。都市报品牌一方面需要重构话语空间和整合营销资源，以增强品牌含义和外在的显著性，提高都市报品牌的使用价值；另一方面，通过受众品牌体验的创新，扩大受众对媒介产品的需求，并培养受众的都市报使用习惯，引导受众进行都市报消费行为。

在新媒体时代，数字技术与网络技术的应用使得线上线下的媒介消费的界限越来越模糊，在改变了受众原本的媒介消费习惯的同时，也使受众的媒介消费的需求变化巨大。都市报的品牌消费体验从受众的消费需求出发，并在品牌认同的基础上，旨在增强受众获得体验的认同感和建立品牌文化。品牌消费体验从受众的角度看，其内涵涉及三个方面：渠道、生活方式和产品或服务。因此，受众要以塑造全新渠道消费过程提升品牌认可、以培养高质量生活方式提高品牌评价、以推出深度个性化产品提升满意度，刺激受众产生品牌情感和品牌忠诚度。

（四）都市报品牌增值需加强受众—品牌关系管理以引发共鸣

受众—品牌关系模式是基于传媒产业"二次售卖"的传统理论，结合当前中国的传媒产业从"注意力经济"到"影响力经济"规律转变的现状，都市报未来的发展侧重以商品属性参与市场经济，积极融入社会各行

---

① 赵放. 体验经济思想及其实践方式研究［D］. 长春：吉林大学，2011：97.

各业，凭借自身的影响力和品牌效应获得赢利。从属于文化产业的都市报本质上是一种服务产业，其服务自身有着无形性、生产和消费同时性（仅指"二次售卖"的受众售卖过程）和新媒体带来的强人际交往性等特点，其品牌资产的增值需要落脚在强化品牌形象、增加服务的有形性及提高沟通效果上等，依靠品牌从多个层面建构、维持与受众的关系。这种"关系"已经成为都市报影响力经济建设和品牌关系建设的共同核心元素，都市报品牌增值需要加强受众—品牌关系管理以引发受众共鸣。

都市报品牌关系建设的主体思路在于在维持较高的应有之情局面下，利用品牌理论提高受众对都市报的真有之情。以人际关系划分的受众—都市报品牌关系内化于品牌关系质量的高低，品牌关系质量是都市报品牌关系最为重要的核心维度，其研究的核心内容在于品牌关系的情感强度及现状。将品牌关系质量作为衡量标准，对基于受众—品牌关系的商业模式优劣进行分析，在产品或服务、目标用户、收入模型和价值评估四个方面进行分析，发现受众—品牌关系模式要求都市报坚持用数字化迎接新媒体时代的同时，更要求具有体现自身核心价值的新闻资讯产品与服务；在目标用户方面，新媒体环境下"用户为中心"成为都市报受众—品牌关系模式运营的核心观念，强调用户的中心地位以及用户的获取或服务方式，强调用户价值与都市报品牌资产的共同实现，成为受众—品牌关系模式的重要特征；在收入模型上，都市报受众—品牌关系模式要求打破单一的广告赢利模式，力图通过多种途径实现收入增长；在价值评估上，受众—品牌关系模式引导传统的质量评估迈入品牌评估阶段，依赖的评估指标更多涉及态度转变、情感变化等指标，不再简单凭借数据进行解释，而更多倾向于情感沟通，直达消费者内心，让受众在集群中产生心理共鸣，进一步建立对都市报品牌的归属感。

第四章 营销传播：都市报 ABBE 管理模型的识别向度

在 Keller 的 CBBE 模型中，品牌显著度是整个 CBBE 模型的基础。他认为品牌资产的本质是"由于消费者头脑中已有的品牌知识，导致消费者对于品牌营销活动的差别化反应"①。可口可乐公司的高管曾经说过，如果可口可乐毁于一旦也可毫不费力地筹集到足够资金重建工厂。但如果消费者失去了与可口可乐有关的记忆，这将面临停业的危险。② 可见，品牌对营销活动有着重要意义。

第一节 都市报品牌资产管理的识别向度

著名营销学家菲利普·科特勒强调品牌构成要素包括属性（Attributes）、利益（Benefits）、价值（Values）、文化（Cultures）、个性（Personality）以及用户（User）六个方面。都市报品牌是媒体的名称及其形象识别系统，是受众用以识别特定的报纸并将其与其他报刊相区分的方式之一。③ 它是报业集团或者报社与社会、读者相互作用的结果，是一种无形资产的浓缩。

---

① KELLER K L. Conceptualizing measuring and managing customer-based brand equity [J]. Journal of marketing, 1993: 57.
② 黄合水，彭聃龄. 论品牌资产——一种认知的观点 [J]. 心理科学进展, 2002 (3): 351.
③ 唐晓红. 都市报品牌建设研究 [D]. 重庆：重庆大学, 2008: 15.

一、都市报品牌识别的显著度

（一）维度之一：品牌显著度是品牌深度

显著度是品牌资产的基础，是消费者对品牌产生认识的前提。都市报在创建强势品牌过程中，首要面临的问题是如何打造知名度。报纸因其双重属性，它的市场价值不仅取决于它作为商品的价值，更取决于它在受众中的品牌形象与地位。因此，打造都市报的品牌资产，首先要提高都市报的显著度，让受众更容易回忆起来，从而实现品牌的深度。

1. 个性化的识别标志

都市报个性化的识别标志是视觉识别较直接的体现，其效果是为了让受众在短时间内区别其与其他都市报或报刊的不同。主要包括都市报名称、定位、logo 设计、版面设计以及广告语设定等。

施拉姆提出媒介选择的或然率公式，即"选择或然率 = 报偿的保证 ÷ 获取信息的费力程度"。都市报品牌要脱颖而出，要让受众能迅速地在版面中获取自己想要的信息。《南方都市报》采用"大标题 + 大图片"的新颖直通栏版式，形成"浓眉大眼"风格。同时采用分叠式设计满足不同读者的细分需求和阅读习惯，有利于培养不同的广告市场。除此之外，都市报从业人员的言谈举止、服务态度等均为其个性化识别标志，增强了《南方都市报》的辨识度。

2. 准确的品牌定位

都市报的准确定位可满足受众对信息的需求并抢占市场高地。这需要解决的问题包括：都市报的精准用户对象是谁？你准备好给他们提供高质量的产品了吗？你的产品和其他都市报或者纸媒的产品有什么不同？一旦这些问题得到解决，都市报品牌的成功就有了良好的基础。有很多媒体产品很不幸地退出了市场，原因大多是缺乏准确的市场定位和受众定位。[①]《南方都市报》在从边缘向主流、从小报向大报转型的过程中，首先对自身受众做出新的定位。《南方都市报》将自己的目标受众定位为"新主流受众"，他们以中青年为主，受教育程度较高，对于经济、政治、社会热点事件比较关注。同时，它对报纸内容做出重新定位，积极关注时政、经

---

① 张东．都市类报纸品牌建设初探［D］．南宁：广西大学，2002：17.

济、社会热点议题。

3. 有效的营销推广

在报纸的品牌建设过程中，品牌传播是至关重要的一个环节。[①] 营销推广是否有效是衡量都市报品牌传播的一个重要标准。都市报要通过广告、公关、活动、新闻报道等多种手段的融合，协调好报社与社会各界的关系，成为他们心目中牢记的"第一"。都市报的营销推广除了策划新闻报道外，还可通过举办活动来打造知名度，媒体的公共性使其与论坛、展览会、比赛、颁奖会等活动天然契合。比如，《南方都市报》策划的"中国南方汽车展""中国汽车产业高峰论坛""华语传媒大奖"等大型活动，对于宣传《南方都市报》的形象和权威性而言是非常有效的。

（二）维度之二：品牌联想是品牌宽度

品牌联想是消费者对品牌态度和情感的直接反映，表明消费者或潜在消费者未来的行为倾向。当消费者听到或看到一个特定的品牌，记忆中会呈现关于品牌的想法，包括感觉、经验、评价、品牌定位、品牌功能等联想。在消费者接触产品类别时，脑海中立即出现一个重要品牌，心里建立起一个品牌的知识结构。

1. 产品类别的联想

品牌与产品联想关系是营销学上"品牌意识"的概念，是品牌知名度和品牌知晓度的集合。对于都市报而言，读者可以在纸媒的产品类别中再认或者回忆都市报的品牌，这也是打造都市报品牌形象的核心要旨所在。[②] 2017年，《华西都市报》实施颠覆性改版，首批推出的新闻产品包括《封面人物》《深一度》《我的新闻》《锐度》《华西实验室》《体育龙门阵》和《白杰品股》等产品，覆盖要闻、财经、深度报道、科学知识等诸多内容。与传统的版面划分不同，用产品来为新闻分类，使受众记忆其新闻产品更为容易。具有较大品牌宽度的品牌，能让消费者在任何消费情境下都能回想起品牌，都市报亦然。针对网络信息快、浅、粗的特点，《华西都市报》的《深一度》致力于提供"绝对的原创和原生态的新闻"，让受众在需要原创新闻时能够想到《华西都市报》；针对网络泛滥的科学谣言，《华西实验室》则通过科学实验粉碎这些谣言，当受众需要获取科技信息

---

①　陈旭鑫. 都市类报纸品牌建设策略研究［D］. 南昌：南昌大学，2006：6.
②　张秉礼. 报纸媒体品牌建设的探索与思考［J］. 新闻与传播研究，2006（2）：88.

知识时，可以在这里寻找答案。①

2. 产品品质的联想

消费者对产品品质的判断是从消费者自身的角度出发，其中包括很多层面，例如：产品的可用性、质量的可靠性、产品的性能、产品的外观等。消费者对于产品品质的联想源于日常对产品的使用经验，因而，都市报在品牌建设和管理中，需要注重受众的阅读体验，潜移默化地加强受众对于产品品质的认可与赞赏。无论何时，优秀的内容仍然是受众迫切需要的产品。《南方都市报》围绕"办中国最好的报纸"的口号，以高品质的新闻产品为基础产出大量理性深入的新闻报道，比如，对"孙志刚案"的报道引起国家重视，并修改了已不合时宜的《城市流浪乞讨人员收容遣送办法》。诸如此类的有力报道为《南方都市报》带来社会好评，得到了受众对其新闻产品品质的高度认可，为《南方都市报》带来难以估量的品牌资产。

3. 品牌市场表现的联想

评价品牌市场表现的指标主要包括品牌知名度、品牌认知度、品牌占有率三个方面。消费者对于品牌市场表现的联想固有网络中，将品牌知名度、品牌流行度以及关于竞争品牌的联想都纳入消费者对品牌市场表现的感知联想中。品牌还可通过建立消费者与其竞争品牌的联系，看见品牌的竞争地位和竞争对手，对此，它也可纳入目标品牌市场的范围内。② 对都市报而言，优秀的市场表现不仅是高销量的象征也是高质量的保证。《南方都市报》除集中在广州、深圳发行外，还覆盖汕头、东莞、佛山、珠海、中山、惠州、江门等地区，并在香港、澳门公开发行，它的公信力和美誉度延伸到全国范围内，其良好的市场表现直接影响到受众的阅读行为，与地方报《大河报》相比，受众在网络上搜索《南方都市报》指数要远高于《大河报》（见图 4 - 1）。

---

① 来自《华西都市报》内部资料。
② 周志懿. 报纸媒体品牌建设的缺失［J］. 传媒，2005（3）：53.

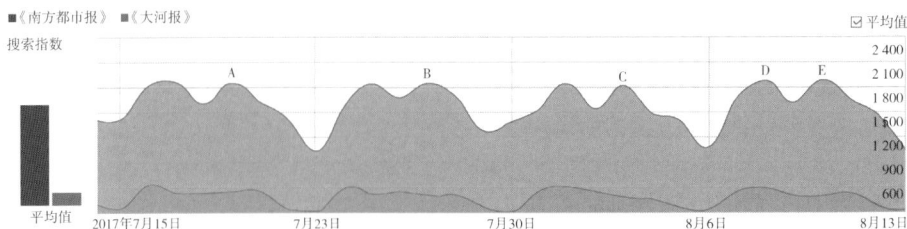

图 4 - 1　《南方都市报》与《大河报》百度指数对比①

如图所示，从 2017 年 7 月 15 日至 8 月 13 日，《南方都市报》的相关搜索指数平均值为 1 578，远高于《大河报》的 462。这证明受众需要寻找新闻产品时，更容易记忆起市场表现优秀的报纸。

二、营销传播增强都市报品牌识别度与显著度

都市报品牌不同于一般商品品牌，它不仅具有商业价值，更重要的是承载着社会公共价值。由于我国特殊的媒介制度，过去的都市报经营者没有将报纸作为商品来营销，为了解决都市报品牌识别之"显著度"问题，ABBE 管理模型延伸出"营销传播"这一指向，将都市报视作商品进行营销。同时，作为公共传播媒介，都市报又应当通过营销来打造媒体形象和影响力，以此来建构都市报的品牌识别。

营销传播主要是综合运用调研、策划和传播等公共关系手段和方式为企业产品或服务的市场营销提供支持，帮助企业扩大显著度和增强品牌识别度。它包括在产品或服务的市场定位和生产以及销售等各个营销环节，它着眼于将产品或服务的品牌管理纳入到品牌战略传播方案之中，创造出品牌认知度，实现高报道率、高影响力的最佳传播效果。

营销与传播作为市场营销学和传播学中经常出现的两个词汇，都有其自身的历史演变过程，其内涵在不断延伸发展。消费者的主体地位进一步加强，消费者不再是单纯的买方，而是在整个产品的生产分配、消费活动中扮演着更为主动的角色。从营销学的角度来看，营销传播的概念来源于促销又有别于促销，营销传播强调与消费者之间建立双向沟通的互动关系，从而使得营销活动得到长远发展。

从传播学角度看，营销传播被认为是任何组织为支撑自己的营销战

_____

① 图片来源于百度指数。

略、达到自己营销目标而通过策划展开的传播活动。因媒介技术的发展和媒介表现形式多元化呈现，受众也不再是单纯的信息接受者，而逐渐成为用户，成为某种意义上的传播者。新西兰怀卡托大学市场营销学教授理查德·J. 瓦雷认为，传统的营销传播被视作对既定的目标受众宣传生产者的产品或服务，从而促成购买。但在现代的营销传播中，营销传播活动都是基于受众的兴趣出发产生互动行为。① 他的观点肯定了朗鲁斯"市场传播"的提法，认为营销是一种带有特殊目的的传播行为，而不是"传播仅仅是整体促销的一部分"这一错误观点。

随着社会的变迁，营销和传播理论得到进一步发展，且呈现出逐渐融合的趋势。最具代表性的理论是由美国西北大学麦迪尔新闻学院唐·E.舒尔茨教授提出的"营销即传播，传播即营销"。这一论断既模糊了营销和传播之间的界限，也反映出这二者之间互为补充、相互依赖的特征。营销传播的概念随着市场化逐渐形成并不断完善与发展，所谓营销传播是指在一个品牌营销组合中，通过建立与该品牌的客户之间的共识而达成价值交换的所有要素的总和。② 传统的营销传播被视作对既定的目标受众宣传商家及其产品，从而引起消费者的购买欲望与购买需求；而在现代的营销传播理论中，营销传播的行为产生于与感兴趣者进行的互动沟通之中，营销是一种带有特殊目的的互动，而不仅仅是促销活动的一部分。

第二节 受众参与的都市报品牌营销传播

20 世纪 20 年代伊始，以"靶子论""子弹论"为代表的受众观占据主导地位，其一致认为受众只能被迫接受传播内容，忽视了受众的主观能动性与主体意识。随着传播效果研究的深入，受众的特性愈发明朗化，他们不再是被迫接受、应声而倒的接受者，而是具有主观能动性的群体。自 20 世纪 90 年代互联网被广泛运用以来，随着传播渠道的多元化与多样化，受众参与程度越来越高，其参与途径也越来越广泛。

虽然都市报发展式微，但其生存空间不是没有，只是变窄了。杨德锋认为，都市报生存的市场环境是一个利基市场，这是一个高端专门化的需

---

① 李晨宇. 营销传播理论的引进及其在中国的发展 [J]. 广告大观（理论版），2013（1）：18.
② 特伦斯·A. 辛普. 整合营销沟通 [M]. 5 版. 熊英翔，译. 北京：中信出版社，2003：4.

求市场，它的营销方式必然要发生一定的变革才能适应新媒体发展。他认为都市报应将投入到市场营销方式的注意力聚焦到线上，尤其是微信、微博等新媒体飞速发展，都市报需要更有互动性的媒体平台开展传播活动。但是由于政府管控，这样做是不适合的，这会导致都市报信息传播的速度、渠道等难以与三大综合性资讯门户网站媲美。这需要都市报加强营销传播的探索。①

一、受众参与都市报营销传播的特点

受众是传播过程中独立的个体参加到传播活动中的观念和行动的总和。它起源于 1967 年美国学者 J. A. 巴伦在《对报纸的参与权力》中提出的"受众参与理论"，并在 20 世纪 80 年代得以扩散。纵观都市报的新闻生产，受众参与到都市报内容生产已经不是个别的偶然现象，而是对都市报形成强大冲击，呈现出一些传播新特点。

1. 生产内容由信息化走向专业化

受众参与新闻事件的传播是由于受众的传播本能以及对传播权力的渴望，受众既可通过信息接触保持与外界的沟通以获取安全感，还可实现受众的媒介接近权。但是新媒体承载的海量式碎片化信息已经难以满足受众的需求，受众参与意识的增强使得他们更加重视话语权和渴望专业化的内容呈现，期望通过更多渠道表达他们的想法和观点。同时，新媒体环境的开放性为受众参与新闻事件提供了聚焦和讨论的公共空间，并逐渐消解了传统传播中"沉默的螺旋"现象，促使事件朝着自己所希望的方向发展，进一步保障自己的传播权和参与权。

2. 内容生产者由专业化走向社会化

科技的迅猛发展，尤其是移动互联网的便捷性与多样化为都市报受众进行信息交流提供诸多便利。简单方便、传播便捷、普及至社会各阶层的互联网传播技术为都市报受众在内容生产方面提供了技术支持。同时，都市报受众受教育程度和媒介素养较高，他们早已不再是信息内容的被动接收者，而是积极通过活动参与谋求话语权与主体地位的主动参与者。公民记者的出现揭示出内容生产者不完全由专业化的记者充当，他们将进一步向社会化群体转变。社会化群体的出现和即时通信工具的普及，使都市报

---

① 杨德锋的访谈内容，访谈时间：2018 年 1 月 23 日；访谈地点：广州市暨南大学管理学院。

受众可随时随地发布新闻信息或提供新闻线索，积极参与都市报信息传播，即时反馈新闻报道效果。对此，都市报可以在营销模式上激发受众主动性和主体性，扩展新闻来源的渠道与途径，加强都市报的内容建设。

3. 传播媒介由单一性走向数字化

科技进步和时代发展要求都市报要随之改变以适应新的传播要求，这并不意味着都市报传统的运作模式和采编方式会消亡，而是在新媒体环境下寻找新的生存和发展形式。都市报触网早已不是什么新鲜事，数字报已成为中央到地方的标配和总体发展趋势，但是数字报内容上完全照搬纸质版的内容而没有再创造。随着受众参与的主体意识增强以及受众接受信息渠道的改变，数字报早已不再是都市报纸质版的补充。开展数字报转型和吸引更多受众，成为都市报培养受众和扩大影响力的一个重要途径。对此，都市报要遵循新媒体传播规律，不断改善数字报的内容展示，创新都市报与观众的互动形式，创造更及时和更方便的数字媒体形式，提高数字报的吸引力和信息到达率。

4. 受众分析由分散化走向精准化

互联网的开放性及去中心化特征确立了双向循环的传播模式，受众的主体意识增强，他们更加乐于传播和善于传播。不少都市报借助新媒体的信息采集技术对受众的阅读习惯、阅读行为、媒介接触、终端接触等详细信息进行深层次挖掘，建立和管理受众的信息数据库。通过对受众属性进行分析和管理，根据受众阅读兴趣进行精准化的新闻推送和新闻配置，促进都市报的内容传播由低效率的分散化向高效率的精准化转变，这样既可提高受众阅读体验的满意度，也可提高读者的忠诚度。

二、受众参与都市报营销传播的主要形式

1. 内容生产：受众参与都市报营销传播的基础

ABBE 管理模型中，受众是新媒体环境下都市报营销传播的出发点，也是都市报品牌营销传播的起点和重点，直接参与都市报的品牌营销传播活动。新媒体环境下，都市报单独建设新媒体形态的成本太高且关注度不够，比较好的方式是受众线上高度参与都市报新闻资讯报道，形成一定的新闻热点，都市报及时介入，提高都市报新闻报道的线下热度。

开展品牌资产管理工作，必须让都市报的品牌个性契合受众的个性与特点。2017 年《华西都市报》进行新闻产品化模式的改版，对报纸内容进行全面

的产品化生产与定制化生产。产品化生产意味着用生产的标准去要求新闻，一切以质量和用户评价为重。新推出的产品《我的新闻》，通过新闻众筹和众包，与受众深入互动，生产出真正的受众新闻。除此之外，《华西都市报》根据用户需求对新闻产品适时调整，不断推出新的新闻产品，淘汰不适应受众需求的产品，让优质的新闻内容呈现成为《华西都市报》的常态。

2. 关系营销：与受众建立情感纽带

传统市场环境中，交易营销是核心所在，单纯以销售产品和占据市场份额为营销目的。随着买方市场崛起，消费者的地位越来越受到企业重视，构建企业—消费者关系成为营销的主要目的。所谓关系营销是指"以和消费者建立良好、持久使用和交流关系为目的的营销活动"①。对关系营销而言，企业从原来的集中力量占据市场份额，转变为抢占"消费者份额"，致力于培养忠实的消费者。都市报的产品消费具有"一次性"的特点，往往以天为消费单位，在这种高频次的消费中，与受众建立起牢固的情感纽带进行关系营销，显得尤为重要。

范以锦认为，都市报过去主要是采取"二次营销"模式，第一次出售的产品是具有信息含量的新闻产品，吸引受众注意力，后将受众注意力作为第二次销售产品来获取广告收益。在新媒体环境下，都市报的"二次营销"模式失灵了，必须要有新的营销模式来适应新的发展环境。新媒体环境下报纸发行量不可能像传统媒体时代那么大，也很难通过市场促销方式来销售报纸。都市报要想留住市场关注度，报纸的品牌不能丢，而且还需要吸纳一定的用户，吸纳用户的方法也不能像过去的大规模推销。在纸媒打造都市报品牌影响力的基础上，都市报纸媒形态的发行量多少并不是很重要（当然也不能太少），更重要的是都市报要开展大量的线上线下活动，引起用户关注，求得自己的生存发展，并通过新媒体特定的社区人群垂直联结受众扩大群体。目前都市报改革营销方式很多，比如，针对政府或企业所遇困难而提供服务产品以及品牌策划、展会活动或提供数据信息报告等相关服务，还有举办一些会展、论坛、排行榜、共同策划活动、客户赞助、购买服务、培训、内容付费、智库服务等信息服务。②

3. 受众数据库：实现精准营销

在信息时代，数据的重要价值不言而喻，越来越多的企业开始利用大

① 戴艳. 整合营销观念下的都市报营销策略探析［D］. 南京：南京师范大学，2007：54.
② 范以锦的访谈内容，访谈时间：2018 年 2 月 6 日；访谈地点：广州市南方传媒集团。

数据为消费者提供精准的广告推送，都市报的商品本就是信息产品，可以利用受众的数据库实现商品的精准到达。《江南都市报》推出时尚 DM 杂志，背靠主报独有的高端读者数据库资源，锁定城市中具有较强消费能力的高端人群和中坚力量，定位高端、制作精美和投放精准，全面提升它的品牌资产价值。关于受众数据库的建设及应用将在第七章详细论述。

第三节　都市报品牌资产管理的三大主流营销传播方式

新媒体出现意味着要变革，这场变革影响着每一个人，无论是营销者还是消费购买者，这是一种主动适应、持续不断和逐步发展的变革。根据都市报在新媒体环境下营销方式的变革要求和方向，都市报可以从数字营销、社群营销和整合营销三大主流方式来开展营销传播。

当然，这三大主流营销传播方式会在传播内容和传播策略等方面有所交叉，甚至不少营销传播活动会综合运用这三大主流营销传播方式。但是这三大主流营销传播方式各自的侧重点还是不同的，其中，数字营销主要是在数据经济背景下产生，侧重运用大数据开展营销活动提高营销决策的有效性；社群营销是在分众营销理论框架下的营销方式，它侧重营销活动深入社区和社群，加强受众的精准性；整合营销是很多营销方式的组合，也是都市报开展营销传播活动使用最为广泛的营销传播方式。

以《南方都市报》为例，任天阳认为，《南方都市报》所提倡的"换一种方式"也包括营销方式的转变。目前，营销传播主要是以整合营销为主，从原来单一的报纸平面广告到移动端的复合型营销，这是一个较大的转变。同时，《南方都市报》还注重线下营销，侧重为政府提供数据服务、活动服务以及一些定制信息产品。可见，《南方都市报》的营销手段呈现出多元化特征。数字营销和社群营销方式有很多，专门的创新策划部门利用 H5、微信公众号等方式来开展传播，还有圈层营销（社群营销）、跨界营销的案例也比比皆是。今后，数字营销、圈层营销、跨界营销将是都市报在新媒体环境下开展营销活动的主要努力方向。[1]

---

[1]　任天阳的访谈内容，访谈时间：2018 年 1 月 25 日；访谈地点：广州市南方传媒集团。

一、数字营销

（一）数字营销的特性

数字营销的出现得益于数字化技术的飞速发展，著名学者尼古拉·尼葛洛庞蒂在《网络的报业数字化战略研究》中认为"数字化"是"物质原子"被"数字化比特"代替，[①] 其核心内涵主要包括三个方面：一是被传递的信息是用 0 和 1 表示；二是其传播系统是交互式的或网状的；三是其终端设备在各个点都能接收、储存、呈现、处理和发送"数字化比特"信息。

数字营销是以数字化技术为基础，通过数字化手段调动企业资源进行营销活动，实现企业产品和服务价值的过程。它是通过数字网络进行传输的市场营销，将物流、信息流和资金流进行协调统一，以达到让消费者满意和让企业赢利的营销目的。传统的营销方式里，创意、传播与营销处于显著分离状态，创意确定在先，传播活动按照创意内容重点关注信息的发送和推广，营销活动则重点按照营销理论的 4P 或 4C 内容展开。由于数字营销技术具有互动性、超越时空性以及去中心性，它使得原本处于分离状态的创意、传播与营销处于一体化状态。

目前，数字营销主要运用三种营销手段：一是利用基于互联网技术与数字技术的网络媒体进行营销；二是利用基于移动通信网络的手机媒体、移动车载电视等进行营销；三是利用采用数字技术的传统大众媒体，如数字电视营销。[②]

数字营销是以互联网、计算机通信技术和数字互动媒体等为媒介，借用快速且低成本效益的方式开发消费者群体和开拓市场来实现营销目的。其目标是以最有效的效益成本和速度进入市场满足用户需求，以精准数据分析调整企业生产和营销策略的规划和实施。据 IDC 一份名为"数字宇宙"的报告显示，预计到 2020 年全球数据使用量将会达到 35.2ZB。以腾讯为例，截至 2018 年 8 月 15 日，微信月活跃账户约 10.6 亿，同比增长

---

① 姚曦，秦雪冰．技术与生存：数字营销的本质［J］．新闻大学，2013（6）：58－63.
② 姚曦，韩文静．参与的激励：数字营销传播效果的核心机制［J］．新闻大学，2015（3）：134－140.

9.9%，环比增长 1.7%。QQ 的月活跃账户同比增长 7.0% 至 7.086 亿。①
目前，社会被淹没在大数据之中，社会缺乏善于思考、适应和使用现有信息让消费者真正受益的经营管理者，数字营销对于他们来说是遥不可及的新事物。因此，经营管理者需要运用恰当的数据分析工具和手段去理解数据，开展恰当的数字营销。

（二）数字营销在都市报营销传播中的应用

大数据对于营销传播活动的重要意义，不在于掌握庞大的数据信息，而在于对这些本身不具有意义的信息进行专业化的数据处理，实现更加精确的受众行为洞察。② "得数据者得天下"，谁掌握了大数据技术，谁就能在数字营销领域获得话语权。随着移动智能终端的普及以及都市报受众媒介接触时间的增长，受众的消费行为、阅读习惯以及个人标签等信息已被数据化，传播学意义上的受众已成为可被分析和跟踪以及预判的数据画像，这为数字营销活动的传播奠定了数据基础。

在数字化时代，场景营销是一种较为常见的数字营销方式，它是物与物之间的关系在发生重构，营销思维从最初的媒体和品牌向人的价值进行转变，如今的营销不再致力于将消费者带入到品牌官网中，而是在消费者需要的时刻，给消费者提供所需要的信息。③ 因此，传媒不仅需要以都市报受众为中心构建虚拟生活场景，还需要建构线下场景，促使都市报受众消费行为更具有贴近性和场景性，最大限度拉近都市报与受众的情感距离，实现都市报内容与受众体验的深度融合。

《南方都市报》常务副总经理郑胜利认为："不论是娱乐营销生态布局，直播网红的快速升温，视频资讯对图文的替代，原生广告与场景营销的关系，还是人工智能对未来生活的影响，品牌在数字营销时代有其应有的坚守和力量。从我个人来说，通过这些学习，可以感受到《南方都市报》的改革方向是正确的，未来的发展空间是巨大的。"④ 因此，都市报要积极抓住技术革新的优势，采用数字营销策略传播品牌价值。

---

① 微信月活跃账户达 10.6 亿［EB/OL］.（2018 - 08 - 15）［2019 - 01 - 31］. http：//finance. sina. com. cn/roll/2018 - 08 - 15/doc - ihhtfwqr8144246. shtml.

② 文博. 异军突起的大数据营销［J］. 国际公关，2013（2）：90 - 91.

③ 刘艳. 移动互联时代场景营销探析［J］. 西部学刊，2016（10）：76 - 80.

④ 南方都市报. 寻找数字营销行业 "独角兽"［EB/OL］.（2016 - 10 - 22）［2016 - 11 - 25］. http：//epaper. oeeee. com/epaper/A/html/2016 - 10/22/content_ 86915. htm.

1. 开发数据化产品，建设数据智库机构

传统纸媒若要紧抓数字化技术所带来的发展机遇，必须从受众或用户中心出发，将合适内容推送给受众或用户，实现内容精细化生产，提升自身品牌资产。

2014 年 6 月，《南方都市报》全新改版，相伴随的是一系列数字营销新尝试：数据化和可视化的新闻生产、南都网的移动版数字报、南都 ipaper、数字阅读墙、与淘宝合作的"马上淘"项目、试驾网、地产虚拟平台的微运营等。2015 年 3 月至 10 月短短七八个月时间里，《南方都市报》两次改版确定了"精英、精致、精品"的定位，通过推出一系列具有鲜明数字化特征的版面让受众感受高品质阅读：一是"众筹新闻"版，读者可决定报纸写什么；二是"南都语闻"版，让受众在速度时代感受慢阅读魅力；三是"南都指数"版，用数字描摹生存状态，评估政府治理能力；四是"南都鉴定"版，记者亲自试验鉴定，终结谣言；五是紧跟数字化潮流，推出"记者网红"版。

在 2017 年一年里，《南方都市报》不断摸索数据生产，初步形成了数据报道、榜单评价、民意调查、咨询研究、鉴定测试、评估认证、数据库及轻应用八大系列百余项产品，其中《广州城市治理榜》、《南都街坊口碑榜》、《个人信息保护报告》、南都教育联盟等，已形成鲜明的南都影响力。数据已来，唯变不变。2018 年 2 月 8 日，《南方都市报》顺应"深度融合、全面转型"改革要求成立了《南方都市报》数据研究院，它主要具有三大功能职责：一是生产新闻数据库和行业数据两大领域的基础产品；二是提供包括技术支持、数据分析和传播等公共支撑；三是挖掘、培育、遴选、布局和推广孵化数据项目，统筹数据产品。它的成立是《南方都市报》从传统的新闻信息生产机构向数据智库机构转型的策略体现，是实现以数据为内容生产方式的创新举措。《南方都市报》报系总编辑梅志清认为，今后《南方都市报》的数据生产与新闻生产是"鸟之两翼，车之双轮，缺一不可"，"以新闻生产为基础向数据生产转型，以数据产品反哺传统新闻内容生产，新闻生产与数据生产互为支撑、相辅相成"。[①] 在智库产品发布周，《南方都市报》启动强大报网融合传播力量，报纸累计推出 26 个版的智库报告和 7 个版的品牌宣传广告，移动端从创意广告预热到每场发布会

---

① 尹来、赵安然，叶斯著. 南都大数据研究院来了［EB/OL］.（2018 - 02 - 09）［2019 - 01 - 31］. http://www. oeeee. com/nis/201802/09/544698 - 2. html.

标配的 H5、短视频、一图读懂等系列产品，形成强大品牌宣传攻势。

　　截至 2019 年 1 月，《南方都市报》共计构建了 80 个数据模型，搭建了 16 个数据库，包括新闻数据库、行业数据库、用户数据库、专家数据库、检测数据库等，存量数据 10 亿条。同时，《南方都市报》大数据研究院已确立并推进 50 个课题项目，发布《2018 新经济企业声誉监测报告》《2018 中国零售创新趋势报告》《2018 常用 App 隐私政策透明度排行榜》《粤港澳大湾区高校孵化器智动力报告》百余份智库报告和评价榜单，打造了广州城市治理榜、个人信息保护研究、新经济企业声誉、互联网黑灰产业治理、南都消费鉴定评测等品牌研究项目。其中，"新经济企业声誉榜"以国内 192 家新经济企业作为样本，数据存量达 1 亿条，日均滚动入库数据量超过 60 万条，对 200 多家新经济公司进行实时监测，基于机器学习和神经网络算法建立七维情绪模型及网友诉求模型，准确率为 80% 以上。其中独角兽声誉数据库 2018 年新增企业 35 家，每周监控企业增加 27 家。同时，互联网企业竞争舆情数据库，自 2007 年底至 2018 年底的包含《反垄断法》实施、3Q 大战、腾讯网易云音乐版权之争等 15 个月互联网竞争事件相关的百度新闻数据，共达 1 万条。"南都优选口碑榜"数据存量达 1 000 万，利用自然语言处理、知识图谱、机器学习和神经网络算法，对产品的质量、外观、物流、价格等 72 个模型进行训练迭代，实现数据自动抓取和口碑自动分析。① 另外，外国媒体数据库，除《中国日报》英文版、央视英文版、新华社英文版、《人民日报》海外版 4 个国内媒体英文版数据外，还收录了《纽约时报》、路透社等 114 家外国媒体自 2017 年 10 月起对中国 50 个城市的相关新闻报道，数据库包含英语、德语、韩语、俄语、葡萄牙语等 27 种语言，数据量达到 38.7%。②

　　梅志清在南方报业传媒集团 2018 年度总结表彰大会上指出，《南方都市报》一方面打造实现市场价值的数据型媒体智库，另一方面通过数据产品反哺传统新闻生产、丰富内容门类，保持新闻影响力在高位运行，在垂直领域深耕，推动南都从单一产业向多元产业转型，最终实现深度融合和全面转型。事实上，《南方都市报》的智库生产是建立在新闻生产的影响力基础上的，智库生产的研究力让新闻生产更有深度、更有角度、更为垂直和精准触达。经过不断探索，2018 年《南方都市报》初步构建了新闻生产和智库生产

---

① 杜一娜．看这里！媒体智库的又一参考案例［EB/OL］．（2019 – 01 – 29）［2019 – 01 – 31］．https：//mp. weixin. qq. com/s/ZhAuOUTZWhCtuxDX_ a7Cpw.

② 梅志清．心中有数　智赢未来——南方都市报向智库型媒体转型总结汇报［R］．广州：南方报业传媒集团，2018.

的融合机制、协同机制和反哺机制，力促机制融合和生产互补。对此，梅志清认为《南方都市报》于 2019 年要在技术强化、人员专业化、生产批量化、影响力扩大化、数据资源化等方面推进数据智库发展。[①]

2. 依托都市报网站，搭建数字营销平台

《南方都市报》发展历经 21 载，拥有强大的品牌影响力和社会公信力，它覆盖珠三角城市群的消费群体，并与本地品牌形成了良好互动关系。受新媒体冲击影响，《南方都市报》依托都市报网站搭建起云情报®（Key Intelligence Cloud System，简称 KCIS®）的数字营销平台开展相关品牌营销活动。云情报®是《南方都市报》打造的数字营销平台，它是面向传统广告客户、合作伙伴全面开放强大内容原生能力和媒介渠道及营销资源整合的重要项目，全面打造基于消费者洞察和数据驱动的品牌实效传播整合服务链。目前，它拥有市场调研平台（问卷宝®）、内容原生需求定制平台、社群营销系统、传播监测系统、社会化媒体分发平台、KOL 自定义投放平台共六大体系，并结合 1 亿自有用户画像和整合 5 亿级关联 ID 用户数据，为客户提供内容、创业、调查、资讯等数字化服务。通过人工智能（AI）强化数字营销和品牌传播的预测分析，提升效度、信度及性价比和效率，不断推进人工智能在广告及数字营销行业的落地应用。该系统自2011 年至 2015 年已经为逾千家品牌客户提供数据分析服务，并自 2016 年10 月启动营销服务转型的"D 计划"，构建了基于内容驱动的社会化营销评价体系等各方数据集成的数据交换中心以及数据资产管理系统。

其中，"D 计划"是面向传统广告客户、合作伙伴全面开放强大内容原生能力和数字营销资源的一个重要项目，意欲打造基于消费者洞察和数据驱动的品牌实效传播整合服务链（见图 4 - 2）。《南方都市报》原总经理钟育彬介绍，"D"有两层所指，一为"Digital"，即数字化、数字营销；二为"Drift"，漂移，实现《南方都市报》在数字媒介时代的弯道超车。"D 计划"核心要义就是将《南方都市报》强大的内容原生能力、数据资源，向广告客户、合作伙伴全面开放，实现最大化的自身价值，赢得广大客户和用户的认可。[②] 凯迪网络副总经理张世良介绍，"D 计划"的内核还是内容驱动型的社会化营销。

① 梅志清. 心中有数 智赢未来——南方都市报向智库型媒体转型总结汇报［R］. 广州：南方报业传媒集团，2018.

② 尹素云. 它山之石 可以攻玉——考察南都报系全媒体战略的启示［J］. 湖南大众传媒职业技术学院学报，2011（4）：24 - 27.

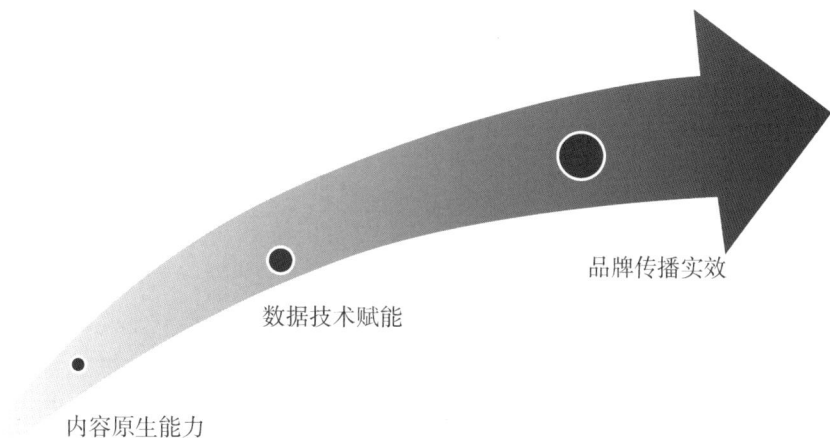

品牌传播实效

数据技术赋能

内容原生能力

图 4 - 2　《南方都市报》的"D 计划"①

郑胜利认为，"D 计划"为《南方都市报》服务的"3 万 +"客户提供新方式、新服务和新连接，这正契合《南方都市报》20 周年提出的"换一种方式"。"我理解的全方位数字营销服务，核心不在于自有媒介之全，而在于触达用户之全，一切目标消费者集聚的媒介渠道都要能为我所用，抛弃自有渠道的路径依赖和惯性思维，根据实效选择传播渠道组合，这是我们'D 计划'实施的关键，我们有这样的能力，也有这样的信心。"② 一句话，"D 计划"成为 21 岁《南方都市报》的"换一种方式"。

3. 借助数字化平台，实行跨界营销

跨界（Crossover）代表一种新锐的生活态度与审美方式的融合。跨界营销使品牌可拥有立体感和纵深感，让原本毫不相干的品牌元素相互融合，形成互补性而非竞争性品牌。每一个优秀的品牌均能较准确地体现目标消费者特征，但往往因外界因素影响出现相似的竞争品牌或互补性品牌，跨界营销可避免这种现象的发生。

《南方都市报》的并读新闻 App 是众多数字营销策略的突出代表。2015 年 4 月 15 日，并读新闻 App 上线，在不到一个月的时间内，其下载

---

① 智媒云图 .《南方都市报》20 周年推出数字营销服务［EB/OL］.（2016 - 11 - 25）［2016 - 12 - 01］. http：// mp. weixin. qq. com/s/7Bc_ yYZUKsr - sx0yPnquDQ.

② 南方都市报 ."D 计划"：南都 20 周年转型推出数字营销服务［EB/OL］.（2016 - 11 - 28）［2019 - 05 - 09］. http：// www. dedns. cn/shenghuo/2109396_ 2. shtml.

量突破 500 万。并读新闻 App 使得《南方都市报》在产品生态链层面实现与相关行业嫁接，积聚和留存千万级活跃受众或用户，逐渐培养受众或用户的阅读习惯和消费黏性，开发相应产品服务和应用程序，包括积分兑换系统、电商服务等，让受众或用户可获得良好的消费体验。并读新闻 App 按照互联网逻辑运行，打造能联通多个产业入口的巨大平台，嫁接外面的各种资源，放大各自价值，最终通过市场化机制的运营，使得并读新闻 App 向真正的数字化互联网产品方向进化。[①]《南方都市报》推出的一系列数据产品均是基于受众或用户需求而生，尝试涵盖社会化影响、移动阅读、数字出版以及轻游戏等多个领域，广泛、实时连接和交互受众或用户。

《华西都市报》也构建了精准化的数据营销体系。李鹏认为，作为跨界的数字营销直接将受众、企业和都市报三者相连接起来，并从受众数据中挖出企业和都市报所需的注意力"金矿"，帮助企业精准地扩大传播效果。《华西都市报》依托算法新闻全新打造封面新闻客户端，根据受众的性别、年龄、收入、学历、职业、兴趣爱好以及产品的消费情况等，深入研究受众价值信息，并推送与之匹配的产品广告给受众，分门别类地开展精准营销，推动经营方式向集约型、精准化转变。[②]

二、社群营销

（一）从影响 1 个人到影响 100 万人的社群营销

社群借助新媒体能更高效地将有共同关注点的一群人聚集在一起，一个有社群的品牌和没有社群的品牌拥有的是完全不同的竞争力。美国著名的营销学专家菲利普·科特勒认为市场细分随着精细化程度的提高而呈现出四个层次，分别是：细分市场、补缺市场、局部市场和个别市场，[③] 社群营销是属于这四个层次的组合。社群营销是借助某种载体和平台聚集相同或相似兴趣爱好的群体，并为他们提供产品或服务以满足群体需求而产生的商业形态。当然，拥有某个领域的专家或权威人士等意见领袖是社群

---

① 魏东. 南方都市报：品牌营销创造未来 [J]. 广告人，2009 (4)：148 – 149.

② 李鹏的访谈内容，访谈时间：2018 年 2 月 24 日，访谈方式：微信.

③ 菲利普·科特勒，加里·阿姆斯特朗. 市场营销原理 [M]. 11 版. 郭国庆，等译. 北京：清华大学出版社，2007：232.

营销的关键，通过意见领袖可树立信任感和传递价值。

　　任何一个社群都有生命周期（见图 4-3），且每个生命周期阶段均有自己的典型话语（见表 4-1）。一般来说，一个群在两年的生命周期内会完成商业价值的转换，社群的运营给群友带来的新鲜红利会消失殆尽，导致社群的生存期只有两年。其主要是与群主和群员的需求没有得到实现有关。因此，社群运营重要的是要在社群生命周期里发挥作用。

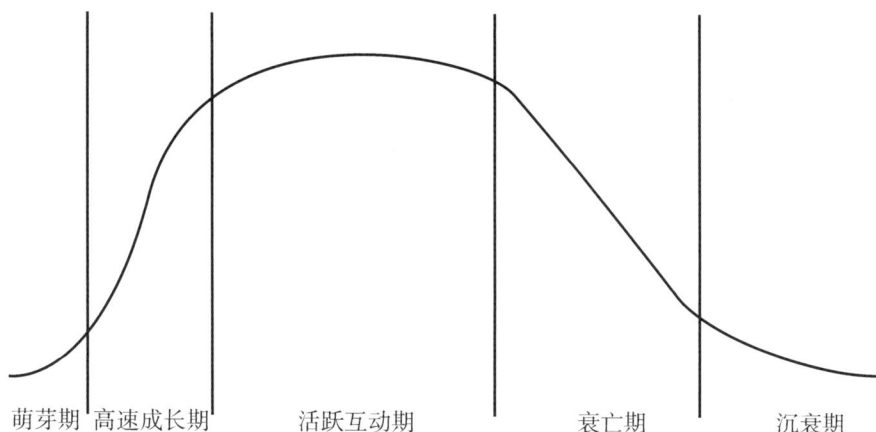

萌芽期　高速成长期　　　　活跃互动期　　　　衰亡期　　　　沉衰期

图 4-3　社群生命周期阶段划分图①

表 4-1　生命周期的各阶段典型话语②

阶段	本阶段典型话语
萌芽期	不如成立一个群吧
高速成长期	我们新成立一个群，专门聊×××，人多有料快来
活跃互动期	这个群干货真多
衰亡期	冒个泡，好久没有说话了
沉衰期	群主，最近事多，清理群，我就先退了，有事直接小窗我

　　社群营销其实是一个从影响 1 个人到影响 100 万人的过程，随着消费时代的变迁，功能消费、体验消费和参与消费悄然兴起，消费者成为被数

---

① 鞠凌云．社群营销［M］．北京：电子工业出版社，2016：24.
② 鞠凌云．社群营销［M］．北京：电子工业出版社，2016：24.

字连接起来的巨大社群，传统营销时代已经结束，消费社群被纳入商业模式，社群营销成为未来营销的方向。实际上，社群营销的关键在于"人"，尊重消费者的眼睛和嘴巴，勤与消费者沟通，让"活"的社群营销更有意义。

（二）都市报社群营销的策略举措

受众群体在新媒体环境下不断被分化成个性鲜明的独立个体，他们基于相同兴趣爱好重新组合，形成彼此之间具有某种链接关系的虚拟社会群体。应当说，社群营销已经成为一种目标精准、范围较大的快速有效营销模式。[1] 在社群关系中，受众看似是分散独立的个体，但是由于兴趣的相似而聚集在一起，这导致他们在内容选择和内容获取上有普遍存在的共性，如何满足受众需求成为社群营销的关键与核心所在。[2]

1. 借助都市报母媒，运营社群媒体维系受众关系

新京报社原社长戴自更曾在"2017 移动视频峰会"上介绍：《新京报》不仅只是一份日均发行量 4 万多的报纸，还有新闻客户端，2 700 万粉丝的官方微博，覆盖 3 500 多万用户的新闻矩阵，还有新京报网、拍者网等，这些加起来是上亿级的用户覆盖量。2018 年 10 月 31 日，新京报 App 正式上线，推进全员转型到客户端。

如何运营社群媒体呢？对于都市报而言，第一，可以借助社群媒体加强与受众之间的互动。在传统媒体时代，尽管报纸经营者想要与受众开展有效互动，却因为技术问题难以实现实时互动。而社群媒体的双向交流，让受众可以与报纸经营者随时随地沟通，既能获取新闻线索，又能掌握受众对于报纸的评价。比如，《都市快报》发起的"都市快报英语角"邀请在杭州居住的外国人和其他受众参加每一期的主题活动，并将此消息通过微博发布。它的另一个栏目"天下人物"在微博中讲述受众身边外国人的故事，吸引社群媒体用户关注都市报。第二，构建微信等社群关系。以往都市报的读者俱乐部因为交流的不便，未能真正发挥作用，微信的出现可弥补这方面不足。受众把自己感兴趣的新闻报道转发到朋友圈或是微信群，自发完成一次口碑营销。第三，运用社群媒体可及时、有效地开展危机公关。危机公关处理的 5S 原则中，速度（Speed）是关键的一个原则，

---

① 陈三玲. 社群经济视角下自媒体的营销策略［J］. 青年记者，2015（2）：86－87.
② 菲利普·科特勒. 营销管理［M］. 10 版. 梅汝和，梅清豪，周安柱，译. 北京：中国人民大学出版社，2001：78.

社群媒体的及时、开放、透明等特点，能够让都市报在出现危机时快速应对，将损害降到最低。

2. 重点运营微信公众号，增强品牌黏合度

新媒体环境下，拥有营销优势的微博、微信、QQ 等社交媒体成为企业或组织进行营销的绝佳平台。从影响力和传播效果来看，相比新闻门户网站、微博和新闻 App 来说，微信公众号"性价比"高，针对受众的传播率最大，对品牌延伸有很大好处。都市报在应对新媒体环境中积极开设微信公众号，根据 MBR 监测，在 2015 年 1 月至 11 月的微信平台上，125 家都市报微信号总发布新闻篇数为 13 万，总阅读量为 6 亿以上（单篇阅读量在 10 万以上的新闻未在统计范围内），总点赞数 364 万，总体覆盖的用户群最为广泛，阅读总量最多。

目前有"刺猬公社"等专门统计纸媒微信号的第三方机构，它主要运用微信传播指数 WCI 来评价各公众号的表现。微信传播指数 WCI 是指通过监测微信公众号推送文章的传播度、覆盖度及账号的成熟度和影响力来判断和反映微信整体热度和公众号的发展走势。2016 年 6 月 19— 25 日各都市报微信传播指数 WCI 的数据见表 4 – 2。

表 4 – 2　2016 年 6 月 19—25 日各都市报微信传播指数 WCI

报纸名	WCI 指数（点）	排名
《南方都市报》	1 128	广东地区第一
《都市快报》	1 129	浙江地区第一
《温州都市报》	1 096	浙江地区第五
《大河报》	977	河南地区第一
《江南都市报》	1 031	江西地区第一
《楚天都市报》	1 205	湖北地区第一
《每日新报》	941	天津地区第一
《城市快报》	876	天津地区第二

2017 年度全国媒体类微信公众号 100 强榜单中的都市报的 WCI 指数不一，《楚天都市报》为 1 239. 31，《江南都市报》为 1 136. 34，《都市快报》为 1 284. 48，《南方都市报》为 1 269. 50，《海峡都市报》为 1 085. 38，

《温州都市报》为 1 056.89。① 其中，《温州都市报》微信公众号于 2012 年 10 月上线，2016 年其微信公众号发布了题为"近 20 个景点串成一串，'古韵温州'分分钟带你玩转鹿城古迹名胜"的推文，以贴近老百姓的题材、创新的形式以及清晰的样式风格取得温州报业集团新媒体比赛冠军。2016 年，《温州都市报》纯新媒体经营收入约 1 000 万元，其中温都微信营收约为 700 万元。截至 2017 年 4 月 4 日，温都微信会员中心用户总数已达 85 239，转化率超过 10%，其中温州本地用户占 66.4%，外地用户占 33.6%。

都市报主要通过以下三个方面来加强微信公众号运营工作。一是强化与母媒体的互动。都市报的微信平台不是独立于母媒体存在，而是在一定程度上承担着联系受众和塑造都市报品牌形象的责任。都市报微信公众号主要通过多种渠道强化与母媒体的互动。比如，在母媒体上设置明显的二维码、推送从母媒体中精选的内容、受众在公众平台上的回复或提供的信息可被母媒体利用等。《楚天都市报》目前已拥有 2 万多名"微友"，每天有 100 多人通过微信爆料。二是注重主动推送的策略方法，一般比较重视推送时间与频率、内容定位以及表现形式等方面。《华西都市报》《南方都市报》《三湘都市报》等都市报微信平台在推送时间、频率和内容上，均从受众需求出发，既不打搅受众又满足受众信息需要。三是强化与受众的互动。《楚天都市报》开发"自定义回复"，推送阅读"自助大餐"，提供语音天气预报，频繁使用亲切的表情包和语气词拉近与受众的距离。另外，它还不定期开展微友会活动，如"DIY 风筝放飞梦想"。

3. 依托受众资源，以共同利益为中心创造性营销

都市报作为传统媒体重要代表媒介之一，往往拥有规模庞大的受众群。受众的兴趣和关注点常能引发受众和受众、受众和编辑间的交互和连接，他们往往以某篇报道、某个事件为引爆点，引发彼此间的共同兴趣而找到社会认同感。大部分受众社群是通过共同兴趣建立，因此，都市报要在版面设置和营销产品分类上做到条理清晰而相互联系。都市报往往根据突发事件和热点讨论来促进社群的成长和巩固，依照读者社群的分类和热点事件的走向来有针对性及创造性地对产品进行营销。②

---

① 2017 年度全国媒体类微信公号 100 强完整榜单 [EB/OL]. [2018 - 02 - 06]. https://www. sohu. com/a/221306562_ 778600.

② 李莲莲. 自媒体"罗辑思维"的社群营销模式探究 [J]. 新闻世界，2015 (6)：107 - 108.

都市报作为产品营销载体，需要多样化的引导方式高效迅速地使受众社群对产品或服务的关注和热情变现。首先，指示性引导。都市报利用激励机制对购买或转发营销产品的受众进行奖励，为社群做出指示性引导。再利用文化共识使受众社群对产品保持活跃和热情，常借助意见领袖的作用机制使社群营销活动更令人信服和更加高效。其次，活动引导。都市报要开展多样的线上线下营销活动刺激受众社群，借助热点事件增加受众品牌黏性。最后，规模化传播。当受众社群达到一定规模后，都市报制造一些具有社会影响力的事件，如慈善、公益等活动，将社群营销规模化和常态化，使其成为一种社会文化。这样对内能强化社群成员的身份共同体意识和荣誉感，对外能迅速吸引眼球，提高社会公众对营销产品的好感度，从而迅速将营销活动变现。①

三、整合营销

（一）整合营销对都市报品牌资产的重要意义

"整合营销"概念最初是以整合营销传播（Integrated Marketing Communication，简称 IMC）形式而出现。1991 年，美国市场营销学教授唐·舒尔茨提出了"整合营销"传播的新概念，认为它是一个"管理与提供给消费者或者潜在消费者的产品或服务有关的所有来源的信息的流程，以驱动消费者购买企业的产品或服务并保持消费者对企业产品、服务的忠诚度"。

整合营销对都市报品牌资产具有重要意义。整合营销倡导更加明确的受众导向理念，它是从"以传者为中心"到"以受众为中心"传播模式的战略转移。因此，都市报整合营销对都市报生存与发展具有重要指导意义和实用价值。一方面，达到广告传播和经济服务的效果。都市报以受众为中心综合协调各种传播形式重组采编和市场等行为，快速建立产品或服务与受众的关系，有效促进都市报广告传播和经济服务的实现。新媒体环境下，都市报以互联网传播理念和方法开展营销活动来延伸其品牌影响力和公信力，这成为都市报增强品牌资产的有效途径。另一方面，细分市场建立个性化品牌。没有任何一家都市报能完全占据市场，即使是发行量高和

---

① 赵国宁. 社群经济下传统媒体的多元化发展之路 ［J］. 今传媒，2015（8）：131－132.

阅读率高的都市报也需要市场细分和市场定位，在细分市场的基础上加强个性化品牌建设，毕竟模棱两可的价值品牌难以获得广告主和受众认可。因此，这就要求都市报要打破传统思想的局限性，从广告和分销为主要收入的营销模式全面升级到品牌整合战略营销模式。

（二）整合营销增强都市报品牌识别的途径

1. 搭建全立体化的媒介传播体系

李鹏认为，在网媒和移动新媒体大行其道的时代，媒体广告经营更应将单一的传播途径拓展成为多种媒体和渠道同频共振、同频共赢的整合营销体系。为给整合营销奠定渠道基础，《华西都市报》着力构建了以《华西都市报》为核心的全域化、全媒体化的华西传媒集群，立足于华西传媒集群的整体视野，强力实施"整合传播和整合营销"，实现传播平台的整合、规模信息的整合、优势资源的整合，培育"一个链条，N 次销售"的营销模式和营销合力，取得"1 + 1 > 2"的效果，实现最大的经济效益。[①]

在整合传播体系上，《华西都市报》（华西传媒集群 WMG）丰满了该体系，它是一个集纸质媒体、网络媒体、移动媒体、社区户外媒体、视听媒体、城市公众服务平台等多种媒介形态的全立体化传媒集群。其中，《华西都市报》《华西城市读本》《华西生活周报》《华西社区报》等构建起纸质传媒；华西移动阅读媒体、《华西都市报》微博、华西魔码共建移动媒体；华西都市网是网络媒体代表；FM 90.0 广播和《天府旅游》电视栏目是主要的视听媒体；社区户外电子屏是社区户外媒体主要形式；华西传媒呼叫中心 96111 是一个城市公众服务平台。这整个营销传播体系形成了以《华西都市报》"大众传播"为主，集群各平台"分众传播、分时传播、分域传播"为辅的全立体互动传播架构，有效整合了所有媒介资源。

目前，《新京报》全媒集群包括报纸、新京报网、拍者网、新京报新闻客户端、新京报数字版、新京报官方微博以及 30 多个新京报微信矩阵，还有"动新闻""有时""大燕网""我们视频"与"寻找中国创客"5 个"新京报 + 互联网"产品，它的原创内容平台已覆盖了约 3 000 万用户，实现了"货真价实"的全媒平台（见图 4 - 4）。新京报 App 已于 2018 年 10 月 31 日上线，成了媒体融合大潮中的现象级产品和具有全国影响力的原创内容生产平台。在渠道开拓上做到既"抖"又"快"，力推新闻内容的可

---

① 李鹏的访谈内容，访谈时间：2018 年 2 月 24 日；访谈方式：微信。

视化，全部门、全领域、全人员推进视频化，视频团队与内容团队实现无缝隙对接，其目标是在 2019 年挤进新闻客户端的头部阵容。

图 4-4 《新京报》全媒体原创内容生产平台[①]

同时具有代表性的还有《温州都市报》，它拥有《温州都市报》、温都网、掌上温州、温都猫、温都官方微博、微信、温都视频等集群，创新都市报与新媒体之间的互动和营销。2013 年下半年，原先只是单纯旅游资讯发布平台的温都旅游版面利用《温州都市报》全媒体平台，打造出一个连接线上线下的立体化、互通性、综合性的无障碍服务平台。而温州都市报全媒体中心主动介入线路运营，创建"温都专线"品牌，以品牌和品质来吸引消费者。

2. 构建品牌化的实践营销体系

都市报采用整合营销策略具体到落地为实践营销，包括广告营销、活

① 中广协报刊分会. 纸媒五朵花，为何活得体面有尊严［EB/OL］.（2017 - 06 - 24）
［2017 - 08 - 02］. http：//www. sohu. com/a/148890219_ 269536.

动营销和事件营销等，共同构成都市报品牌化的实践营销体系。

（1）广告营销。《华西都市报》自 2010 年来开始旨在推进市场化和公司化运作的新一轮广告经营模式创新，即以《华西都市报》为主导，以华希广告公司为创新经营平台，形成"一报一公司"的运营模式。这种模式以整合营销为抓手让《华西都市报》整体转型取得了显著效益，其广告经营收入在 2010 年、2011 年同比增长 32% 、24% 之后，2012 年继续保持稳定增长，广告总量超过 10 亿元，利润同比增长近 2 亿元。

（2）活动营销。活动营销是整合营销运用较为广泛的方式和利器。李鹏认为，为争得更多的市场蛋糕，传统媒体、互联网、新媒体在"跑马圈地"的过程中，越来越注重通过活动营销策动政经资源，聚拢受众线下注意力，发掘新商机和经济增长点。《华西都市报》每年主办、承办的大小活动 100 余个。在紧紧围绕《华西都市报》品牌的基础上，通过构建报社和部门层面的各种大中小型活动，有效拉动了经营。较有代表性的是报社打造的品牌活动 C21 论坛，以区域主流媒体的影响力，邀请到四川 21 个市州长、专家学者、企业领袖齐聚成都，共商四川城市发展的机遇与挑战。到 2017 年，C21 论坛已成功举办了八届。通过举办这样一场论坛，达到了整合党政资源、企业资源、政企融资平台、扩大品牌影响、提升经济效益的效果。①

（3）事件营销。事件营销因其非营利性、高度参与性等特点，适合都市报进行品牌传播，成为都市报与其他商业策划的区别所在。都市报可通过策划新闻报道进行营销，提高其公信力和美誉度以产生较大品牌资产，如《南方都市报》在 2012 年报道"托举哥"专题后，又策划出"平民英雄"的系列报道，传播温暖的正能量和宣传积极向上的精神面貌。这一大型报道超过 60 个版面，引起巨大社会反响，有力提升其在受众心目中的美誉度。而《海峡都市报》网站特设了"全民记者"版块，"微热图""微话题""微新闻""微调查"等栏目更让受众真正参与到新闻的制作中来。

综上所述，都市报要找准与受众沟通、满足受众诉求的关键点，提出因报制宜的解决方案。数字营销要依托都市报网站，搭建数字营销平台开展跨界营销活动；社群营销注重社群经济的崛起，本着细分受众—差异化内容—受众沟通的总体策略，借助都市报母媒，运营社群关系维系受众，重点运营微信公众号，增强品牌黏合度；整合营销要秉着差异化品牌的核

---

① 李鹏的访谈内容，访谈时间：2018 年 2 月 24 日；访谈方式：微信。

心，创建全立体化的媒介传播体系和品牌化的实践营销体系，策划事件营销，延伸都市报的品牌资产。这三种主要的营销方式要坚持以受众为核心，以数字营销为趋势，重点经营管理社群营销，综合整合营销各元素优势，各有侧重地解决都市报品牌营销传播中目标受众的诉求，主动提供具有深度和广度的及时信息，掌握受众反馈信息，传递品牌资产和增值品牌资产。

第五章 话语空间：都市报 ABBE 管理模型的含义向度

内容为王依旧是都市报业界的共识，新媒体只是媒体行业面对的背景。新媒体的优势是海量信息、快速传播和广泛互动，都市报本身所具有的内容深度则是新媒体难以企及的优势。让受众在短时间内运用新媒体获取最核心和最有价值的新闻和资讯，这是都市报参与生活形态的政治话语和打造主流意识以及树立起社会责任形象的有效路径，提升以品牌功效和品牌形象为维度的品牌含义，实现都市报品牌资产增值。

第一节 都市报品牌资产的含义向度

一、都市报品牌资产的功效与形象

（一）都市报的品牌功效

都市报本身所具有的品质是其品牌资产的核心，它决定受众消费都市报品牌的经历感受、受众从他人那里得知有关都市报的品牌消费信息以及所传播的产品和服务的信息内容。"无论产品是有形产品，还是个人或组织提供的服务，设计和提供能完全满足消费者需求和欲望的产品，是成功营销的先决条件。为了创建品牌忠诚和品牌共鸣，营销者必须确保消费者的产品体验至少符合其期望。"①

---

① 凯文·莱恩·凯勒. 战略品牌管理［M］. 3 版. 卢泰宏，吴水龙，译. 北京：中国人民大学出版社，2009：63.

品牌功效是产品或服务满足消费者功能性需求的程度。[①] 都市报品牌功效是超越都市报所有产品或服务组件本身的性能，其中还包含着它的品牌差异化维度。一般来说，都市报品牌难以克服其本身所携带的功效差的缺点，强势的都市报品牌定位有赖于优势的品牌功效。一般产品的品牌功效主要包括如下五类属性和利益：[②] ①主要成分及次要特色；②产品的可靠性、耐用性及服务便利性；③服务的效果、效率和情感；④风格与设计；⑤价格。

结合都市报的特点对这五类属性和利益进行分析，受众总会对都市报所包含的信息内容或服务种类等主要成分所具有的不同水平有一定信任，也会在一定程度上对信息内容所拥有的特色或对主要成分起补充作用的次要成分有好感。当然，都市报的信息传播产品的部分属性对都市报本身来说是主要成分，而对别的产品来说就是次要特色。

在受众眼中，都市报品牌功效具备哪些性能和作用？它们又能让受众产生什么联想？都市报的信息产品或服务的可靠性（Reliability）主要是反映受众长期购买的都市报信息产品或服务具有一致的功效；耐用性（Durability）主要是衡量都市报所附属的产品或服务的受损度和寿命长短；服务便利性（Service Convenience）主要是受众购买都市报产品或售后服务产品的便捷性。可见，影响都市报功效感知的因素包括：提供信息内容产品的响应速度、准确率和关注度、服务质量等多个方面。同时，受众购买都市报前后会产生服务的效果、效率、情感等联想。服务效果（Service Effectiveness）主要是都市报品牌能满足受众服务需求的程度；服务效率（Service Efficiency）主要是都市报产品或衍生品售前售后的响应速度；服务情感（Service Empathy）表明受众对服务的关注和信任程度。

此外，都市报品牌的定价策略也会让受众形成昂贵或廉价的联想。《南方都市报》创立之初一致决定在魏碑中集"南方都市报"五个字样，是因为魏碑所具备的朴质、深刻和有力的特征经得起时间考验，寄望这张报纸具有这种内在。[③] 同时它的标准报头为红底黄字，从艺术的眼光来审视有点下里巴人，但在求生存的时代，这个鲜艳报头解决的是零售报摊上

---

① 凯文·莱恩·凯勒. 战略品牌管理 ［M］.3 版. 卢泰宏，吴水龙，译. 北京：中国人民大学出版社，2009：63.

② CARVIN D A. Product quality：an important strategic weapon ［J］. Business horizons，1984：40－43.

③ 傅剑锋. 周报的身　日报的心 ［M］. 广州：南方日报出版社，2004：89.

的吸引力和差异化的视觉效果，其对比鲜明的色阶和字体边缘的力度至今依然是《南方都市报》最凸显的品牌符号。

（二）都市报的品牌形象

都市报的品牌形象是品牌含义的另一个次级维度，它是从一个抽象的角度去阐述都市报产品或服务的品牌外在属性，它是受众心理和社会需求得以满足的一种表现方式。品牌形象不像其他实物产品的形象一样具体可见，它更多侧重品牌用户形象、购买及使用情境、个性与价值和历史、传统及体验这四类无形元素，受众可通过自身经历直接形成品牌形象联想，也可通过广告、口碑等其他信息渠道间接形成品牌形象联想。

都市报品牌形象常会让受众对某些品牌历史或一些特定的重要事件产生品牌联想，这种品牌联想包括都市报记者编辑的往事经历或都市报报道、组织策划的重要事件等，品牌历史和品牌故事融入了受众的希望和梦想，成为容易激发受众品牌联想的符号形式，这些是都市报开展日常品牌资产管理的工作内容。

都市报的品牌形象不像其他产品一样触手可及，它是一个抽象的、非现实却来自现实的外在属性。都市报的品牌形象除了体现在受众形象、受众购买和使用情境以及价值历史等无形元素上，更多展现在品牌个性上。每一个都市报均有自我的多元化品牌个性特点。例如，有学者认为，《南方都市报》有着"仁""雅""乐"三个方面的受众品牌个性，[①] 在受众眼中，《南方都市报》的品牌个性呈现多样化，既有"平易近人"，又有"果断威严"，还有"动感时尚"以及"温馨乐观"等品牌个性，它从多角度来体现其"仁""雅""乐"的品牌个性，全面提升其良好的品牌形象，提升品牌含义。

二、都市报的品牌含义、品牌资产管理与话语空间的逻辑关系

都市报是以信息传播为主的媒体，话语空间是都市报的品牌建设基准点，话语空间的层次和深度决定都市报的品牌功效和品牌形象。同时，都市报良好的品牌形象和强大的品牌功效是其品牌含义的重要表征，深刻的品牌含义反过来强化都市报的话语空间，占据舆论制高点。新媒体的出现

---

① 刘超，喻国明．媒体品牌个性的实证研究——以《南方都市报》为例［J］．东岳论丛，2013（5）：119－124.

让传播情境、受众地位和公共话语空间产生了新变化和新特征，面对着新媒体的冲击，都市报开始做出改变，重塑品牌资产以此适应新媒体环境的发展要求。

1. 话语空间是品牌资产管理的含义向度

都市报区别于其他产品，它是以内容为王的带有意识形态的媒介载体，这要求都市报的主要经营场域是以舆论场域为主的话语空间，这个空间不同于一般物理空间，它强调的是如何在意识形态中生成和建构话语意义，以及利用话语的合法性与政治术语中的权力开展斗争。作为实践层面上的话语通过使用语言和言语让都市报受众共同拥有可以交流沟通的符号象征体系，都市报呈现在纸上的实际话语受到潜在的话语秩序规约，但是这些纸上的话语文本通过都市报的生产和阐释后与内置在受众头脑中的"元资源"开展互动交流，形成受众自身的价值观和信念等意识形态，构建出受众的现实意指并参与权力关系的制衡。

都市报的话语空间为受众提供了消费品牌的经历感受和信息资讯。都市报的有形信息产品、服务乃至都市报组织本身和都市报记者编辑能够满足受众的信息需求，这是都市报品牌营销成功的关键。都市报为了受众能在品牌消费上拥有品牌忠诚和品牌共鸣，将致力于话语空间和内容建设，确保受众的产品体验至少符合受众需求。受众会对都市报话语空间中传播的信息内容产品和服务表示出一定的情感，或信任或怀疑，这取决于都市报话语空间的深度和广度。都市报只有构建出受众喜爱的话语空间，让受众在空间场域里自由地表达意见和畅快地传达心声，给予受众舒适的体验，才能抓住受众的注意力和提升自身的影响力，实现品牌含义的真正功效和建立良好形象。

2. 品牌资产管理的含义向度可扩展都市报话语空间

都市报的品牌含义是都市报存在于话语空间的内容产品或服务满足受众信息需求和受众心理与社会需求的程度和表现方式，主要包含品牌功效和品牌形象两个次级维度。都市报的品牌含义厚度主要是通过都市报的话语可靠性、信息亲民性、服务便利性以及品牌历史和故事等角度予以体现。历经发展，都市报的信息传播开始实行差异化竞争，可靠性成为都市报信息传播的主要要求，它决定都市报话语空间的品质和形象，这是受众长期购买都市报产品或服务的必备条件。新媒体环境下，虚假信息充斥，都市报只有紧紧抓住品牌含义建设不放手，提供客观实在的可靠信息给受众，才能为今后进一步扩展话语空间奠定前期基础。

体验经济时代的到来要求都市报品牌要具备服务便利性的特点，都市报产品和衍生品要结合当今"互联网＋"的商务环境提供更为便捷的服务，提高都市报的信息内容响应速度、准确率、关注度以及服务质量，促使受众在消费都市报后能产生服务情感等方面的联想，增强受众对都市报的信任和关注度。

同时，品牌含义的厚度为都市报的文化内涵增加了底蕴，广大受众更为认可都市报的主流报品牌定位，更容易从强度、偏好性和独特性等维度上勾连与品牌功效或品牌形象有关的品牌联想，产生较为积极的品牌响应。得到受众青睐的都市报自然会产生一系列的利好，如广告量增加、社会影响扩大、受众忠诚度加强等，都市报的经济利益和社会价值才能得到彰显与实现，都市报的话语空间自然会随品牌资产的提升和话语权力的扩大而得到更深更广的拓展。

第二节　都市报品牌含义与话语分析框架

或许某一天由于传播方式和载体的改变，报纸会"死去"，但新闻永远不会死。对于一家媒体来说，最根本的还是优质、原创、权威、客观的内容，这是核心竞争力。毕竟，"受众是顽固的"[①]。《北京青年报》副总裁浮新才、《南方周末》副主编毛哲等业界精英认为，面对新媒体的冲击，传统媒体要发挥自身优势，尤其报纸要打好深度报道这张牌，占领舆论场的话语空间。

一、话语分析框架

话语（Discourse）是意义、隐喻和象征体系的一个网络，同意识形态相类似，话语致力于使现实呈现合法化状态。[②] 它是一个兼顾多种学科特点并被众多学术流派频繁使用和流传至今的学术名词。在学术领域，尤其是社会学和政治学里，"话语"的研究重点放在其意义是如何在不同意识

[①]　"受众是顽固的"，一词来自雷蒙德·鲍尔在 1964 年发表的《顽固的受众》一文："信息不是枪弹，它们也没有射向受众，而是放置在受众爱怎么处理就怎么处理的地方。受众能抵抗宣传，或另做解释，或用于自己的目的。受众是顽固的。"

[②]　刘涛. 环境传播［M］. 北京：北京大学出版社，2011：116.

形态的碰撞中被生产或建构出来，以及话语在取得"合法性"的过程中所体现的权力斗争关系。可见，话语是被主观建构出来的，"它所建构的、隐藏的无穷意义，总是被遍布于特定时空并且本身也经由不同话语而得以呈现的社会关系之结构所限定、所固定"①。本书从三个方面对话语进行分析：作为社会实践的话语、话语与意识形态、话语与权力，它们共同构成整个话语分析的相关框架。

（一）作为社会实践的话语

话语是一个具有丰富内涵的学术概念，不同学科领域甚至是同一个学科领域之间，对话语的解释也有分歧。著名学者费尔克拉夫将索绪尔的语言学观点和福柯的社会学观点相融合，明确指出话语是一种社会实践层面的语言。

按照索绪尔的语言学观点，话语被分割成语言（Language）和言语（Parole）两个体系，其中语言是相同语言使用者所共同拥有和认可的符号象征体系，它体现出社会规约性的特点；而言语则是个体的个体化使用，包括个体的听说读写等，它与社会性没有关联。索绪尔对话语的研究重点放在语言这个大系统之上，而对语言的实际使用方面，即言语的研究，则束之高阁。对于索绪尔的研究方法，费尔克拉夫持反对意见，他认为话语的研究重点应在于语言的使用，无论是社会性的还是个体性的，都会受到社会存在的制约，在这个意义上的语言使用，就是话语的使用。费尔克拉夫指出，实际话语（Actual Discourse）要受到潜在的话语规约（Conventions of Discourse）的制约，这种制约不同于索绪尔的语言统一和同质制约。

借助福柯的话语概念，费尔克拉夫将此规约看作能体现出不同意识形态和权力斗争关系的"话语秩序"（Order of Discourse）②。他指出：在一个被限定的话语顺序中，话语（Discourse）是如何被构建的（Structured），以及这些结构（Structures）是怎样随着时间的变动而改变，受制于社会组织或社会各阶层权力关系的变化。这些层面的权力包括控制话语次序的能力，这种控制具有意识形态性，以确保话语次序在内部（或在社会层面上）彼此意识形态的和谐化。③ 如在城市治理话语体系中，城管与小贩的

①　陈欣钢. 我国医疗改革的媒介话语生产［D］. 上海：复旦大学，2012：35.

②　诺曼·费尔克拉夫. 话语与社会变迁［M］. 殷晓蓉，译. 北京：华夏出版社，2003：105.

③　诺曼·费尔克拉夫. 话语与社会变迁［M］. 殷晓蓉，译. 北京：华夏出版社，2003：107.

关系由先前城管主导型转变为二者协商型的趋势，不仅体现在话语结构的变化上，而且反映在二者权力关系的变化趋势上。

费尔克拉夫的"话语次序"概念受到福柯话语观念的较大影响，福柯在考古学和谱系学著作中提出话语思想。费尔克拉夫认为福柯的话语思想中存在不足，如福柯缺乏具体文本分析、忽视对权力抵抗的研究等。对福柯的话语思想进行批判性吸纳后，费尔克拉夫提出"作为社会实践"的话语思想所具有的三个鲜明特征：

（1）语言并非外在于社会，而是整个社会系统的一部分。语言与社会并非两个相互独立的个体，它们呈现出一种互为内在性以及辩证性的关系：语言是一种特制的社会呈现，而部分社会呈现也是语言现象。

（2）语言的使用是一种社会过程。费尔克拉夫将语言分为话语和文本两部分，其中话语等同于社会交往过程，包括生产过程和阐释过程，而文本是生产过程中的产品，是阐释的对象。话语分析理所当然地包含着文本分析，无论是在生产过程中还是阐释过程中，生产者和阐释者都需要与内置于他们头脑中的"元资源"进行互动，"元资源"是储存在人脑中的认知原型，包含语言知识、他们生活的自然和社会世界、价值观、信念等。①

（3）语言的产生和阐释受到非语言性的社会存在的制约。非语言的社会存在包括话语产生的背景、社会机构以及作为系统的社会三个不同层次的组织结构。它们共同打造了文本生产者和阐释者的"元资源"，赋予其常识性对文本的生产和阐释产生影响，这间接地反映出语言、权力和意识形态之间的相互关系。

（二）话语与意识形态

话语分析最重要的目的是要对话语本身与其潜在的意识形态之间的关系进行一番分析查看。然而，作为一个抽象词汇，意识形态的内涵却十分丰富，难以把握。法兰克福学派的弗洛姆认为意识形态是一个负面词汇，它有两个作用：一是创造并传播各种幻想使人沉浸于此；二是把现实的存在带入无意识的领域之中，阻碍人们去发现现实。而葛兰西则对此持相反态度，他认为意识形态是一个中性词汇，既是一种话语体系，又是一种世界观。

---

① 熊伟. 跨文化传播的话语偏见研究：批评性话语分析路径［D］. 武汉：武汉大学，2010：76.

1. 意识形态是话语的建构

话语分析理论认为，在相同的语言体系中，特定的话语文本反映了特定的意识形态。在话语分析者眼中，意识形态是一个不掺杂任何感情色彩的中性词汇。其中，话语分析学者福勒就反对将意识形态看作某种负面的词汇，他认为，"在某种程度上，所有的理论都是歪曲的，如果一个人想要贬义地使用'意识形态'，他最好将其运用在那些未经检验和自我批评、惯例性的对世界的表征上，而不是给世界冠上一个虚假的无名"①。福勒认为，由于使用情境和使用目的受到不同程度制约，不同的语言体系或语言使用方法具有不同的意识形态意义。

费尔克拉夫认为，意识形态是"现实（物理世界、社会关系、社会身份）的意指和建构，这些意指和建构又被构建进话语实践的形式或意义的各个层面中，以助于统治关系的生产、再生产或转变"②。以此理解为基础，费尔克拉夫概括出意识形态与语言关系的三个主张：第一，在不同组织实践中有一种物质的存在，它为研究作为意识形态的话语实践指明了路径方法；第二，意识形态"质询主体"，即语言学家在话语中忽略的更有意义的"意识形态影响"之一，就是主体的建构；第三，"意识形态国家机制"（诸如教育和媒介这样的机构）在阶级中既是场地又是利害关系所在，这表明在话语的斗争里，关于话语的斗争是以意识形态为方向的话语分析的一个侧重点。③

2. 社会的 IDF 系统

费尔克拉夫有关话语与意识形态的理论受到阿尔都塞的影响，他在吸收阿尔都塞的思想之后，得到自己的创新和发挥。他认为，社会系统包含无数个"意识形态·话语结构"（简称 IDF），每个 IDF 就是一个独立的"语言社区"，分别与不同的制度群体相对应。群体中的主体依照 IDF 的规范建构起属于自己的主体位置，但它本身对此没有察觉，出于主体地位的 IDF 具有"自然化"意识形态的能力，使之变成一种貌似非意识形态的常识而被群体接受。在该话语体系之中，通过各种隐秘策略所表现出来的"自然化""常识性"的意识形态无处不在，但无法被察觉出来，其隐蔽性越强威力则越

---

① 于晓伟. 从批评话语分析的角度分析中美媒体意识形态的差异［D］. 青岛：中国海洋大学，2008：89.

② 杨丽华，林纾. 翻译研究——基于费尔克拉夫话语分析框架［J］. 宁夏大学学报（人文社会科学版），2011，33（2）：183 – 186.

③ 诺曼·费尔克拉夫. 话语与社会变迁［M］. 殷晓蓉，译. 北京：华夏出版社，2003：43.

大。因此，无论是话语还是文本，它们的各个方面都包含着意识形态的踪影，如词汇意义、隐喻、修辞、礼貌规则、文本风格等。

（三）话语与权力

1. 话语与权力的勾连

在话语分析理论中，福柯的权力思想影响着大部分的话语与权力之间的关系。福柯认为，有权力的地方就有话语，话语的运作受到权力的支配。福柯对影响话语内部和外部的因素均有关注，并分析出话语生产的被控制性和话语本身的物质性特点。他指出，每一个社会体系中，程序的存在控制着话语产出、选择和分配的方式，"这些程序的作用是防止它的权力和危险，获得对它的偶然事件的支配，躲避它的沉重的可怕的物质性"①。福柯尤其重视话语和权力斗争二者之间的关系，"话语不仅仅是改变统治斗争或系统的东西，它还是这样的——斗争因为它、借助它而存在，话语就是要被夺取的权力"②。

语言并没有充当着反映客观世界的媒介作用，语言的使用中总是蕴含着某种意识形态的影子，总是服务于某种特定的权力关系。语言和意识形态相互勾连在一起，对建构、维护或瓦解社会中的权力关系起到一定的辅助作用，可见，权力是话语运用的支配性力量，语言作为意识形态和权力关系的外在表现成为各阶级、各利益集团竞相争夺的符号资本。

2. 话语本身的权力与话语背后的权力

福柯关于话语的思想使得话语研究从单纯的语言层面的研究上升到整个宏观层面的社会网络的研究。话语分析将语言层面和社会网络层面的研究结合起来，认为权力关系是通过话语的协商建构起来的，该权力关系体现在两个方面：话语本身的权力和话语背后的权力。

话语本身的权力是指在话语交往的过程中处于权力优势地位的人对处于权力弱势地位的参与者的种种限制及约束。这些限制及约束包括：内容（说什么），关系（参与者的社会关系），主体（参与者所占据的"主体位置"）。权力关系经由权力优势者对谈话内容的把控、二者关系的强弱以及主体地位的确立而直接地反映在话语之中，但话语本身的权力关系往往是话语背后的权力斗争的结果。话语背后的权力对话语的控制和制约是长久

---

① 诺曼·费尔克拉夫. 话语与社会变迁 [M]. 殷晓蓉，译. 北京：华夏出版社，2003：48.
② 诺曼·费尔克拉夫. 话语与社会变迁 [M]. 殷晓蓉，译. 北京：华夏出版社，2003：49.

性的、结构性的，深深受到政治、经济与文化等多种因素的制约。

话语一般是嵌入在文本之中，通过文本的呈现而进行意义表达。英国传播学者大卫·莫雷把话语视为一种多层次的文本，一种具有互文性和多义性特征的"激活的文本"，与"作者式文本"不同。在文本的呈现过程之中，话语是有意义的。美国大众文化研究和媒介研究领域重要的传播学者约翰·菲斯克对话语的意义的生产和受众对意义的理解显得特别重视。菲斯克认为，意义的生产是一场话语的建构和阐释的抗争，它是在与社会大众的互动过程中产生的。[①] 由于话语意义不具有稳定的特征，是不同权力相抗争的结果，因此权力上层的话语意义总是会受到来自下层的挑战。在菲斯克眼中，新闻是从社会互动中制造意义从而建构话语控制的一种尝试。在这种尝试之中，受众所采取的唯一抵抗方式就是"只把这些形象作为能指，即新闻事件的表面来接收，而拒绝它的所指，即隐含于事件中的试图控制事件的意义"[②]。

根据菲斯克的研究，假如一种媒介话语与受众阐释他们社会体验的方式相一致或在某种社会体验上产生共鸣，那么该媒介话语就会流行起来。而一种话语想要获得受众认可，其蕴含的意义就必须是受众理解他们自身的社会体验所使用的话语，只有当意义成为受众理解现实的信赖途径时，媒介话语才能得到受众的支持而非抵抗。

二、新媒体环境下都市报的公共话语空间

（一）新媒体环境下公共话语空间的拓展变化

与传统媒体相比，新媒体有自身的独特属性，如传播内容的碎片化、传播主体的草根化以及传播模式的交互性等，这些属性特征极大地拓展了公共话语空间在传播内容、传播渠道等方面的影响力。

1. 参与主体的拓展

在传统媒体时代，公共话语空间的参与主体往往是某一种单一媒体，而新媒体的出现降低了技术门槛，只要拥有一台电脑、一部手机或者其他移动终端设备，任何人都能进行跨时空的大范围的信息发布和获取。如此

---

① 胡疆锋，陆道夫．文本、受众、体验——约翰·菲斯克媒介文化理论关键词解读［J］．学术论坛，2009，32（3）：79－84．
② 约翰·菲斯克．解读大众文化［M］．杨全强，译．南京：南京大学出版社，2006：90－93．

一来，传统媒体的"把关人"角色在公众日渐频繁参与之下正在渐渐弱化，无论是企业还是媒介，甚至是政府，"把关人"丧失了对信息传播内容的绝对控制权力，公众成为信息的生产和传播主体，越来越多的普通公民都可在新媒体舞台上获得更大的话语表达空间。新媒体在扩充公共话语空间参与群体的同时，也唤醒了普通公众的公共意识，提升其对自己群体身份的认同。反之，群体身份的认同感又在主体层面上延伸至公共话语的表达空间。

目前有说法称纸媒的影响力在下滑，这种观点不完全准确。任天阳认为，《南方都市报》在某些领域的影响力还在提高。虽然都市报的纸媒形态发行量在下降，看报纸的人少了，并不代表生产内容的消费者少了，这不是同一个概念。它只能说明阅读都市报的人少了，但是消费都市报生产信息的人多了。以往都市报的发行量充其量一百多万，按照1∶7的报纸传阅率，报纸的阅读量也不高，但是现在新媒体形态的都市报的传阅量高达过亿，有些微信公众号推文点击量常有十多万或百万以上，这在传统都市报年代是难以想象的，这是都市报在新媒体时代品牌影响力扩大的有力说明。①

以往单一的以报纸广告为驱动，受都市报移动平台增加的影响，都市报的话语空间在扩大，这就是纸媒发行量在下滑，但品牌资产在增加的原因。《南方都市报》的内容生产能力没有被削弱反而增强了，2014年来，《南方都市报》的改革，是基于《南方都市报》处于高位运营状态，重建内容生产结构，紧跟社会关注热点问题，生产能力不断得到提升。比如近年来做的高考替考、个人信息保护等系列报道，这彰显都市报在新媒体格局下深度报道的能力和内容生产的能力不断地得到提高。

2. 对话内容的拓展

传统媒体由于受到意识形态、媒介定位以及社会责任的束缚，所报道的内容并非整个事件本身，而是对事件进行筛选后，按照符合自身利益的方式进行报道，报道范围大大受到限制，但新媒体的出现改变了这一情况。互联网存储的海量信息涵盖社会领域的方方面面，扩大了在话语空间中流通的内容，公众的不同意见和多元思想在新的媒介空间中被统一呈现，使他们自己的观点能够被自由表达。这种冲破阶层壁垒限制的自由表达使得新媒体被赋予了民主、自由的属性特征，公众的声音传递和意见表

---

① 任天阳的访谈内容，访谈时间：2018年1月25日；访谈地点：广州市南方传媒集团。

达便有着更大的自主性，导致公共话语空间的对话内容被广泛拓展，甚至触及传统媒体不会轻易触及的政治权力领域等更为敏感的话题。

范以锦认为，都市报的公共话语空间在新媒体环境下发生较大变化，有一些政府要解决的问题、老百姓关注的热点问题，比如电信诈骗、食品安全等，都市报还是可以有所作为，《南方都市报》等都市报一直在努力做，而且做得十分专业。都市报的话语主要依托专业记者的挖掘，传统媒体的有些记者挖得很深，然后通过与新媒体的连接互动发布，扩大其影响力。但是在新媒体冲击下，都市报的公共话语空间要重构，跟进用户的反馈意见，不断进行调整补充和跟进，过去主要从记者本身出发的主观考虑更多，现在会根据用户提出的系列问题进行回答和分析跟进。公共话语空间会提升品牌资产的无形资产，都市报的内容影响力较大，通过内容进行发声，体现出它的社会价值，但是要将无形资产转换成有形资产还是有一定难度。如果都市报作为媒体都不能发声了，那么其无形资产也就没有了。[1]

3. 对话渠道的拓展

与其说新媒体的出现和发展带来技术的变革，不如说它使得公共话语空间发生了改变。传统媒体凭借其垄断地位传播重复性内容来吸引受众注意力，新媒体传播形态则多种多样，受众摆脱了被动接受信息的角色，而是兼具信息传播者和接收者的双重身份，对话方式也不再局限于传统媒体时代的图片、文字、影像等，而是增加了一些具有新媒体特性的对话方式，如视频、音频、动画等。新媒体所产生的技术性变革，丰富了公共话语空间的对话形式，话语权从集权性的中心进行扩散式传播，分散到广大普通民众中变为分散式的传播。[2]

杨德锋认为，如今，年轻人连电视都不太爱看，传统媒体说教式的报道方式和逻辑与受众的信息需求不匹配，导致受众远离了传统媒体。同时，新媒体时代，受众也可成为采编主体，当新媒体所展现的真相与事实不一致时，此时都市报的专业性得以彰显，都市报可以充分利用其采编权深入政府部门或者新闻事实现场，还原事实真相，突破信息传播空间，占据有利于老百姓的话语空间，替老百姓发声。当然，都市报的市场并不是一个完全化的市场，也不能完全任意表达意见。实际上，都市报是政府和

国家的一种宣传载体，其创收应该不差，生存也不成问题。目前都市报常以报系形态生存发展，比如，"南都报系""风尚周报""奥一网"等，南都报系可加大不涉及新闻报道或政治新闻的报纸期刊网络等经营，避开意识形态管控，这对都市报的品牌资产增值的实现有一定好处。①

（二）都市报舆论格局的变化：双重话语空间出现

随着互联网技术的飞速发展，新的媒介形式开始进入传媒领域，微博、微信、移动客户端等新媒体形式不断完善和飞速发展，都市报的舆论环境、受众身份以及公共话语空间均发生了一系列变化，这倒逼着都市报本身要做出全面的调整和改变。

改革开放以来，得益于新媒体技术的迅速发展以及经济实力的快速提升，公众的言论自由度得到大幅提升。作为公众舆论的代言人——都市报的出现和风行更是建构了一个民间舆论场。媒介的话语空间出现了以党报为主的官方话语空间和以都市报为主的民间话语空间相共存的空间格局。

双重话语空间的突出特点之一，表现在官方话语空间高度统一，民间话语空间相对分散。官方话语空间的一致性体现在每逢出现重大社会事件或召开重要会议时，以《人民日报》为主的各级党报所构成的官方话语空间步调一致，民间话语空间则体现了分散性特征。以"反对圆明园铺设防渗膜议题"②为例，在报道基调上，有支持的、反对的、漠不关心的、理性分析的、激进主义的；在地域上，关注该事件的媒体所处的区域也呈现出全国分散的特点，降低了都市报民间话语空间的力量。

如今，以党报等主流媒体为代表的官方话语空间仍旧占据着压倒性优势。2005年"圆明园事件"发生后，党报的典型代表——《人民日报》发表14篇报道和评论，主要引用各级政府官员作为信息源，采用"信任政府"和"环境正义"的框架来报道此事件；而都市报，以《新京报》为主要代表，共发表报道和评论26篇，主要引用反对工程建设的专家学者和NGO人士为信息源，使用了"民族正义"和"程序正义"的框架来报道该事件。虽然都市报的报道数量占优势，但是由于党报的强大宣传力量

---

① 杨德锋的访谈内容，访谈时间：2018年1月23日；访谈地点：广州市暨南大学管理学院。

② 2005年3月，兰州大学生命科学院专门从事生态学和中国古典园林研究的客座教授张正春发现圆明园有工人正在湖底铺防渗膜。张正春认为，这种做法破坏了圆明园的整体生态系统。为此他开始四处奔走以引起媒体广泛报道，最终使得该工程被公之于众，之后更多的专家和NGO人士参与其中，共同推动工程停建，导致了轰动全国的"圆明园事件"。

以及与远离该地域的都市报的失声，使得官方话语空间仍旧占据了压倒性优势，党报和都市报对该事件的报道呈现出不同的话语特点（见表5－1）。

表5－1 党报和都市报对"圆明园事件"报道的话语特点

媒体	消息源	框架使用	报道面向	报道风格
党报代表：《人民日报》	以政府官员为主体，少量学者等民间信息	"信任政府""环境正义"	环境教育、环境政策	立场保守注重宣传
都市报代表：《新京报》	反对工程的社会精英	"民族正义""程序正义"	强调议题背后利益关系，以及工程在程序上的不正当	煽情取向

尽管如此，民间话语空间的独特优势还是拥有巨大的发展潜力。与僵硬的官方话语相比，都市报的报道与民众生活息息相关，媒介话语呈现出鲜活有趣的特点，得到了民众支持，民众除主动接受都市报信息外，还会对信息进行自主加工和传递，这使得都市报的信息传播质量大为提高，传播效果也更加高效优质。

（三）新媒体环境下公共话语空间的特征

费尔克拉夫从社会实践、意识形态、权力关系三个维度阐释了话语分析框架，新媒体环境下，具体到都市报的实际运用，都市报的公共话语空间既具有话语三个维度的特点，也带有鲜明的媒介特征。

1. 草根性和匿名性

新媒体改变了都市报公共话语空间的内在属性，使其衍生出一些新的时代特征，其中最显著的属性特征就是平等性和互动性，这就意味着话语权不再被都市报少数的采编人员所掌握，任何一个都市报受众个体都能够自由地进行信息发布和话语表达。在由新媒体建构的都市报公共话语空间中，由于参与主体得到了拓展，其自身携带的草根性和匿名性的特点也随之呈现出来。

理论上，任何都市报受众个体只要有电脑或者手机就能随时随地地在互联网里进行信息发布、意见表达以及与他人互动，当互动的受众个体越来越多时，这些个体就会上升为一个受众群体，围绕某个新闻事件开展集体行动，而最初创建该话题的人，则可能引导群体的话语走向，"草根平民"逐渐成为互联网空间中舆论引导的重要力量。这种身份的转变使得传统媒体时代自上而下的传播模式得到彻底颠覆，传播方向由一级变成多级，公共话语的参与主体也相应地拓展到具有草根色彩的普通大众。此外，受众在新媒体上参与话题讨论一般以匿名的方式进行，隐藏自己的现实真实身份，这在带来意见表达的安全性的同时，也能将在现实生活里不敢表达的想法通过新媒体平台表达出来，使得对话交流更加不受束缚和随心所欲。

2. 虚拟性和互动性

受益于技术优势，新媒体建构有一个超越时空的虚拟对话平台。于是，都市报受众在进行公共讨论时不再受到线下具体地点的限制，而是可以在没有位置属性的微博、微信等虚拟空间进行，这种对话空间的虚拟性拓展了对话内容和对话时空。

空间的互动性是在公共话语空间的对话中，参与双方进行的意见交流和交换，通过对某个话题的相互探讨达成某种共识。这个互动过程中没有哪一种观点可占据垄断地位，而是双方各抒己见，最终在交流讨论中达成相互认可。新媒体环境下都市报受众在公共话语空间的对话方式是互动平等的，受众个体可同时担当传者和受者的双重角色，使得整个对话成为一个无限延伸的过程，对公共意见的扩散起到强化作用，提升了公共话语空间的有效性和活跃度。

3. 公共性和对话性

公共性的含义抽象，没有具体的意向所指，其意义在不同的场合变化很大，但在"公共性"之上建构起来的公共空间，却展现了公共领域的基本属性特征：多元化、公开化以及合法化。都市报在打造公共空间上具有强大的延伸力，它可借助现代网络技术在以前参与不到的公共空间上甚至在非公共空间里发挥作用，其新闻产品是为大多数受众无法参与到公共空间对话的个体所生产，从这个意义上讲，都市报具有较强大的建构公共性的能力，它会深刻影响个体与个体之间的社会关系、利益分配等。

对话是由具有平等关系的多个个体聚集在一个共享空间中的，以平等协商、自由表达的方式，对某个话题进行谈论，最终达成共识。对话关系中，任何一个个体都没有权力对话语权进行霸占或垄断。同时，任何一种话语都无法完整地反映整个话题的真实性以满足人们的认知需求，导致公共空间的话语呈现多元、互补的特征。尽管都市报具有公共论坛属性，但在数量众多的话语表达中，受众由于阶层属性上的差异性，他们的声音难以被上层社会听到，即使是与公众生活紧密相关的民生话题，专家学者、政府官员等依旧是表达权和话语权的控制者。因此，由都市报建构的公共话语空间中的对话存在不对称现象，导致话题的主体缺失以及进入空间的话语呈现单一模式化的特性。

（四）新媒体环境下公共话语空间重构的背景和意义

当今我国正处于社会转型关键时期，市场经济不断发展和完善，文化形式和内容的多元化发展使得公民意识不断增强，奠定了公共话语空间发展的社会基础。新媒体环境下，都市报的话语空间发生巨大变化，重构新的话语空间不是一件简单的事情，因此有必要分析都市报话语空间重构的背景和意义。

1. 历史背景

任天阳认为，新媒体时代重构都市报的话语空间具有重大现实意义，可从都市报发展简史角度来理解，因为都市报是我国报业发展史上一个特殊现象。我国报业在改革开放 40 年呈现出迭代的发展态势，简单来说，报纸主要经历了四个里程碑：[1]

（1）1978—1988 年是党报鼎盛发展时期。党报在宣传党的改革开放政策时发挥着重要作用，正如杨兴锋老社长所说，在党的十一届三中全会后，广东农民下地劳动时，锄头上会绑一张《南方日报》，上面有"分田到户、责任到人"的报道和评论，用以应付某些村干部的反对行为。

（2）1988—1995 年是晚报的昌盛时期。包括全国的三大晚报：《羊城晚报》《新民晚报》和《北京晚报》。晚报崛起的原因主要是，中国改革开放从农村开始，到了 20 世纪 80 年代中后期，中国改革已经进入城市为主体的改革，城市居民对信息需求和文化需求在不断加大，刚好晚报是一份进入千万市民家庭的报纸，其服务性、趣味性和可读性可满足城市居民的精神追求，符合中国改革开放的大社会背景。

（3）1995—2010 年是都市报崛起和巅峰时期。包括《南方都市报》《华西都市报》等，在广州、成都等省会城市均有都市报诞生。当时都市报有的是省级党报创办，有的是由其他媒体创办。1995—2010 年是都市报

---

[1]　任天阳的访谈内容，访谈时间：2018 年 1 月 25 日；访谈地点：广州市南方传媒集团。

发展的巅峰时期，一方面主要与它的亲民性和舆论监督力度分不开，几乎每家都市报都是靠批评报道起家，每增加一个批评报道就会增加几万份的发行量，这是都市报发展模式之一；另一方面是这个时间段里中国中产阶级崛起，部分国家体制之外的民众通过自我努力拥有了一定社会财富和社会地位，但是他们的政治利益诉求缺乏载体和平台体现，都市报就成了这部分人甚至社会底层人的代言人和政治诉求呼吁者，这是都市报做得风生水起的重要背景原因。

（4）2010 年以后。都市报受新媒体冲击，其话语方式和用户都在发生转移，从纸质媒体转到网络媒体，从线下媒体转到线上媒体，这不仅只是都市报类报纸受到新媒体影响，党报也受到不同程度的影响。这个阶段主要是介质的变化导致品牌资产受到影响。

前面三个里程碑阶段主要是社会的政治经济文化发展的不同阶段导致的变化。新媒体环境下，都市报的话语空间并没有收窄，而是分散了，这是都市报话语空间的独特之处。针对个人信息保护、数据资产法律归属等社会热点问题，《南方都市报》进行议题设置，开展话语引领和舆论监督，推动个人信息保护宣传，在社会上引起了较大反响。作为专业内容生产机构的都市报在移动媒体的影响下，其核心还是在于议题设置，只要注重内容生产的品牌含义建设，坚持建设性与批判性相统一，因时而变，坚守新闻专业主义和批判精神，满足民间期待，话语空间还是很大，尤其是要加强都市报高端化的话语空间，改变话语方式，扩大受众或用户的影响。

2. 现实背景

如今，我国处于社会转型的关键时期，不断完善的市场经济、较为宽松的政治环境以及多元并存的文化形态使得都市报受众的利益诉求更高，他们更加关注与自身利益相关的话题，发声的意愿大大提高，这导致公共话语的表达成为一种普遍的社会诉求，公共话语空间的建构被提上社会议程。从现实情况看，都市报话语空间建构的现实背景可从三个方面来分析：

（1）扩展的言论空间。改革开放以来，国家的政治体制改革稳步推进，公民的言论空间也逐渐扩大，民族意识增强，对社会事件的关注度也日益提升，这致使政府越来越重视民意，从而反过来推进了政治民主化进程，赋予了都市报受众可得到更多与自身利益相关的社会决策权利，让受众的"知情权"和"话语权"这两项基本权利得到保障。因此，能够提供全方位信息的都市报对于受众来说显得尤其重要，都市报的受众开始要求都市报为他们构筑一个能够进行充分自由表达的公共话语空间。

（2）盛行的消费主义。公众权利的不断增加开始吸引媒介的关注，媒介的消费主义随文化消费主义而盛行起来。从消费角度看，如果想在竞争激烈的市场环境中增值品牌资产，都市报必须长久持续关注受众需求，通过给予受众更多的参与感和话语表达的权利来满足受众在消费社会中渐渐壮大的心理诉求，强化他们对都市报品牌的认可度和忠诚度，为受众下一次媒介消费做好铺垫。

（3）公民身份的自我认同。与经济和政治体制改革的进程相一致，民众的思想意识在一定程度上得以革新，对自身身份的认知层面逐渐转移到公民身份。在民主化氛围越来越浓厚的社会中，都市报受众任何一个个体身份都会被认可为公民身份，经由都市报所打造的公共话语空间才有存在的可能。公民认为近距离接近公民的都市报必须承担起相应的社会责任，成为代表公众利益的社会公器，同时要接受公民监督才能确保都市报在正确的轨道上前进。倘若都市报受到经济或政治等不正当利益的诱惑而偏离正确方向，公众有权利对其进行制止和纠正。

3. 现实意义

都市报建构公共话语空间具有较大的现实意义，主要在于以下三个方面：

（1）都市报对公共话语空间的重新建构，完全可以促进公众个体之间、公众与政府之间就某个社会问题达成共识和合作，为公众和政府的互动搭建新桥梁。

（2）推进社会民主化的进程。传媒的监督功能已成为现代民主社会中不可缺少的重要因素，不少社会学者认为，新闻、公共领域与民主三者具有非常紧密的互补关系。都市报重构公共话语空间是为公众的自我表达提供参政议政的平台，并通过话语平台来实现民主对话和民主协商，有利于建立现代化民主制度和推动社会民主进程。

（3）促进社会和谐。我国社会处于转型的关键时期，经济快速发展带来利益的重新分配，社会生产多样性带来思想意识的多元化发展，各种社会矛盾激化，如何化解矛盾和建设和谐社会成为当务之急。经都市报重新建构后的公共话语空间可帮助公众获取多元信息资源，为各个领域的改革扫除思想和意见障碍并推动和谐社会的建设。

第三节　新媒体环境下都市报品牌资产管理含义向度建构路径

品牌资产管理的内涵向度实际上指的是品牌含义，它包含着品牌功效和品牌形象两个次级维度，根据都市报的话语属性特点，都市报要加强品牌资产管理内涵向度的建设，重要的是寻求到都市报品牌资产管理含义向度的三条主要建构途径：一是走高端化路线，打造主流意识形态；二是介入都市受众日常生活政治，使话语空间建设常态化；三是以伦理化视角承担社会责任，促进社会进步，提升品牌资产内涵。

一、高端化：打造主流意识形态

一般来说，我国传统报纸可分为主流和非主流两类，两者的区别主要在于三个方面：一是管理体系。主流报纸主要属于党和政府相关宣传部门直接管理，其编制属性、重要人事安排以及宣传报道等方面接受党和政府的监督和管理，一般是指"党报党刊"；而非主流报纸主要是主流报纸之外的专业报和生活报等，一般为党和政府或者相关组织团体下属部门办的报业单位。二是报道内容。主流报纸在报道内容上一般以党和政府的政策宣传为主，报道典型人物和典型事迹；非主流报纸的报道内容则是追踪社会热点，反映社会民生及行业动向。三是版面大小。主流报纸常采用对开大版式，版面排列正式严肃；而非主流报纸则为四开小版式多见，版面排列轻松活泼。因此，业界常称主流报纸为"大报"，称非主流报纸为"小报"。

20世纪90年代前，主流报纸和非主流报纸之间泾渭分明，都市报的出现改变了这种局面。都市报的办报思路独特、市场定位精确、版式排列新颖、报道内容多视角，这些与民众生活息息相关的因素使都市报广受都市受众欢迎，短时间内都市报影响力赶超之前的非主流报纸并挑战了主流报纸的主导地位。随着新媒体席卷而来，都市报风光不再，新媒体对新闻事件关注的超快速度、广泛影响力以及对事件展示形式的多维度特性，使得受众的目光渐渐地由都市报转移到新媒体当中。因此，新媒体环境下都市报重新打造主流意识形态，成为其重塑品牌资产的首要应对之举。从话语空间角度看，都市报主流意识形态的重构举措主要表现在三个方面：

（一）话语内容侧重时政报道

创办早期，不少都市报为争夺受众眼球而热衷于报道凶杀、灾难、绯闻等以"血""腥""色"为特征的社会新闻、血腥新闻和娱乐新闻。长此以往，不仅降低了报纸品位还流失了一批高素质的受众人群。当转型到主流报后，都市报逐渐重塑主流意识和偏重报道主旋律新闻，突出宣传典型人物和典型事迹，实现了报道内容趣味性与新闻性、严肃性与活泼性、典型性与一般性的统一。

都市报积极参与到时政报道中来以期在主流意识形态占据一定的话语权。时政报道主要报道的是国家政治生活中正在发生或即将发生的报道，现在时政报道的内涵发生了扩张现象，新形势下，事关社会进程的新成就、新问题、新现象都是时政新闻。目前，都市报转型要借助时政报道创造新优势，从原有的低俗品牌形象中解放出来。同时，为了避免同质化现象，都市报与党报党刊报道时政新闻实行差异化竞争，以平民化视角给时政新闻在现实生活中找到"点"和以看得见的事实来支撑报道。例如，《扬州时报》在报道 ECFA 签订的重大新闻时，从台湾农产品零关税进入大陆后对扬州市民生产生活的影响出发，写出了《"石斑鱼"有望台湾直供，价格更便宜》《下半年，台湾水果将降价登陆扬城》等报道，让时政新闻找准了与本地民众生活的结合点，以小见大显出社会主流意识形态。"生产优质内容的媒体正在回归，优质内容的价值将逐步凸显。"[①] 2018 年，《新京报》日均图文报道量稳定在 400 篇左右，重大新闻现场采访从未缺席。比如，在"泰国普吉岛沉船事件"中，《新京报》是第一个抵达事发现场的中国媒体，在半个多月时间里，用 4 场直播、20 条短视频，形成了 1.55 亿的网络流量。《新京报》"我们视频"项目日均产量超过 100 条，流量超过 530 亿，粉丝增加到 600 多万。[②]

都市报在报道时政新闻时容易偏移到原有的报道风格轨道上来，对此，应该强调的是，时政新闻政治性较强，都市报对其报道的创新模式和语言风格不能顾此失彼，要拒绝庸俗、低俗和媚俗，要深入了解时政新闻背后的故事和内涵，固守报道底线，与党报党刊一起坚持正确的舆论导向。

---

① 陈实. 媒体寒冬之下，新京报实现千万级利润的秘密［EB/OL］．［2019－01－29］．ht-tps：//finance. sina. cn/chanjing/gsxw/2019－01－29/detail－ihqfskcp1576396. d. html.

② 陈实. 媒体寒冬之下，新京报实现千万级利润的秘密［EB/OL］．［2019－01－29］．ht-tps：//finance. sina. cn/chanjing/gsxw/2019－01－29/detail－ihqfskcp1576396. d. html.

（二）话语表达要突出权威

范以锦认为，都市报的内容价值打造还是很有必要。新媒体记者没能拥有记者证，作为传统媒体都市报的记者拥有记者证，他们可以持证在一线采访，履行新闻专业主义撰写权威性文章，因此，都市报要保持它的内容影响力，其品牌还是要高高举起，要擦亮。①

都市报的权威主要通过话语表达来体现，话语表达在办报宗旨指引下呈现，各大都市报按照自我的办报宗旨组织话语表达，如《南方都市报》的办报宗旨为"拒绝平庸，追求卓越"，《新京报》的办报宗旨是"负责任地报道新闻"，《华西都市报》的办报宗旨是"全心全意为人民服务，让党和人民都喜欢"……多数都市报在其办报宗旨引导下使用自我的媒介话语，体现出时代感和使命感，它们积极参与严肃、重大社会问题的讨论与报道。同时，受众在了解新闻事实的基础上还能听到都市报采写的专家学者观点，有利于他们培养公民意识，在一定程度上体现出都市报的权威性和公信力。

都市报的专业性权威与其品牌功效的可靠性紧密相关，它是基于都市报记者编辑对其身处的特定共享话语的"诠释共同体"（Interpretive Community）的认同与维护，他们往往运用叙述性的话语技巧，建立和增强自身有别于其他媒体的权威性。《南方都市报》其实一直有意加强一些"主流"内容的策划报道。关于"主流的声音"，范以锦先生的说法是"关系到国计民生的一些重大成就、项目的新闻，一些重大社会问题以及老百姓关注的问题"，"要发出最权威、最有影响力同时又切中时弊的声音，即言论"。② 如，2010 年初，《半岛都市报》提出"国内重大新闻事件要发出《半岛都市报》的声音，国内热点新闻现场要看到《半岛都市报》记者的身影"的目标。紧接着，《半岛都市报》又专门抽调精干采编力量成立了深度报道部，针对国内热点事件采写了一些深度稿件，增添了它的"质"感和"厚"感。

尽管新媒体促使新的新闻生产模式出现，但都市报仍应固守自我的专业主义精神，确保深度报道和跟踪系列报道的专业生产优势，在新媒体环境中重塑话语空间，搭建公众与政府开展对话的场域，突出其话语表达的权威性。

---

① 范以锦的访谈内容，访谈时间：2018 年 2 月 6 日；访谈地点：广州市南方传媒集团。
② 金雁，等. 都市报业品牌经营 ［M］. 北京：中国人民大学出版社，2008：151.

（三）报道方式要注重策划

都市报凭借其敏锐的新闻敏感性，在热点话题上能及时进行主题策划，对重大的社会民生类、经济文化类等话题往往开展专刊式的连续报道，打造强大的舆论场以吸引受众的注意和讨论。都市报在报道方式上注重策划，一改主流报纸严肃刻板的报道手段，不断创新形式，借用新媒体的技术特性，通过一些细节性的话题来吸引受众的关注和讨论，以此使政策的宣传深入人心。如，有关"辽宁号"航母的报道以及"两会"的报道，多家都市报采用漫画形式和从小话题入手展开报道，引起受众的广泛关注，取得了良好的宣传效果。又如，《半岛都市报》成立"改革开放 30 年报道策划小组"，设计出 70 多个有关"见证大时代——改革开放 30 年回眸"的选题策划方案及实施细则，开展了长达 8 个月之久的宣传报道，将青岛改革开放 30 年来的许多精彩再现在受众面前。

《南方都市报》策划的"责任中国"大型系列活动涉及环境保护、扶贫助学、赈灾抢险等公益事业，体现了它"办中国最好的报纸"的追求，让品牌形象力和经济效益相得益彰。《华西都市报》则本着"办主流大报，树百年品牌"的办报理念，加强深度报道和策划大型新闻活动，彰显了其关怀社会的大报形象。不管《华西都市报》追求的是"新锐、责任、主流"的新闻报道，还是《楚天都市报》所报道的"办责任媒体、感受百姓情怀"的社会民生新闻，这些都是都市报依靠独家报道和新闻策划构筑强大品牌效力的表现。可见，都市报重构主流意识，既是对党报党刊等主流纸媒宣传报道的补充，也是提高自身品位和地位的有力武器，成为都市报提升品牌资产的助推力。

二、常态化：介入日常生活政治

都市报由于市场化程度比较高，报道的选题贴近受众日常生活，容易给人一种都市报只关心受众生活层面而对政治层面不加关注的错觉。从最近几年都市报的报道实践看，尤其是在一些公众广泛参与的社会热点事件中，都市报往往扮演着重要角色，如《南方都市报》的"孙志刚事件"和"江西高考替考案"，《华商报》的"黄碟事件"，《新京报》的"宝马撞人案"和"如家女生被打事件"等。

都市报在日常生活政治事件上的种种实践，并不是一个偶然现象，而是得益于"生活形态政治"的出现。"生活形态政治"起源于工业革命后的西方，吉登斯首先提出"生活形态政治"概念，随后贝克又提出类似的"亚政治"概念，两个概念都对一种现代社会中出现的新型生活形态下了定义，即日常生活的政治。① 生活形态的政治通过两个因素将政治与民众的日常生活链接起来，其一是议题设置，"政治参与被重新导向那些被认为具有更贴近个人意义的议题与主体。围绕着对人们的生活、生活规划、伦理以及身份这些具有更直接关系的问题，人们动员了起来"②。其二是个人归属感的满足，"以族群、性别与性偏好等因素为基础，基于群体的认同政治，是生活形态的政治迅速发展的一个向度。人们逐渐倾向于建立临时性的联盟而非对传统政治组织奉献撑起的忠诚"③。民众的日常生活以这样的方式与政治产生了勾连行为。

都市报围绕着"议题设置"和"个人归属感的满足"这两个因素，展开其对民众的生活政治作为，具体而言主要采取以下两方面的措施：

（一）话语议题设置全球化的民众政治主题

生活形态政治概念发端于西方社会，西方学者伯杰认为，全球化政治主题在一定程度上以大众运动的形式表现出来，比如与传统政治有着巨大差异的人权运动、女权运动、环境保护运动等主题，却正是生活形态政治的关注焦点。④ 都市报自身的媒介定位要求其要对民众日常生活进行重点关注，更容易让这些主题在民众的日常生活方面被民众感知和解读。同时，全球化政治主题的敏感度较低，都市报更容易自主拿捏和报道。当然，由于受到出版审查制度及报纸编辑方针等因素的制约，都市报对主题的报道大多停留在相关事件进程发展以及民众对事件的态度等表层层面，较少触及制度和观念的层面，导致都市报较易实现日常生活的政治作为。

西方语境里的"个人权利"是一个较为敏感的词汇，在中国取而代之的是消费色彩比较浓厚的"消费者权利"，而"个人权利"的政治色彩被消除。"消费者权利"的提出不仅获得社会舆论的广泛认同，而且在政府层面获得大力支持。⑤ 此时，民众的日常生活成为民众个人与政治产生勾连的关键节点，都市报更是将大量关注点放在"维护消费者权益"的衍生

① 王殿英. 传播政治经济学视阈下的公民权 ［J］. 当代传播（汉文版），2013（3）：20-23.
② 孟伟. 日常生活的政治逻辑 ［D］. 武汉：华中师范大学，2006：64.
③ 王殿英. 传播政治经济学视阈下的公民权 ［J］. 当代传播（汉文版），2013（3）：20-23.
④ 塞谬尔·亨廷顿，彼得·伯杰. 全球化的文化动力：当今世界的文化多样性 ［M］. 康敬贻，等译. 北京：新华出版社，2004：35-37.
⑤ 孙红霞. 全球化背景下中国的文化外交 ［D］. 济南：山东师范大学，2007：67.

问题之上来标榜自己的社会责任感。当然也有像 2004 年安徽阜阳的"婴儿奶粉"事件等上升到制度层面的情况，都市报就是通过话语空间的构建将民众个体与政治要素相衔接起来，最后实现自身的政治作为。

都市报利用一种比较接近普通民众日常生活体验的方式，建构他们的民主意识，唤醒民众作为一个合法公民的个体意识。"个体意识的觉醒"是五四运动以来中国现代化过程中不断进行但远未达成的艰难任务。[①] 个体意识存在于社会生活的不同领域之中，民众的日常生活被认为是其中一个重要领域。此外，都市报在其日常生活的政治作为进程中，通常将个体的权利进行广泛延伸。比如，报道"房屋拆迁"等新闻事件时，都市报将新闻事件上升到制度层面，以公民个体权利受宪法保护为基本出发点来维护公民个体权利。

（二）充当生活形态政治的中介，满足受众个人归属感

大众传媒尤其是都市报，在民众生活形态的政治中扮演着重要角色和发挥着强大作用。由于生活形态政治的形成需要跳越过传统的政治机构而与民众生活相勾连，导致第三方的中介角色显得至关重要，此时都市报的作用即凸显出来。都市报的中介作用主要表现在将民众日常的生活状态以一种显性的政治氛围展现出来，与传统主流报刊一贯的"报喜不报忧"的报道理念不同，都市报重点将与民众生活密切相关的所谓"负面"新闻呈现出来，以此成为民众谈论的主题，为民众的意见表达和公共讨论提供新的平台空间，为民众认知环境和政治参与提供了知情权和多样的舆论空间和价值观，促进了中国现代民主政治的发展。

自 2008 年起，《楚天都市报》紧盯社区，几乎全部记者入驻或挂职武汉中高档小区开展一系列社区活动，强化与社区受众的互动。同时还与一些中心城区合作成立社区部出版每期 8 版的社区报。《华西都市报》将进社区发展称为"扩域加扫盲"，记者以助理身份在社区挂职，充分发扬都市报刚诞生时的"扫楼洗街"模式，深入社区老百姓的生活形态中挖掘新闻素材，唤起个人参政议政的意识，满足个人接地气的日常政治归属感。

三、伦理化：承担社会责任

伦理化在日常生活中指的是合乎道德的行为规范体系。在政治话语

---

① 李欧梵. 现代性的追求［M］. 北京：人民文学出版社，2010：56.

中，伦理是可以与政治相融合的所形成的一种社会结构原理和社会意识形态。实际上，伦理与政治具有直接同一性，政治是建立在伦理基础之上，具有伦理的结构和功能，具有伦理的形式和原理。

从都市报的报道实践看，都市报所承担的社会责任主要有以下几个方面：①保护和满足公众的知情权，成为信息的主要来源；②客观公正地报道新闻事实，不在报道中掺杂记者的私人情感；③允许多元意见的存在、交流和讨论，并为多元意见的表达提供平台；④关注社会各阶层成员的生活状况，尊重民族情绪和种族情感，维护社会稳定；⑤发挥都市报的教育作用，弘扬社会正能量；⑥合理提供受众所需要的信息数量和质量，不被利益集团所控制，自由发表全面真实的言论。

（一）遵循办报宗旨，自觉主动履行社会责任

都市报作为党报党刊信息传播的补充载体，在塑造主流价值、传播真实信息、影响社会舆论等方面有着不可或缺的作用。2018 年 5 月，40 家媒体正式对外发布 2017 年度媒体社会责任报告，这是自 2014 年媒体社会责任报告制度试点以来第五次发布有关报告。各媒体从正确引导、提供服务、人文关怀、繁荣发展文化、遵守职业规范、合法经营、安全刊播、保障新闻从业人员权益以及存在的不足、改进措施和今后努力方向十个方面详细报告了履责情况。媒体社会责任报告的定期公布使媒体承担社会责任已经成了制度化、常态化的工作职责。

《南国都市报》自 2001 年创立以来，奉行"市民的需要第一"的办报宗旨，以"说市民话，办市民事，帮市民忙，进市民家"为办报思路，在新媒体环境下积极推进报网融合，通过整合数字报纸、手机移动客户端、微博、微信等资源，打造全媒体矩阵，勇于主动承担媒体的社会责任，追求"新闻性、可读性、服务性、互动性、监督性"，全心全意为市民服务，真真正正办成海南市民自己的报纸，多年来的表现也得到了读者和社会的肯定。①

都市报善于从小的故事入手，展现大主题和大时代，使用更为隐秘的新闻叙事方式来反映时代的背景和变化，让不断涌现出的一批批传播广、阅读高和口碑好的新闻好作品承担起社会责任的使命。比如，2017 年 10 月，《大河报》的大河客户端从创意、拍摄到制作历时半年完成的微视频

---

① 中国记协网. 南国都市报社会责任报告（2016 年度）［R/OL］.（2017 - 05 - 25）［2017 - 09 - 20］. http：//news. xinhuanet. com/zgjx/2017 - 05/25/c_ 136297522. htm.

《家》上线，全网阅读量超过 2 436 万人次；紧接着，8 分钟纪实微电影《旗》上线，全网阅读量超过 3 183 万人次。

（二）运用话语空间的布局承担社会责任

历经二十余载发展，都市报以"责任感"为核心的新闻产品从幼稚走向成熟，并形成了都市报的品牌个性。按照操作范式，都市报主要是运用话语空间的布局来承担社会责任。以《南方都市报》对"邓玉娇案"的报道为例，此案发生于 2009 年 5 月 12 日，当天，《三峡晚报》刊登了《镇招商办主任命殒娱乐场所》的报道，"邓玉娇案"一经报道便引起读者和其他媒体的广泛关注。5 月 13 日起，《南方都市报》介入事件报道，其报道篇幅从 13 日和 14 日的一篇报道、一个版面逐步增加到 19 日的 3 篇报道、2 个版面。在 19 日的报道中，《南方都市报》采访了当地的警方负责人以及当事人邓玉娇的亲属，详细回顾案件经过，获得第一手资料，展示出报道的全面性。除全面性外，《南方都市报》对案件的关注还体现了深入性。记者重点询问邓玉娇的精神鉴定情况、羁押程序等与案件相关的信息内容，深挖案件取证环节，发挥媒体的监督功能，减少暗箱操作的可能性，将警方调查是否公正可信的评判权交给公众，真正达到了"受众在场"的效果。

《南方都市报》的报道还体现准确性与客观性。5 月 20 日，《南方都市报》刊发报道《女服务员与招商办官员的致命邂逅——命案发生前她们各自的人生细节，命案当天的现场还原》一文，《南方都市报》在第四段中特别强调，"本篇调查，将尽力还原野三关镇上的这场'意外'悲剧"①。整篇报道用第三者的语言对事件进行不带感情色彩的客观描述，对于受访者言论，则用"据×××回忆"等字样标示。此外，当舆论谴责一致指向受害人邓大贵时，《南方都市报》主动采访其妻子，平衡了舆论的倾向性。在所有 27 篇报道中，《南方都市报》的文字叙述不包含任何情感偏向，对"邓玉娇案"的报道秉承客观独立和全面公正之原则，详述还原案件真实情况，为受众的理性评判提供了帮助。

运用话语空间占领舆论场主导位置的"撒手锏"是时评。《南方都市报》将时评作为都市报走向成熟的标志，通过时评发出自己的声音和表达

---

①　南方都市报. 女服务员与招商办官员的致命邂逅——命案发生前她们各自的人生细节，命案当天的现场还原［N/OL］.（2009 - 05 - 20）［2017 - 03 - 05］. http：//news. 163. com/09/0520/03/59NQN70Q000120GR. html.

出社会责任感,《南方都市报》时评的第一任主持孟波将时评版主旨定为三点:①理性、建设性;②提倡和而不同,主张观点交锋;③拒绝讽刺挖苦,不刊发杂文和随笔。对"邓玉娇案",《南方都市报》还刊登了有关该案件的网友评论,为媒体人士和受众提供了意见表达和交流的平台,体现出都市报应该承担的社会责任。

(三)践行舆论监督,促进社会进步

一般而言,都市报是否有较大影响力,是否具有品牌资产,很大程度上取决于受众是否将其作为重大事件发生时获得信息来源的首选。成为受众获取信息源首选需要一个量变的积累过程,需要都市报报道的内容有质量和有内涵,这要求都市报将践行舆论监督职能作为都市报获得受众首选的主要方法。

以《南方都市报》为例,自创办至今,它就以舆论监督为自己的一大亮点和特色,通过舆论监督促进社会进步,主要体现在:

(1)监督内容侧重对社会民生的关注。选题准和起点高对舆论监督至关重要。《南方都市报》舆论监督的选题涉及国家政治经济、文化教育、民生社稷等社会生活的方方面面,而社会民生方面的舆论监督占绝大部分,例如,从早期的"广州站宰客电话揪黑手""三战 ABA""孙志刚事件"到近几年的"番禺焚烧垃圾事件""江西替考案""魏则西事件"等。这些选题主要从当时的社会问题出发,聚焦热点事件,关心百姓切身利益,揭露、分析和剖析事件,督促事件得以解决。

同时,都市报还突破地方保护主义开展舆论监督。媒体根据所属地域可分为本地媒体和异地媒体,新闻舆论监督相应地划分为本地和异地的新闻舆论监督。由于我国的特殊国情和媒体规制,媒体对本地的舆论监督力量有所欠缺,存在着地方保护主义特色,当有负面新闻出现时,就会避重就轻或集体失声,导致异地新闻舆论监督十分兴盛,不利于地方社会的发展。

(2)用深度报道区别简单告知。在确定舆论监督的选题后,《南方都市报》没有停留在事件表面上,而是注重对事件真相的深度挖掘,通过立体组合式呈现新闻事件的立体形态,区分于简单告知的新闻短讯。2011 年10 月 31 日,《南方都市报》发表了《广州黄埔大道隧道 男子疑酒驾撞死4 名修路工》一文,该文采用立体组合式的报道方法,对新闻事件进行了详细报道,描述了 4 名修路工被撞经过,深度挖掘新闻事件的背后细节,指出肇事车辆所悬挂的车牌不对以及伪造证件。通过深入挖掘,《南方都市报》还原了事件真相，遏制了军车酒后撞人的谣言和民众的愤怒，关注底层人民，注重人文关怀，彰显了舆论监督作用和"大报"特色。

通过践行舆论监督功能，《南方都市报》针砭时弊、弘德扬善，促进了民主法治的进步。其舆论监督涉及范围广泛、注重深度挖掘真相、拒绝不痛不痒的简单告知，在满足公众信息需要的同时，积极地引导着公众及政府部门对新闻事件的思考。其舆论监督功能的实践，对自身起着巨大的促进作用，提升了自身的知名度，拓展了报纸的品牌含义，赢得了广大受众的好评和认可。

第四节　新媒体事件：都市报话语空间的关键节点

在新媒体环境下，一系列新媒体事件的内涵与外延都发生了变化，这对公众话语空间的建构产生了重要影响。都市报通过灵活的话语表达方式和合理的议题框架设置对新媒体事件进行话语空间构建，成为都市报新闻实践提升品牌资产内涵的关键节点。若能科学客观且从容地应对非常态下的新媒体事件，都市报的话语空间将随着社会影响力的扩大而扩展，品牌资产将随着话语空间的扩展而增值。

一、新媒体事件构成要素与特征

学界和业界对"新媒体事件"没有明确定义，新媒体事件常被称为"网络事件""网络媒介事件""网络热点事件""网络公共事件"或者"网络突发事件"等。笔者认为新媒体事件是以新媒体为载体或语境，社会各界广泛参与和传播而造成重大社会影响的事件。

1. 新媒体事件构成要素

与传统媒介事件相比较，新媒体事件有其独特的构成要素：①新媒体为事件载体或语境。事件的信息来源为微博、微信等新媒体平台上传播的信息，而且这些信息在新媒体环境下流通和交锋。②新媒体受众是参与主体。新媒体受众是事件的主要力量，他们借助新媒体技术优势，在思想观点多元化语境下充分表达各自意见，展开与传统媒体和权力机构的互动博弈，成为事件的推动者或阻碍者。③参与方式自由开放。受众或传统媒体可借助新媒体平台开辟自由言论场，自由开放地参与新媒体事件信息的传播，而不担心官方体制的层层审核。④关注内容与公众息息相关。新媒体事件所涉及内容大多与公众自身权益紧密相关，具有公益性、公开性和重大性的特征。⑤产生影响较大。新媒体事件大多与公众利益相关，其产生的舆论影响力一般较大，比如"厦门市民反 PX"事件改变了政府最初决策，杭州飙车案则成为社会舆论对公权力的成功监督。

2. 新媒体事件的特征

①以网络社会动员为主要形式。新媒体事件多由公众对互联网的使用功能而触发的网络社会动员为主要形式的集体行动。比如"深圳四胞胎"事件，由于四胞胎的父亲在微博上发表大量不恰当言论，网民纷纷谴责其利用孩子骗取教育、医疗等社会稀缺资源，迫于舆论压力，该父亲删帖几千条，并宣布辞职和向网民道歉。②事件的新闻性和线下危机是主要触发机制。新媒体事件的线下危机往往是事件发生的导火线，网民通过网络平台以发帖、分享、转发等形式表达抗议之举，通过网上动员引发线下的统一行动。比如，反对韩国乐天超市事件。③"草根"干预公共事件争夺话语权。① 新媒体惊人的传播速度和公共话语空间的开放性，使得公众可绕过传统媒体表达意见，形成自下而上干预事件进程的机制。

二、都市报在新媒体事件中的话语实践：以"厦门市民反 PX"事件为例

新媒体事件发生后，都市报作为代表民间话语的主流报纸总会及时介入其中，以其灵活的议题设置等话语手段为民众发声，构建起民众与政府之间的沟通桥梁，深深赢得受众高度信赖和提升自身的品牌资产内涵。

1. 事件回顾

"厦门市民反 PX"事件是指 2007 年福建省厦门市对该地海沧区计划兴建对二甲苯（PX）项目所进行的抗议事件。厦门市民起初在当地论坛和业主 QQ 群里进行消息交流，随着呼声越来越大，公众决定举行线下游行示威活动。以《厦门日报》为代表的官方主流媒体发表言辞激烈的社论加以劝阻，更是引发公众的强烈不满。而以《南方都市报》等都市报媒体为代表的民间话语持续对该事件进行报道，将事件推到了全国公众面前。同时，厦门市民于 2007 年 6 月 1 日举行游行示威而将其转化为群体性事件。

---

① 邱林川，陈韬文. 新媒体事件研究［M］. 北京：中国人民大学出版社，2011：8.

游行示威后，厦门市地方政府开始与民众、专家学者、人大代表、媒体等人士互动，经过长达半年的博弈后，福建省最后决策将海沧 PX 项目移至漳州市。

2. 事件分析

具体来看，《南方都市报》等都市报媒体在该事件中充分运用话语空间维度予以关注和报道，并以此事件为契机提升本身的品牌资产。

（1）设置详尽议题，为受众提供信息咨询。事件初始，因受到政策规约，厦门本地媒体尤其是官方主流媒体对该事件的报道少之又少，仅有几篇报道是从政府角度出发宣传该项目的合理性。比如，《福建日报》在 2006 年 1 月 9 日发表社论指出"省政府对厦门 PX 项目寄予厚望"，其报道基调与民众心理情感背道而驰，民众只能通过以 QQ、论坛为主的社交平台发声。直到 2007 年 3 月 19 日，《中国经营报》发表《百名委员建议厦门海沧 PX 项目迁址》的报道，这为该事件舆论营造了媒体发声环境。以《南方都市报》《新京报》《东方早报》等代表的都市报媒体随后展开详尽报道，数据显示，在事件发生的 2007 年，仅以上三家都市报媒体共发表关于该事件的社论 14 篇，消息和专题报道更是数量众多。① 细究来看，这些报道主要是根据事件发展进程及时提供新闻资讯和新闻线索，有时候也会围绕某个议题的设置进行专题报道。这些被设置的议题涵盖事件的方方面面，各类媒体议题设置对比明显（见表 5 - 2），其消息来源基本囊括了各个群体，既有政府官员、专家学者，也有普通市民等。全面客观的新闻报道呈现了事件的真实面貌，也使得都市报赢得了民众的信赖和支持，其品牌形象的延展度得以进一步加深。

表 5 - 2 不同类型媒体议题设置对比

媒体	议题类型	基调
传统党报（如《福建日报》）	对项目寄予厚望	支持项目建设
都市报	提供客观新闻资讯和新闻线索	呈现事件真实面貌

（2）扩展议题维度，提升话语内涵。以《南方都市报》为代表的都

---

① 白红义. 作为新闻聚像的厦门 PX 事件：基于三家主流都市报社论的考察（2007—2014 年）[J]. 西北师范大学学报（社会科学版），2015（3）：116 - 124.

市报媒体特别注重对话语表达的包装，使其媒介话语在实现信息传播基本功能之时延伸至更深入的内涵体现。比如，《新京报》于 2007 年 12 月 21 日发表的社论将"厦门市民反 PX"事件定义为"或许是中国进入现代'民意政治'社会的一个开端，一个标志性事件"①。《东方早报》在 2008 年 1 月 1 日的新年献词中称赞道："一群厦门市民，面对一份上百亿的投资大单，以鼻翼去感受，在感受中思考，在思考中达成共识，并用民意的共识来权衡城市的发展战略，人们将海沧 PX 项目的迁址称作生态发展对单纯 GDP 发展观的胜利，但其实，是从善如流的厦门市政府对民意的慨然遵从。"② 从这些社论可看出，媒介用"民意""权利""里程碑""现代社会"等一系列带有政治色彩的词汇，对话语进行了包装（见表 5-3），将原本的生活诉求拓展到政治诉求的领域，引导民众诉求表达的同时提升媒介话语的内涵深度，其品牌资产的影响力和表现形式得到加深。

表 5-3　不同都市报对话语包装的对比

都市报名称	包装用语	内涵体现
《新京报》	民意政治、现代社会、标志性事件	民众的民主意识的增强
《东方早报》	民意共识、公民权利	公民素质的提高以及日常事件参与度的提高

（3）利用合理框架，包装自身价值。为了话语空间顺利得到扩展，都市报议题需寻找合法性话语框架。通过对《南方都市报》《新京报》和《东方早报》三家都市报媒体在 2007—2008 年有关"厦门市民反 PX"事件发表的 14 篇社论中，发现他们所使用的框架包括程序正义、环境保护、信息公开三类，每一类框架包含不同的论述。

在程序正义框架方面，三家都市报不约而同地传递一种论述：我国正处于政治文明改革之中，重大事件的决策应让老百姓有知情权和参与权，这是政治文明的首要之义；在环境保护框架方面，三家都市报使用了"可

---

① 厦门 PX：在尊重民意中学习现代执政［N/OL］.（2007-12-21）［2016-11-01］. http：//www.chinanews.com/gn/news/2007/12-21/1110733.shtml.

② 行进中的国家，行进中的人民［N/OL］.（2008-01-02）［2016-12-03］. http：// news.163.com/08/0102/09/416NPMOP000121EP.html#.

持续发展"和"保护生态、以人为本"两种论述，指出政府只注重眼前经济利益而不以人为本和保护生态，这不利于社会可持续发展；在信息公开框架方面，政府做出重大决策之前应该给予公众知情权，包括正面的和负面的信息，让民意的表达得以充分展现。都市报通过这三种主要话语框架灵活地使用不同的代表词（见表 5-4），引领民众表达自我诉求，使得本来很尖锐的议题去政治化。同时，这三种框架延伸了事件所指，提升了媒介自身形象，促使三家都市报脱颖而出赢得大量受众的信赖。

表 5-4　都市报框架使用的代表词

框架种类	代表词
程序正义框架	知情权、参与权
环境保护框架	可持续发展、保护生态、以人为本
信息公开框架	知情权、自我表达

　　（4）召唤受众情感，形成媒体共鸣。以《南方都市报》为主的都市报详尽介绍了化学名词"PX"，其"癌症、白血病"等恐怖的医学词汇戳中了受众的心理痛点，厂址问题由此与健康联系起来，受众对 PX 的憎恨和恐惧情感被召唤起来。同时，都市报纷纷用"保卫厦门""民意觉醒"等词汇支持民众游行示威，民众的正义情感被召唤起来，其亲民的报道基调有利于事件顺利解决，逐渐形成情感共鸣。

　　以《南方都市报》为代表的都市报一直以来被认为是独立报道和调查性报道的典范，其专业实践中更为推崇客观、独立的理念和服务公众的态度。在"厦门市民反对 PX"事件中，都市报开放风险话语场域，提供公民权利的话语框架和社会理性表达的平台，使用政府官员、专家、环保组织、企业等一系列更多元化和平衡化的消息源，通过议题选择与打捞、消息源使用策略以及话语使用技巧等较为成熟的主导操作范式划分专业与非专业的边界，并尝试将网民表达引入体制内的对话程序，与政府的决策机制产生互动，继续维护其身处的"诠释共同体"，彰显自身专业权威并推动议题的公共化，将更有品牌含义的都市报展现在公众面前。当然，都市报在新媒体事件中并非完全超越官方主流媒体的作用，它更多是在官方主流媒体、政府机构以及民众之间充当"润滑剂"功能，促使三者之间实现"软着陆"沟通，减少新媒体事件带来的社会负面效应，进一步增强都市报的社会品牌资产。

第六章 消费体验：都市报 ABBE 管理模型的响应向度

都市报在新媒体环境下尝试多种转型路径，但成效欠佳。品牌资产管理成为都市报转型的新路径，消费体验对于品牌资产管理响应向度来说尤显重要。都市报对消费文化传播具有强化和扩充作用，这影响着受众品牌响应的感觉和评判维度。本章钉对消费体验、品牌响应和品牌资产的复杂关联，提出增强品牌认同和建立品牌文化这两条路径，以提高受众的价值判断和认可度，获得消费体验的满足感，促进品牌资产增值。

第一节 新媒体环境下都市报的消费文化传播

从理论层面上讲，消费文化在市场经济的作用下，逐渐成为一种主导消费的文化意识形态。符号价值成为现代消费文化的核心价值，商品的使用价值已让位于其精神价值，不再是商品价值衡量的主要标准。从现实层面上讲，符号意义的占有取代使用价值的满足成为人们主要的消费目的。品牌知名度、品牌理念及其背后蕴含的生活方式与身份地位等符号意义成为消费文化主导下人们消费需求的重点。

一、都市报在消费文化中的坐标

（一）消费文化演变路径

消费文化（Consumer Culture）是由大众消费实践产生，与消费行为相关的各种因素综合而成的意识形态。从历史的视角来看，人类社会从产生物品交换行为时，消费文化就开始存在。以大众消费为特征的消费文化快速发展于西方工业革命后，并成熟于"后工业社会"（或"后现代社会"）。①

消费文化变迁史中（见图 6−1），人类最初的消费行为即物物交换产生于满足日常生活的需要，其内涵注重商品本身的实用性。大众消费开始走向工业化，消费文化逐渐转向"稀有化"、高品质化，越是稀奇的商品越成为人们首选的消费倾向。随着社会阶层的逐渐形成，消费取向成为彰显社会身份与地位的方式，"奢侈品"消费文化成为主流的社会认同消费。

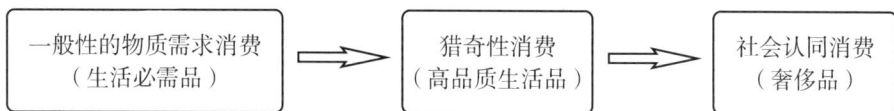

```
┌─────────────────┐      ┌─────────────────┐      ┌─────────────────┐
│ 一般性的物质需求消费 │  ⟹  │   猎奇性消费      │  ⟹  │   社会认同消费     │
│  （生活必需品）   │      │ （高品质生活品）   │      │   （奢侈品）      │
└─────────────────┘      └─────────────────┘      └─────────────────┘
```

图 6−1 消费文化变迁史

"后现代社会"消费中，社会大众消费对于物质层面的需求已经饱和，消费文化基于消费者的精神需求，作用于商品的符号与意义层面，是与大众消费相伴随的符号生产、社会分化和日常体验的新形态。雷蒙·威廉斯认为"文化是对公共生活的环境总体变化的一种普遍反映，就此做出一种宏观的定性评估"②，可见，消费文化是一种与人们生活息息相关的"日常文化"，是人们一些常规活动或总体生活方式，成为指导大众消费行为的意识形态。

（二）都市报品牌在文化消费中的三大价值

都市报是报业市场竞争的产物，经过几十年的发展，以往的内容、价格和发行等竞争手段已经日渐没落。伴随着新媒体的冲击和消费文化的变迁，都市报的竞争体现了消费文化的转向。新的消费文化将符号消费置于显要位置，品牌则是都市报符号价值的集中体现，是都市报提高身价、吸引与巩固消费者的无形资产。以作为价值主体的受众为基点，以新媒体环境下的消费文化为框架，以大众消费的价值判断为衡量标准，都市报在消费文化中的坐标集中体现为与受众价值判断相对应的都市报品牌资产。

都市报属于文化消费的范畴，文化消费是对精神文化类产品及精神文化性劳务的占有、欣赏和使用等。受众根据自己的主观意愿选择特定品牌

① 后工业社会：或称后现代社会，是指自 20 世纪 70 年代始，资本主义发展进入了一个新的阶段，不仅发生在艺术、文化领域，并且涵盖社会、经济等方方面面，是社会结构的"一种离开现代性的阶段性转变或者断裂，它包含着一种有着自己独特组织原理的新社会整体的出现"。

② 劳伦斯·格罗斯伯格，等. 媒介建构流行文化中的大众媒介 [M]. 祁林，译. 南京：南京大学出版社，2014：20−21.

的都市报来满足自己的精神需求，其主观意愿便隐含着消费文化的意识形态的作用。传统的"时效性""重要性""接近性"等新闻价值是针对受众的需求与喜好总结而来，在消费文化的背景下，都市报品牌价值可具体表述为审美价值、人文环境价值与主体精神独特性价值。

1. 审美价值

审美价值是实现受众忠诚度的文化产品的本质属性。近几年，随着市场竞争的加剧，某些媒体为了追求受众的关注度，过度盲目提供娱乐消费产品而忽视内容本身的审美性，不利于在受众心目中树立良好的品牌形象。都市报只有追求审美品质，才能获得受众的品牌认同，实现品牌忠诚。比如，针对"杭州保姆纵火案"报道，《南方都市报》发表"像珍惜生命一样重视小区消防安全保障""你家保姆还好吗""如何避免问题保姆进入行业"等多篇短评见报，以主流大报的公正客观性立场，表现了社会公器的公益性与人文关怀。

品牌作为一种精神象征与价值理念，是产品品质的核心体现。[①] 审美价值是都市报在品牌反映的意识形态表现，当新闻或信息借助新媒体在都市报平台上传播，这会形成都市报独有的文化价值。从这个意义上讲，都市报品牌是都市报长期运营内容期间在受众心目中形成的刻板印象。可见，都市报品牌的知名度与口碑成为受众判断内容价值的主观衡量条件，这也是符合了消费文化以符号价值为主要价值的特征。因此，都市报的审美价值应涵盖作为社会公器的公益性和公共性的责任担当、品牌文化和理念等符号文化价值，并传播内容所蕴含的思想价值。比如《华西都市报》作为国内第一份都市报，自1995年创办以来，一直秉持"办主流大报，树百年品牌"的理念，成为受众信赖的都市报品牌。

2. 人文环境价值

人文环境价值的培养是文化产品的职责所在。文化产品需要遵循市场规律，着力扩大受众的文化消费需求。不同于一般的商品买卖，都市报文化商品的属性决定了其必须以满足受众的精神需求为核心。都市报的消费市场建构不仅限于刺激受众产生消费需求，更有赖于人文环境的培养。如，各大都市报发起的"做公益，上头条""爱老助老"等公益活动，在全社会营造适合大众接受心理并提升大众审美能力的文化氛围，引导大众的审美取向和树立良好的品牌形象，提升品牌影响力。

---

① 详见 MBA 智库百科. http://wiki.mbalib.com/.

消费文化强调对符号意义的占有，都市报受众的品牌消费行为是解读社会认同的手段。消费文化是在整个社会中形成的特定文化氛围，人们共享大体一致的价值取向。都市报是在市场经济催生下的市民生活报，其初期办报理念以提供娱乐性、煽情性的新闻为主，《楚天都市报》的创刊者杨卫平曾称"自己是商人办报，并且强调，我是商人"①，这是完全的商业运营理念。但是社会价值要求都市报办报需追求报道的真实性和公正性，以生产高品质新闻，而不仅仅是以赚取受众注意力为目标。

3. 主体精神独特性价值

主体精神独特性价值是实现受众认同的文化产品的体验价值。随着受众主体性与能动性的增强，消费文化转向独特性与个性化，受众的个性化追求体现在对文化产品的精神属性的认同上。都市报受众的消费从以往的求知需求逐渐发展为对品牌理念和品牌内容的个性化精神满足等多样需求。都市报品牌需要从受众作为消费主体的特殊性出发，充分考虑受众主体精神的独特性，尊重受众在文化消费中的心理趋向。2017 年《南方都市报》题为"广州复印店基本都是湖南人开的？走访发现，基本没错"的报道是源于北大社会学博士冯军旗的《为什么学校打印店老板多是湖南人》论文中提出遍布中国的复印产业经营网络是由湖南省新化县人发展而来，"新化现象"随之迅速走红。都市报中的"社交化新闻"集话题分享与内容挖掘为一体，融合社交与咨询的形式创新，体现了都市报受众的主体精神的独特性的价值检验。

主体精神的独特性价值代表着受众的精神需求，消费文化强调消费的个性化，都市报的品牌理念与内容报道需要满足受众心理的个性化需求。以往，媒体在典型人物的报道中常存在宣传模式化、人物脸谱化、事迹绝对化等传播固化缺陷，因此，都市报要找准典型宣传与受众心理的交织点，赋予感染力。2016 年 7 月，超强台风"尼伯特"袭击东部沿海，东部战区陆军部队官兵刘景泰在抗洪救灾中不幸失联，经多家都市报报道，在社会上引发强烈关注，失联官兵成为人们最关心的人，网络上出现很多"英雄，你在哪里""我们等你回家"等的呼喊；在后续报道中，官兵在泥水中奋勇救人的细节刻画以及对刘景泰战友的采访中表现深刻的战友情、感人的兄弟情等，直至追悼大会的动人场景，感动了数万受众，达到受众"字字读来都含泪，篇篇阅后应无眠"的效果。

消费文化自始至终地贯穿在都市报的生存、运作与发展之中，增加都

---

① 刘勇．媒体中国［M］．成都：四川媒体出版社，2000：228.

市报品牌的象征性意义，刺激受众的消费欲望，满足受众的心理精神，使得阅读都市报成为一种高质量的生活方式和一种凸显个人地位的方式。

二、新媒体环境下都市报的消费文化传播

新媒体环境下，新的消费文化正在新的生活伦理、价值和观念基础上愈发勃兴，消费文化已经成为指导人们消费行为的认知理念和价值标准，并以建构主流生活方式的形式影响人们的品牌认同，左右着消费中精神需求的满足程度。消费社会的标志是符号消费超越产品功能性消费，消费文化在新媒体技术下加速异化，愈加凸显出符号消费的主导逻辑，转向对于符号意义的占有。新媒体对消费文化来说具有强化与扩充作用。

"商品原来对我们表现为二重物，使用价值和交换价值。"① 马克思经济学中对商品二重性的划分，即商品具有使用价值和交换价值两种属性，是理解消费文化产生与演变的前提。商品作为价值交换的客体，相对应地存在两个价值主体，即商品的消费者和生产者。一方面，商品使用价值的获得是消费者消费商品的根本目的。首先，商品的功用性具有能够满足消费者在物质层面的需求的特性，这也是消费文化的第一层意指；其次，商品的社会学意义能够满足消费者在精神层面的需求，这是消费文化的第二层意指，并逐渐演变为消费文化的主要内容。另一方面，生产者赋予商品价值是价值实现的动态链条中的起点，与消费者相对应，生产者赋予商品的价值划分为作为商品的产品或服务的价值和商品的符号或意义价值两方面。

人类最初的消费行为即物物交换产生于满足日常生活的需要，消费文化的内涵在于注重商品本身的实用性。物质基础决定上层建筑，消费文化的变化起始于工业革命带来的社会物质产品的极大丰盈。

1. 强化

消费文化本质上是一种大众文化，其发展遵循文化的社会传播过程，受到大众传播各因素的影响。新媒体作为大众传播的主要媒介，其本身的特性能够强化消费文化的传播和建构。值得注意的是，新媒体本身的技术属性使其具备享乐主义和感觉至上的价值倾向，符号化或意义化的消费逐渐成为大众消费的主流。新媒介的广泛性、重复性传播，使得消费文化能够深入消费者的心中，主流消费文化在大众的消费认知与态度中占据举足轻重的地位。

---

① 马克思. 资本论：第一卷 [M]. 郭大力，王亚南，等译. 北京：人民出版社，1953：12.

消费文化为消费者提供了一种自我认同与社会认同的标准，认同作用于消费者的心理便呈现情感维度。媒体的消费文化理念会潜移默化地左右其消费体验，进而影响消费者对品牌的情感产生。新媒体通过建构"拟态环境"以强化消费文化的传播效果，即消费文化借助新媒体传播使得大众共享同一的意义空间，以消费文化为核心的生活方式和消费观念潜移默化地被人们理解和接受，并获得了超现实的感觉和体验。满足感来自于自我认同与品牌塑造的"地位""品味""个性"等特征相吻合，抑或是来自于对消费文化所代表的主流生活方式的认同，"口红效应"① 是消费文化通过大众传播作用于女性消费心理的真实写照。

2. 扩充

新媒体传播可以创造新的消费内容，在消费产品、消费观念和快感消费等方面产生新的消费观念建构和扩充消费文化的内容（见图 6 – 2）。

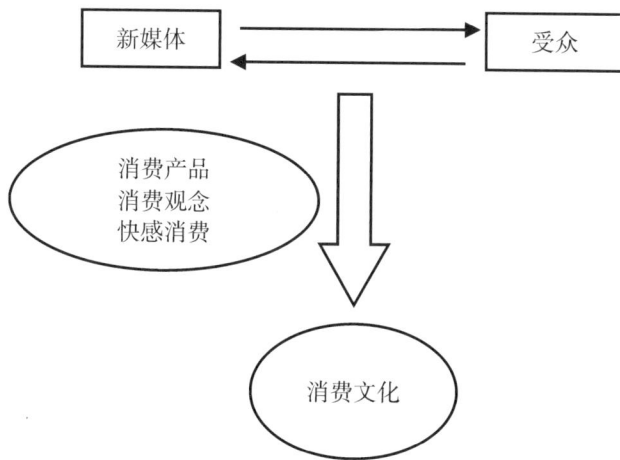

图 6 – 2 新媒体对消费文化的扩充作用

（1）媒介产品本身属于消费品，以新媒体为传播载体，媒介产品拥有多种消费渠道。一般而言，受众对媒介产品的需求分为两种，一种是以信息内容为主体的功能性需求，另一种是以感觉体验为主体的精神性需求。

———————————

① 口红效应：指因经济萧条而导致口红热卖的一种有趣的经济现象，也叫"低价产品偏爱趋势"。人们认为口红是一种比较廉价的奢侈品，在经济不景气的情况下，人们仍然有强烈的消费欲望，所以会转而购买比较廉价的奢侈品。口红作为一种"廉价的非必要之物"，可以对消费者起到心理上的"安慰"作用。

都市报可以通过纸质载体、报纸电子版网页或者手机 App 的方式呈现，使受众虽然阅读同一内容却获得了不同的消费体验，新媒体的复制技术增加或扩大了媒介产品形态和影响力，扩充了消费文化的内容。

（2）新媒体对消费文化还运用了"培养理论"原理。在长期潜移默化的传播效果下形成相似性的文化观念，使大众的现实观逐渐产生一种共识，人们按照这种共识来进行认识、判断和采取现实行为。新媒体在长期的运作过程中，使得人们对某些媒介产品产生消费倾向。媒体在提供各种相似性的产品的同时，也提供了相似性的文化观念，促成了以流行文化为导向的消费文化的形成。

（3）媒介产品本质是一种文化商品，文化商品的消费过程本质上是意义与快感的流通过程，媒体提供意义暧昧的文本信息，受众通过解读文本获得意义和快感。新媒体的声画结合的属性使文化产品中快感消费的特征愈加明显，主要表现在媒介产品以现实性表征的方式呈现，营造出一种真实性的感觉，使受众能够获得"身临其境"的快感，同时新媒体的内容更流于"表面"和"形式"，受众往往极少会调动深入的理性思考，便会更容易陷入形式上的快感中。因此，具备后现代消费文化特征的快感消费成为新媒体时代消费文化的新内容。

都市报的生存、运作与发展自始至终地贯穿着消费文化，尤其是新媒体环境下，都市报竞相体现出消费文化转向。新的消费文化将符号消费置于显要位置，品牌则是都市报符号价值的集中体现，是都市报提高身价、吸引与巩固消费者的无形资产。以受众作为价值主体的基点，以新媒体环境下的消费文化为框架，以大众消费的价值判断为衡量标准，都市报在消费文化中的坐标集中体现为与受众价值判断相对应的都市报品牌资产。

第二节　新媒体环境下都市报品牌资产管理的响应向度

都市报受众的品牌响应受到消费文化的影响，消费文化是大众消费中的文化倾向，内化为受众品牌消费的意识形态，指向受众的品牌认同与品牌响应。新媒体的出现，增强了消费文化传播的深度与广度，为消费文化赋予了新的内涵。

一、感觉和评判：品牌消费体验的两个维度

（一）品牌消费体验的心理学探讨

消费体验产生于受众与都市报品牌的长期的品牌响应过程中，是作用于受众心理层面的品牌感觉与评判。消费者的品牌消费体验是以消费者为行为主体的角度，建立在受众—品牌互动之中的心理学概念。本书以 Schmitt 发展策略体验模块作为参照系。该模块由感官体验（Sense）、情感体验（Feel）、思考体验（Think）组成（见表6－1）。

表6－1　Schmitt 发展策略体验模块的消费体验维度①

体验模块		诉求目标与方式
感觉	感官体验（Sense）	感官体验诉求于消费者的感觉器官，以强有力的感官冲击使消费者对品牌与产品的关注。感官体验的目的是吸引消费者对产品与品牌的注意力，引发消费者的消费动机，增加产品的价值，并将品牌文化与产品理念传递给消费者
	情感体验（Feel）	诉求消费者内在的情感与情绪，目标是创造情感体验，而大部分自觉情感是在消费期间发生的，且其情感是最强烈的
评判	思考体验（Think）	诉求的是智力，目标是用创意的模式使消费者创造认知与解决问题的体验

① 本表整理自 B·H Schmitt 的《体验营销》（Experiential Marketing），周兆晴编译，广西民族出版社 2004 年修订版。

（1）感官体验：消费者的品牌消费体验的起点，品牌作用于感官刺激，形成消费者对品牌的认知，在一系列感官刺激下产生对品牌的反映。感官体验在消费者的品牌消费体验中体现为刺激（Stimuli）—过程（Processes）—反映（Consequences）（简称 S－P－C）的模式，凸显了感觉维度。

（2）情感体验：主要发生在消费过程中，与品牌响应中产生的正负面的情绪或者强烈的情感激荡等复杂的情绪。一般而言，情感体验的产生是消费情境、媒介接触（人、机构、场所）和品牌三个层面的相互作用，凸显了消费者品牌消费心理中的感觉维度。

（3）思考体验：消费者对已知的所有品牌信息进行综合分析，以思考该品牌更深层次的文化与价值观倾向。思考体验在于用新奇的方式引发消费者对品牌产生思考，评估品牌对个人的价值功用，体现了评判维度。

品牌体验是在一个系统中的整体互动过程，是发生在信息搜集、消费、使用、评价等一系列接触品牌的过程中，是消费者对于品牌的个别化感受，[①] 其中感觉与评判是品牌消费体验的两个重要维度。

（二）受众品牌消费体验的感觉维度

品牌消费体验的感觉维度要求品牌为受众在消费过程中产生一种心理舒适和精神满足而产生品牌情感和持久影响力。在品牌消费越来越凸显的今天，消费者强烈地为品牌中所包含的感觉价值所吸引，感觉价值已经逐步成为消费者的核心价值的一部分，甚至有些已经发展成为最关键的价值。[②]

都市报受众对品牌消费体验的感觉维度是贯穿于受众对特定品牌都市报进行认知，产生媒介接触行为，以及消费后产生的品牌印象和品牌忠诚度的整个过程。经济形态的变化使得都市报受众的品牌消费有了新的需求，影响受众品牌消费体验中的感觉评判。

过去，都市报的产品设计主要具有单一的信息传播功能，仅仅满足受众的信息需求。如今，都市报品牌应具有个性化，它代表了该报鲜明的个性和特征，能够给受众直观的第一印象，刺激受众产生媒介接触的欲望和

---

① REBEKAH D，CHRISTINE A. Surfing：an avenue for socially acceptable risk－taking，satisfying needs for sensation seeking and experience seeking ［J］. Personality and individual differences，2004（36）：663－677.

② 薛旭. 感觉消费：21 世纪需求的新方向 ［J］. 中外管理，2000（1）：66－77.

冲动。

　　受众的消费对象从"产品"过渡到"感觉"。感觉是受众在都市报使用过程中的主观的消费体验，比如，某都市报经常报道趣味性新闻，有"闲人马大姐"般友善、平易近人之感；某都市报报道内容严谨、舆论偏向正直、果敢，针砭时弊，给受众权威之感等。同时，受众的需求满足标准与以往也大不相同。从基于都市报使用价值的基本需求满足，到基于都市报品牌消费体验的品位获得，从以产品为核心到以自我感觉和价值为核心，受众的需求满足标准发生了较大的变化。

（三）受众品牌消费体验的评判维度

　　受众品牌消费体验的评判维度是在消费过程中将感知到的品牌资产与个人需求的满足预期进行整体评价，具体表现为评判所获取的商品与品牌的使用价值与所付出成本之间的差值比较。

　　受众对都市报品牌资产评判主要包含两个方面：一是以品牌知名度、品牌理念和品牌形象等为考量，评判在品牌消费行为中获得认同感的提升与身份地位彰显的程度；二是以报纸内容为考量，评判在阅读行为中获得知情权的实现及其他精神需求的满足程度。都市报品牌资产的评判指标分为三种：品牌情感价值、品牌社会价值与品牌功能价值（见图6-3）。品牌情感价值是都市报的品牌消费带给受众的正面积极的情感体验。品牌社会价值是都市报的品牌个性使得受众获得社会地位的显示或提高、自我认同、群体归属与社会认同等。品牌功能价值是受众对品牌预先宣传的报纸本身的效用与实际使用中的需求满足。

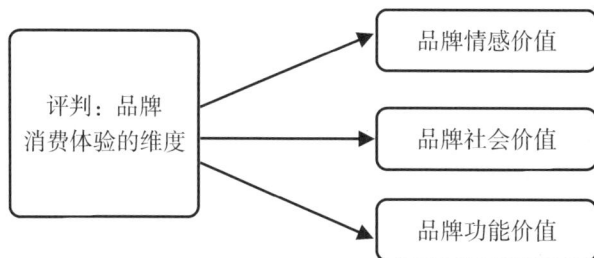

```
┌──────────┐              ┌──────────┐
│          │ ──────────▶ │ 品牌情感价值 │
│ 评判：品牌  │              └──────────┘
│ 消费体验的维度│              ┌──────────┐
│          │ ──────────▶ │ 品牌社会价值 │
│          │              └──────────┘
└──────────┘              ┌──────────┐
             ──────────▶ │ 品牌功能价值 │
                          └──────────┘
```

图6-3　品牌消费体验的评判价值

　　受众评判在消费体验中分为两个阶段：第一阶段是受众对都市报品牌的预测价值通过不同的价值内容进行衡量，如价格、品质、个性和情感等；第二阶段是受众在体验都市报品牌之后，对品牌消费的总体得失进行综合性的价值评价，评判的结果是受众对都市报的质量、功能和精神需求的满足程度，受众据此产生品牌的偏好及品牌的忠诚度等。

二、消费体验、品牌响应、品牌资产的复杂关联

（一）基于受众效用的品牌传播与品牌资产

基于受众效用的品牌传播意味着品牌资产的获得必然与受众互动程度有着密切联系，品牌资产来源与传播学理论中大众传播效果的认知、心理和态度与行为三个层面相对应，这是一个效果逐渐累加、深化和扩大的过程，构成了基于受众效用的品牌传播与品牌资产来源的分析框架（见图6-4）。

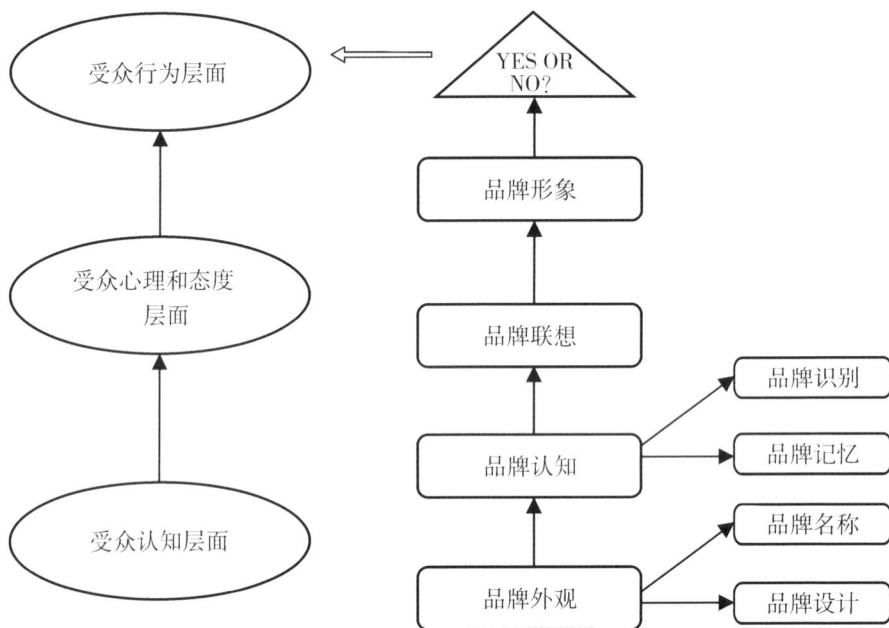

图6-4 基于受众效用的品牌传播与品牌资产来源关系图

都市报品牌外观可分为品牌名称和品牌设计两部分。品牌名称代表着报纸重要的信息，并给受众带来基本的印象和评价；品牌设计是针对视觉识别系统而量身定制的，以文字和图形等组合的方式呈现，目的在于让受

众更好地识别品牌。品牌识别将都市报独特的风格与核心价值有效地传达给受众：品牌报纸版面是什么风格？品牌标志是什么样子？

都市报的品牌识别是对符号的识别，是受众对自我认同与社会认同的识别。当受众看到某份报纸的时候，能否对该份报纸产生认同感，从而使得受众在有关刺激下能够让品牌相关的记忆重现。都市报的品牌外观与品牌识别作用于受众接受信息的认知层面，即品牌外观所承载的信息作用于受众的知觉记忆系统，引起个人知识量的增加和认知结构的变化，[①] 品牌认知是将都市报品牌外观在受众心中形成记忆，有利于受众形成个性化的品牌联想。

品牌联想基于品牌认知，受众对品牌文化意义和精神象征有了深刻认识，在脑海中产生对品牌的大致印象和评价，才能形成关于该品牌的联想，有助于受众产生都市报消费行为并形成品牌的忠诚度，是品牌资产的重要体现。品牌联想是认知和态度两个层面的效果过渡，其本质是在品牌认知的基础上对品牌形成固定的文化意义和精神象征等特定指代物。有效的品牌联想能够刺激消费者对品牌的求知欲，加深消费者对品牌的印象，产生关于品牌的情感和态度，实现品牌的差异化定位，为受众提供消费动机。

品牌形象是品牌在市场上与公众心目中表现出的个性，是受众—品牌互动过程中为受众建构的关于品牌印象和联想的集合体。品牌形象是都市报品牌营销的重点。《南方都市报》是"以大造势、以深取胜、以独见长、以近贴入"的形象定位进行品牌宣传与内容营销，调查显示，受众对该报的形象多以"观点新锐""可读性强""报道深入"等词汇描述概括。

品牌形象本源上是品牌所有者开展营销宣传活动的产物，但是只有受众产生了对品牌的态度或评价，品牌形象宣传才真正发挥作用。因此，品牌形象是作用于大众传播效果中受众的心理和态度层面，这两个层面效果是品牌的信息作用于受众的知觉和记忆系统，引起受众知识量的增加和认知结构的变化，对该品牌具有情感和态度的变化。[②] 这也是品牌传播的受众效用的第二个层面。

正面积极的品牌形象是受众实施消费行为的前提与保证，这上升到行动层面上的效果；而负面消极的品牌形象则会让受众放弃品牌消费行为，品牌营销宣告失败。因此，都市报品牌资产来源于受众—品牌互动，这是

---

① 郭庆光. 传播学教程［M］. 2 版. 北京：中国人民大学出版社，2011：173.
② 郭庆光. 传播学教程［M］. 2 版. 北京：中国人民大学出版社，2011：173.

基于受众效用的品牌传播与品牌资产的呈现关系。

（二）品牌资产与消费体验的关系

以往研究表明，消费体验与品牌价值本质上是一致的，这是因为消费者产生品牌联想与品牌形象，进行品牌消费决策，形成品牌忠诚度以消费体验为先决条件。在这里，品牌资产集中体现为品牌价值（见图6-5）。

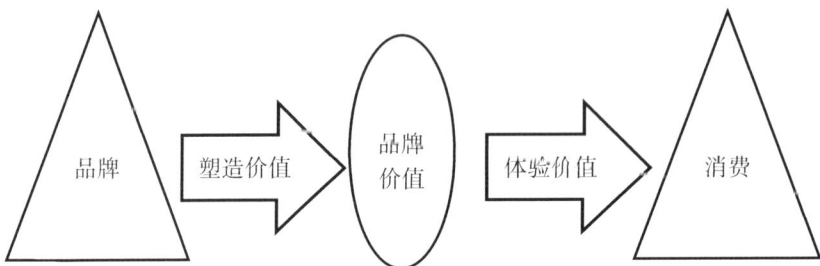

图6-5 品牌价值与消费体验的关系

品牌价值与消费体验分别对应品牌所有者和消费者两个价值主体，品牌所有者通过品牌营销塑造品牌价值，消费者要在感知品牌价值的基础上获得文化与情感的消费体验，二者具有一致性，品牌资产最终要以消费者的消费体验为标准进行衡量。

消费体验是受众对于都市报的领悟以及心理或感官产生的情绪，包含对报纸功能及价格的评判，以及消费和使用过程中获得的文化认同与情感感受。消费体验与品牌资产本质上具有一致性，形成品牌忠诚度以消费体验为先决条件，消费者产生品牌联想、品牌形象和品牌消费决策。

受众的都市报品牌消费体验作用于功能性消费和体验性消费两个层面，功能性消费是以商品属性与功能满足受众消费需求的消费模式，强调对于都市报使用价值与功能性的满足；体验性消费强调消费过程中的文化与情感体验，是以体验为内容，追求情感感受和娱乐为目的的消费模式。品牌资产的实现以受众消费体验为先决条件，与这两种消费体验模式相对应，品牌资产分为感性价值与理性价值（见图6-6）。

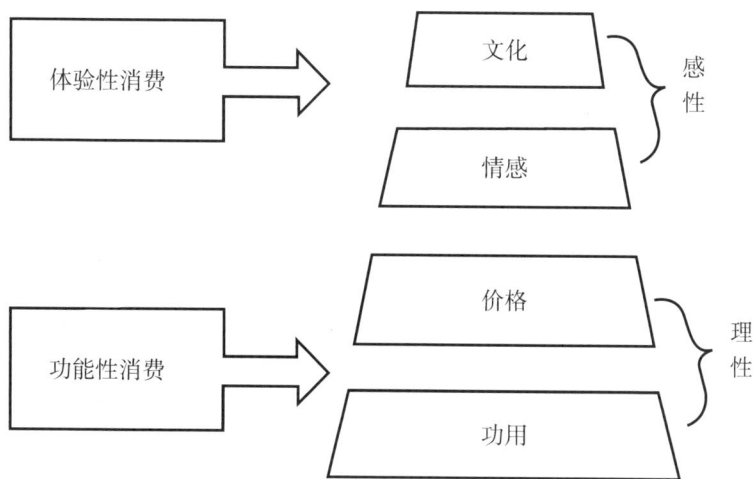

图 6 - 6　消费体验与品牌资产模型

体验性消费中的文化认同与情感感受对应品牌资产中的文化（Culture）和情感（Affection）层面，归属于感性价值，这是都市报品牌的上层建筑。功能性消费中的使用价值和功能性的满足对应品牌资产中的价格（Price）和功用（Effect）层面。功用指的是功能和效用，与价格结合是通常意义上的"性价比"，属于理性价值。

（三）品牌资产与品牌响应的关系

都市报品牌响应是品牌—受众互动，是都市报通过品牌传播将信息传递给受众，受众在综合各种信息之后对品牌产生个人的评价结果，刺激受众采取或不采取消费行为（见图 6 - 7）。品牌响应是连接都市报品牌与受众之间的纽带，受众通过品牌响应影响品牌消费决策，形成了品牌情感关系与品牌忠诚度等。都市报通过传递品牌个性和塑造品牌形象来实现品牌资产增值。

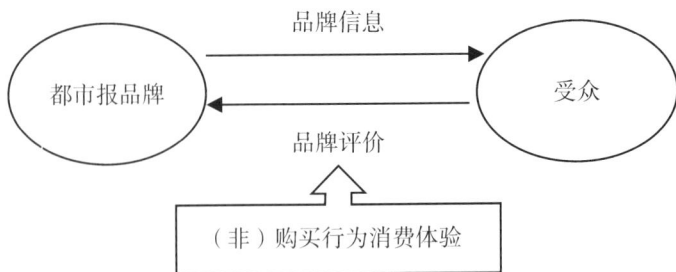

图 6-7　品牌响应模式图

基于受众视角，结合心理联想机制，都市报品牌资产源于品牌响应的内部互动和外部互动两条路径，遵循需求系统和社会交往系统的规律运行，最终产生品牌的"差别化"定位，产生不同的消费决策。

可见，消费体验、品牌响应和品牌资产存在内在的逻辑（见图6-8），品牌资产源于消费文化作用下的消费符号化的过程之中，作用于提高商品的使用价值，优化商品评价，建构良好消费体验并刺激消费者产生消费行为，受众的品牌响应是品牌能够产生价值的前提。

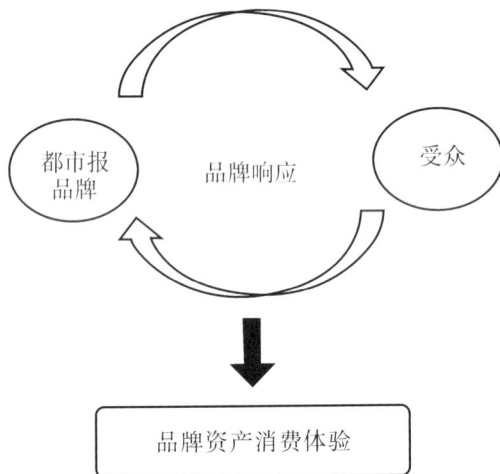

图 6-8　消费体验、品牌响应与品牌资产的内在逻辑图

品牌响应是基于受众与都市报品牌之间的符号传播与意义交换，架设受众—品牌互动关系链条，这种动态关系分为三种类型：一是品牌符号与商品本身之间（能指与所指）的关系指向品牌的名称、标识与都市报产品

之间的动态关系，目的是使受众明确品牌个性，实现品牌认可。二是品牌外观与意义表达之间（象征与被象征）的关系指向品牌的名称或标识与品牌表达或受众消费体验之间的动态关系，目的是实现品牌符号表示目前受众对品牌的感受或是品牌理念的表达。三是品牌形象与商品本身之间（反映与被反映）的关系指向以品牌文化为代表的都市报运营理念或受众消费体验与都市报产品之间的动态关系，目的是能够引导受众产生预设的体验与感觉，并将品牌符号与内容质量之间建立牢固的对应关系。

第三节　都市报品牌资产管理与消费体验

消费体验既指都市报受众在品牌消费过程中的情绪和感觉，也包含受众的文化认同和身份认同。消费体验是都市报品牌在品牌响应层面实现品牌资产管理的路径，与此相对应的是，都市报的品牌认同提高受众的价值判断和认可度作用于品牌消费体验的评判维度；都市报建立品牌文化增强受众获得体验的满足感作用于品牌消费体验的感觉维度。

一、品牌认同：提高受众的价值判断与认可度

在新媒体环境下，消费文化的影响使品牌认同成为都市报受众品牌消费行为的前提，品牌认同是受众对品牌符号和意义与自我个性和社会地位的相似性认知，能够令受众产生认同感的都市报品牌会在受众的主观认知中获得较高的价值评判与认可度，这也是受众的品牌消费体验的评判维度的作用体现。同时，消费体验是产生于受众与都市报的品牌响应过程中的包括感觉、情感与思考的受众对品牌的一系列复杂的主观感受，因此，通过优化受众的消费体验以重塑品牌资产并不简单。

（一）都市报品牌认同主要来源于符号—象征消费

Keller 曾指出，获得消费者的认同、实现消费者与品牌之间的共鸣是构建消费者与品牌关系的关键，也是创造品牌资产的关键。品牌显著度与品牌特点有关，是消费者实现正确的品牌识别环节，而品牌认同的前提是消费者对品牌有一定程度的认知，它产生于消费体验。消费体验是个人性的活动，基于品牌传播的消费体验是品牌与消费者的互动，通过品牌消费

体验使消费者明确产品功能，产生对品牌的理性评价和个性化感觉，创造对品牌资产的传递。

Keller 的基于消费者的品牌资产概念认为，从消费者对品牌的反应、评价、态度、联想、共鸣、行为等方面来测量品牌资产更能较准确地反映品牌在市场中的位置。[①] 品牌在消费者心目中的形象直接影响消费者的品牌认同。从认知心理角度来看，品牌认同的形成本质上是让消费者在对品牌的外在标识、产品性能及消费特性等认知基础上，形成固定文化意义和精神象征等特定指代联结，进而通过心理刺激方式，使这种联结强化到足以提升消费者的价值判断和认可度，影响消费决策行为。

品牌资产实际表现为品牌影响力，即品牌开拓市场、占领市场并获得利润的能力，品牌认知度、品牌知名度、品牌美誉度、品牌忠诚度等是其具体考量指标。品牌影响力来源于消费者对品牌的直接评价和认可，受众形成良性的品牌认同能提升受众对品牌的判断和认可度。都市报品牌资产管理的核心在于构建一系列独特的品牌识别特征、品牌象征意义和个性等，这些都是刺激受众产生品牌联想和品牌认同的关键要素。

品牌认同指代消费者对品牌的情感依赖以及消费者个性与品牌含义之间的一致性程度。[②] 都市报品牌认同主要来源于符号—象征消费，受众认为都市报的符号价值表现出自我差异性。具体而言，受众通过品牌的符号—象征消费达到展示自我或区别他人的目的而购买与自我个性或追求的个性相一致的都市报品牌，都市报品牌个性跟受众的个性或者追求的个性越相似，越容易与受众产生共鸣，使受众对其产生一种认同感，满足受众的情感需求。因此，基于受众心理的品牌认同涉及两个品牌个性以及个性的相似性两个层面的要素。

品牌个性是消费者赋予品牌以人格化特征的集合。Aaker（1997）在人格理论和消费文化理论的基础上将品牌个性归纳为纯真、刺激、称职或有能力、教养和强壮五个维度。对于品牌个性的本土化研究，以黄胜兵和卢泰宏（2003）的具有中国传统文化特色的品牌个性维度为代表，包括仁、智、勇、乐、雅，分别与 Aaker 的五个品牌个性维度相对应。品牌个性与品牌认同的相关性关系依赖于自我定义的消费心理机制，个体根据个

① KELLER K L. Conceptualizing measuring and managing consumer – based brand equity ［J］. Journal of marketing, 1993, 57（1）: 1–22.
② 李华敏，李苣. 消费者体验、品牌认同与品牌忠诚的关系研究——以苹果手机的青年消费者体验为例 ［J］. 经济与管理, 2013（8）: 65.

性特征来定义个体自我，根据所属社会群体的特征来定义社会自我，自我
定义意识与品牌个性的相符程度影响品牌认同。对都市报品牌而言，品牌
具有的个性能否得到目标受众的认同、得到多大程度的认同，是影响受众
判断和认可度的决定要素。在认可黄胜兵和卢泰宏所提的传统文化的五个
品牌个性基础上，本节建构了都市报品牌认同与品牌资产关系模型（见图
6－9），它们之间存在着依存和影响的关系。

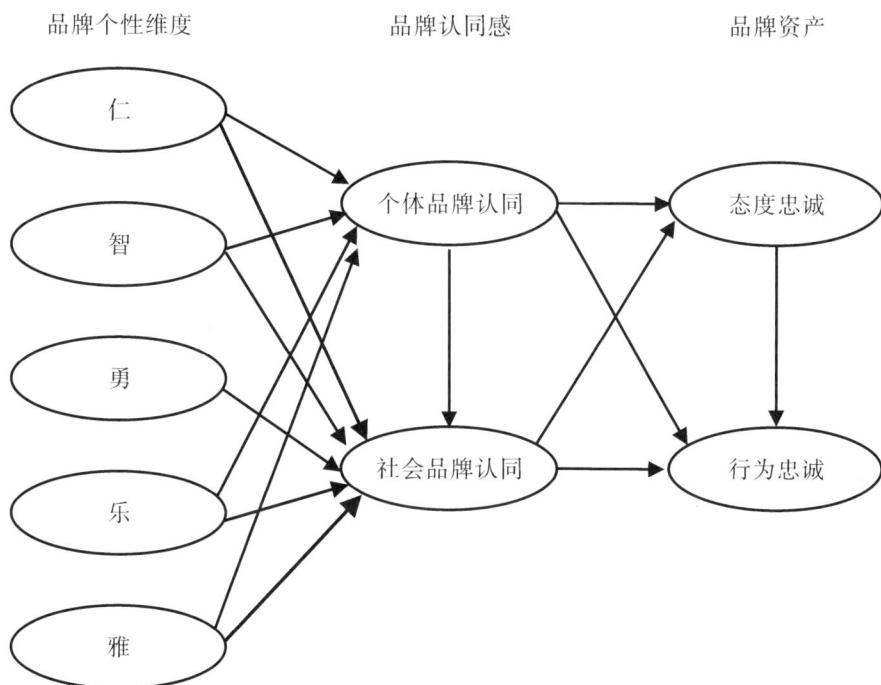

图 6－9　品牌认同与品牌资产关系模型

　　在个性的相似性层面上，品牌个性与消费者个性的相似程度取决于自
我定义的结果，即消费者的自我个性定位能否与品牌所塑造的形象相一
致。根据定义自我的动机不同，品牌认同在个性的相似性层面上分为个体
品牌认同和社会品牌认同。都市报品牌是受众的内在情感需求和价值倾向
的外在表现。在多样化的媒介消费中，都市报品牌消费为消费者提供了一
种表达自我、实现自我认同的文化生活方式。消费者的社会自我是基于自
身所属的社会群体来定义，当某一品牌能够展示消费者为特定群体内成员
的地位或彰显所属群体时，能够在消费行为中产生对品牌的社会认同。

（二）品牌认同感让都市报受众产生认可度

（1）都市报的品牌个性塑造应以不同的品牌诉求目的为依据。都市报受众具有固定的阅读习惯，他们的文化层次与社会地位相对较高，因此，都市报的品牌个性塑造应充分考虑受众意欲，通过都市报品牌来满足自己对社会地位、社会认同及尊重等社会性需求，那么，品牌个性的塑造则应以社会属性的建构为重点。

（2）品牌认同提供了受众自我组织与自我设计的素材。品牌认同基于品牌所蕴含的文化意义或内涵，当受众感知到品牌内涵的某一部分与自我认知相似之时，会激发消费者个体主动与品牌进行联结，在品牌响应中产生认同感。因此，都市报需在分析了解目标受众的个性特征的基础之上，预测受众的心理需求以及其对于品牌的期待，发掘自身品牌与受众之间的共性，通过建立与目标受众个性特征相似且鲜明的品牌个性，以激发受众对都市报品牌的认同。比如，《南方都市报》以"办中国最好的报纸"为办报方针，明确规定在广告旺季新闻版块的广告占版率也不能超过50%，配合一系列的以"责任中国"为主题的公益活动，"办中国最好的报纸"的理念深入人心，成为联结《南方都市报》与受众价值观及其情感的纽带，[①] 获得广大受众认同，提高了受众对该报的认可度，为品牌增值。

（3）品牌认同感让受众产生认可度。都市报品牌通过塑造特定的品牌形象和品牌个性会使得受众产生一种身份的表达，当受众感知到特定都市报的品牌能够表达自己，则会给予品牌一定的认可度并使品牌增值。在受众对都市报品牌的社会认同方面，需要以目标受众的社会阶层和社会关系为依据，立足于受众的社会认同的需求，着力使都市报的品牌形象贴近受众、服务受众。都市报拥有鲜明的品牌个性更易于让受众产生品牌认同，而高度的品牌认同意味着受众与品牌间长期持续关系的形成，增加品牌资产。

以《华西都市报》为例，它将"主流化"思路强化，提出"新主流都市报"理念，摒弃单纯依靠原始诉求的社会新闻和低俗性的花边新闻，讲求政治意识、责任意识和全局意识，履行社会公器职能，坚守新闻专业主义和新闻理想。《华西都市报》的高水准定位使受众更容易认同，并提升对报纸品牌的评价。同时，《华西都市报》将受众定位从普通市民转变

---

① 魏东. 南方都市报：品牌营销创造未来［J］. 广告人，2009（4）：161.

为社会主流群体，即社会地位较高、见多识广、知识层次较高的人群。他们一般具有稳定的文化产品消费习惯，在社会传播中充当意见领袖的角色，对都市报品牌的认同与评价能够影响更为广泛的受众群体。另外，在内容创造方面上，《华西都市报》增加原创性新闻和提升常规性新闻之时淘汰边缘性新闻，充实主流性新闻，打造精品化内容，让《华西都市报》更适合受众阅读，其内容的思想深度更易激发受众的思考和情感，实现受众在心理上对品牌的认同。可以说，《华西都市报》的改革从理念到具体实施是一个庞大、复杂的工程，都是致力于提升社会主流群体受众对品牌的认同。

二、品牌文化：增强受众获得体验的满足感

品牌文化是品牌所蕴含的文化内涵，传统文化、历史和神话传说等都可以成为品牌文化的内涵。都市报是一种文化产品，品牌文化成为受众消费体验的重要因素，品牌文化代表着品牌在消费者心目中的印象、感觉和附加价值，是结晶在品牌中的经营观、价值观、审美因素等观念形态及经营行为的总和，能够使受众的消费体验产生心理满足，具有超越报纸本身的使用价值而使都市报品牌差异化。

（一）都市报品牌文化与受众的品牌消费体验密切相关

都市报名称是品牌文化最直观的展现，其历史或传统的意蕴能使都市报品牌增加文化内涵，提升品牌资产。如，《燕赵都市报》品牌名称取自"河北省"的别称；《新京报》中"京报"源于清朝在北京出版的半官方性质的"邸报"，后邵飘萍创刊的《京报》在民国初年影响巨大。同时，都市报品牌的历史与传统内涵，是其品牌文化的重要内容，成为受众品牌消费的着力点。

1. 都市报品牌文化与受众品牌体验密切相关的主要体现

对于都市报而言，品牌文化不仅是品牌所有者建构的，表现品牌个性与特色的品牌理念文化，也是都市报内容的涵盖范围和价值取向的物质文化，更是被目标受众所认可的，刺激产生品牌情感和品牌忠诚度的行为文化。都市报品牌文化与受众的品牌消费体验密切相关，主要表现在：一是品牌文化的对象是都市报和受众，都市报各自个性的文化特征是源于对目标受众的深入了解，基于调查和研究分析的结果拟定出来的，成功的品牌

文化塑造能够提升品牌的认知度，强化品牌的知觉质量。强势品牌的首要因素就是拥有很高的知名度，受众才能在消费体验中产生品牌信任。二是品牌理念是都市报建构品牌文化的基础，它是品牌作用于受众的品牌联想，影响着受众的品牌消费体验的获得。具有独特、丰富的品牌含义会赋予受众更多的品牌联想，实现与受众的情感沟通，更有可能击中受众的需求，形成准确的品牌定位而为受众所接受。三是都市报作为社会公器，其品牌文化必须充分考虑其社会角色和社会责任。都市报塑造优秀的品牌文化，必须倡导正确的价值观，促进社会进步。品牌文化会渗透到受众的消费行为中，如参与报纸舆论、公益活动等，同时，受众的品牌消费行为也会影响品牌文化的传播与品牌理念的传达，支撑都市报达到期望塑造的品牌形象。

2. 品牌文化促使受众的消费心理转变

都市报的品牌文化演变表明了受众对都市报品牌消费需求的变化。品牌文化是都市报丰富价值内涵的品牌资产，品牌文化的传播对受众的消费心理产生巨大影响。品牌文化的丰富为受众提供了更高层次的品牌消费体验。一是从物质到情感。获得都市报的使用价值是受众消费的基本目的，也是受众品牌消费的前提。受众的消费效用构成随着消费观的变化而变化，品牌文化的产生既是迎合受众消费观变化的产物，也是推动受众整体消费观变化的实现，受众的消费实现了由需求到欲望、由满足到满意的价值观变化。现如今，受众的都市报消费的功用效能逐渐弱化，情感效用的需求逐渐增大。都市报品牌文化有助于受众进行自我认同与社会认同，也是受众的社会地位与个人身份的彰显，更是提升受众对都市报品牌认可度的资源，都市报品牌文化凸显了受众的情感效用的需求满足。二是从满足到满意。满足与满意是消费效用的两个层次：满足是获得使用价值的功能效用，是较低层次的需求，并不注重个人的心理感受；满意是生理和心理效用的统一，是消费者追求物质满足到追求物质和精神的全面满足的过程。而消费文化贯穿于受众的都市报消费行为的始终，越是受众认可度高的品牌文化，受众越容易获得预期的品牌消费体验的满足感。

3. 都市报的品牌文化是受众获得消费体验的内在动力

消费体验是消费者个性化的消费活动，是自我受到商品内容或品牌文化的影响而产生的回应性的感受。"消费是个人主体性的事件，消费体验来自新奇、愉悦及享乐的感觉，是由消费者'主观评断的美学评估''情绪感受'及'抽象意义'等所组成。"① 如今，我们已经进入"感性"消费的时代，重视"情绪价值"胜过"机能价值"。世界著名的 BBDO 广告公司的研究（2000）证实：消费者在选购品牌时不像以前那样偏重理性的考虑，而更注重使用不同品牌能体现不同的自我个性与情感。②

可见，都市报依据目标受众的特征与需求进行品牌文化定位，并将品牌文化传播给受众。品牌文化是都市报品牌与受众心理产生共鸣的纽带，都市报受众的心理需求能够得到满足，自我个性得到表达，获得品牌消费体验的满足感（见图 6 – 10）。

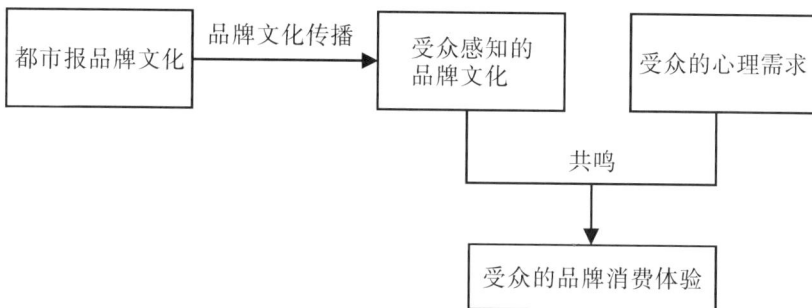

图 6 – 10　品牌文化与消费者的品牌消费体验关系图

基于受众的品牌消费体验的品牌文化的建立要满足受众对品牌个性体验的感觉需求，提升受众对品牌资产的评判。具体而言，都市报的品牌文化塑造是基于两大标准：一是都市报品牌文化要适合报纸内容的特征，表现报纸风格，有利于受众感知都市报的品牌资产；二是都市报品牌文化要与目标受众的特征相契合，能够展现受众的品位和个性特征，这样才能增强受众的认同感，提高品牌影响力。

（二）都市报品牌文化提高受众消费体验的着力点

感觉和评判是受众品牌消费体验的两个重要维度，要建立基于受众的品牌消费体验的品牌文化，就要满足受众对品牌个性体验的感觉需求，提升受众对品牌资产的评判。具体而言，都市报的品牌文化塑造是基于两大

---

① 　J. 保罗·彼得，杰里·C. 奥尔森. 消费者行为与营销战略［M］. 韩德昌，译. 沈阳：东北财经大学出版社，2000：178 – 205.

② 　刘海燕. 基于消费者行为的品牌文化研究［D］. 北京：北京交通大学，2008：26 – 27.

标准：一是都市报品牌文化要适合报纸内容的特征，表现报纸风格，有利于受众感知都市报的品牌资产；二是都市报品牌文化要与目标受众的特征相契合，能展现受众的品位和个性特征，这样才能增强受众的认同感，提高品牌影响力。

随着媒体之间竞争的加剧，都市报内容的时效性、新鲜性、重要性等新闻价值已经不能成为受众选择媒介的重要指标，受众的需求转向媒介品牌消费的感觉，也就是品牌所具有的个性化、知名度等特征。

"感觉消费"使得受众在选择都市报品牌时会注重消费中的感觉，感觉该品牌是否与自己的形象相符合、能否表现自我的个性与品位。因此，品牌文化能够表现品牌的外在特征与内在的独特魅力，成为受众选择都市报品牌的重要依据。

都市报品牌文化的建立要能够提高受众的获得体验的满足感，主要着力点在于：

1. 创建都市报品牌核心价值

建构自身的品牌文化，创建品牌的核心价值需首要考虑。只有形成明确的价值观定位才能使都市报品牌展示给受众充满个性的文化理念，从而在受众认同中形成鲜明的个性文化。常见的都市报品牌资产的核心价值观包括：以报纸内容为核心竞争力提出的价值观，如《三湘都市报》的"精于此道，以此为生。好看，好用，好玩"、《新京报》的"负责报道一切"；以强调社会效益而提出的价值观，如《大河报》的"贴近实际、贴近生活、贴近群众"、《潇湘晨报》的"影响湖南"；以立足于受众满意的价值观，如《燕赵都市报》的"为市井人家办报，让平民百姓爱读"、《新快报》的"办最受市民喜爱的报纸"；以体现经营主张，引导受众情感共鸣，如《华西都市报》的"办主流大报，树百年品牌"、《南方都市报》的"办中国最好的报纸"。品牌文化的建构应该以核心价值为中心，渗透到品牌理念、意志、规范和群体风格等品牌文化所包含的方方面面，构成一套完整的价值体系。

2. 融合承载民族文化

民族文化是受众所共有的文化背景，民族文化映射受众的群体特征，并通过思想心态和行为特征表现出来。都市报的品牌文化与民族文化相融合适应，才能使受众产生认同感并获得品牌的依赖感。承载民族文化的都市报品牌文化能够融入这种统一的价值体系而获得社会认同，如，《楚天都市报》的"让党和政府放心，让人民群众满意"的办报方针贴合中国文化实践和价值观的表现。都市报的品牌文化本质上作用于受众的消费心理，只有满足了受众在品牌消费体验中的文化心理和价值取向，都市报才可能获得更广泛更忠实的受众群体。

3. 彰显艺术审美内涵

受众的感觉消费对都市报品牌提出了审美要求，受众既希望产品能够带来良好的精神感受，还会把自身的情感意志体现在消费中，使文化背景、生命认知、情绪反应等心理特征成为品牌文化域的组成部分。都市报是精神产品，包含为受众提供心理上产生美好情感的感受产品和启迪受众对精神价值的追求与期待的意愿产品两个层次。只有具备丰富的艺术审美内涵的品牌文化，才能使受众实现从感受到意愿层面上的升华，进一步增强都市报的品牌忠诚度，促进都市报品牌资产增值，达到都市报品牌资产管理的要求和目的。

第七章　受众—品牌：都市报 ABBE 管理模型的关系向度

　　Keller 的 CBBE 金字塔模型以及本书以此为基础构建的 ABBE 管理模型的最后一步均聚焦了消费者与品牌之间建立起来的终极关系与认可水平，其中"品牌共鸣"被认为是终极关系的核心。品牌共鸣会让消费者对商品或服务产生强烈的"依附"，使他们成为忠实消费者并会主动向他人推荐，自发完成口碑传播。都市报作为一种特殊的商品，应发挥信息提供者和观点生产者的作用，不断提高受众的价值判断与认可度，营造品牌文化增强受众消费满足感，这为受众和都市报之间产生共鸣关系纽带创造了条件，继而有利于实现都市报的品牌资产增值。

第一节　都市报受众—品牌关系的理论渊源与研究维度

　　受众—品牌关系的理论来源于消费者—品牌关系，它是都市报品牌资产管理的基本出发点。消费者—品牌关系面对新的媒介圈，要求转变品牌传播观念。随着品牌理论持续升级演化，受众形成了日渐深远的品牌资产观，都市报随之兴起了受众为导向的品牌资产管理理念，促使都市报经营管理的品牌化发生了转向，这些因素是受众—品牌关系成为都市报品牌资产管理的逻辑起因。都市报在消费者—品牌关系理论的指引下，对受众—品牌关系的主体、流程和质量三个研究维度进行了解析，以期追寻到品牌资产管理的入口。

一、理论渊源：消费者—品牌关系

　　都市报受众—品牌关系的渊源理论是消费者—品牌关系理论。1992年，Research International（简称 RI）市场研究公司的 Max Blackston 在借鉴人际关系交往理论的基础上，规范品牌关系理论，创造性地提出品牌关系理论就是"消费者对品牌的态度与品牌对消费者态度间的互动"[①]，品牌关系概念自此正式出现。Blackston 用人际关系关照品牌关系，以平等的视角考察消费者与品牌两个同等重要的元素。此后，有关品牌关系的研究层出不穷。哈佛商学院的 Susan Fournier（1998）提出品牌关系质量（Brand Relationship Quality，简称 BRQ）模型，成为更好地理解消费者与品牌联结的关系模型框架，这是品牌关系研究中具有较大影响力的模型之一。

（一）消费者—品牌关系：关系营销学的新视角

品牌关系理论兴起的一个重要原因是关系营销对于营销范式的根本性影响以及致力于维护品牌忠诚度的努力。关系营销研究兴起于 20 世纪 80 年代，蓬勃发展于 20 世纪 90 年代（见表 7-1）。美国学者 Berry（1983）最早提出关系营销概念，Berry 认为获得新客户的成本较高，而为老客户提供服务并提供新的产品与开发新客户有着同样重要的地位；Jackson（1985）、Grobroos（1989）等相继补充完善关系营销理论，通过对相关定义的梳理后发现，关系营销本质为高效沟通和互惠互利，与以往的交易营销存在本质上的差别。

表 7-1　关系营销相关概念梳理[②]

研究学者	关系营销概念
Berry（1983）	在多重服务组织中，以吸引和维持来加强与消费者的关系
Jackson（1985）	是与个别消费者发展稳固、持续关系的营销导向
Grobroos（1989）	建立、维持和加强与消费者及其他合作伙伴的关系，经由相互交换和实践承诺来达成满足双方的目标
Copulsky，Wolf（1990）	结合了广告、销售促进、公共关系和直销等要素，来建立一种比较有效的营销方式，这种方式旨在通过一些相关的产品和服务，来发展一种同消费者的持续关系
Berry，Parasuraman（1991）	吸引、发展和保持消费者关系

[①] 苏浏静. 基于关系营销发展的品牌关系管理研究 [J]. 市场营销，2007 (4)：77.
[②] 汪涛，陈露荣. 关系营销理论评述与本土化新解 [J]. 财贸经济，2004 (12)：62.

（续上表）

研究学者	关系营销概念
Doyle，Roth（1992）	关系营销的目标是经由与主要客户发展信任的关系，以获得优先供应的地位
Gummesson（1993）	是一种讨论互动，关系和通路管理的策略
Exams，Laskm（1994）	是一种过程，借此过程企业与消费者建立长期的联盟，买卖双方共同为特定的目标努力
Morgan，Hunt（1994）	为建立、发展和维持成功的交换关系所进行的一切活动
Berman（1996）	以信任和承诺为基础在买卖双方之间建立及维持长期关系

关系营销产生之前，营销理论以交换和交易为中心，主要研究营销渠道和消费者行为。Keller 认为，关系营销较之交易营销，更好地抓住了营销的本质。关系营销在维护现有消费者关系的基础上，更为注重与消费者建立长期的联系，代表着商业活动的本源回归，是对营销理论的重要突破。关系营销是品牌关系的重要理论基础，与客户建立互利、互信、持久的关系是企业践行关系营销理论的基本要求。关系营销导向在营销学领域的运用主要集中于客户关系与品牌关系两个范畴，而品牌关系的研究对象与范畴更为具体。由于关系营销与品牌关系理论具有高度的理论同源性和概念一致性，品牌关系可视作关系营销在品牌研究领域的新成果。从时间维度来看，关系营销的探索明显早于品牌关系，无可避免地给品牌关系理论的产生发展带来了影响。

（二）消费者—品牌关系六因子：中国消费者品牌关系质量测量（CBRQ）模型

综合比较多个品牌关系质量模型后，笔者认为何佳讯的一阶六因子分析更为符合中国社会文化背景下品牌关系的现状，能为都市报品牌资产管理提供指导性帮助。何佳讯将中国消费者与品牌关系解构为社会价值表达、信任、相互信赖、真有与应有之情、承诺、自我概念联结六项因子，并构建具有开创性的品牌关系质量测量（Chinese Brand Relationship Quality，简称 CBRQ）模型（如图 7 - 1）。与国际广受关注的 Fournier（1994，1998，2000）BRQ 模型相比，CBRQ 模型中的信任、相互依赖、承诺和自我概念联结四个维度与 BRQ 模型内容相吻合，而社会价值表达和真有与应有之情成为中国品牌关系研究的新维度。

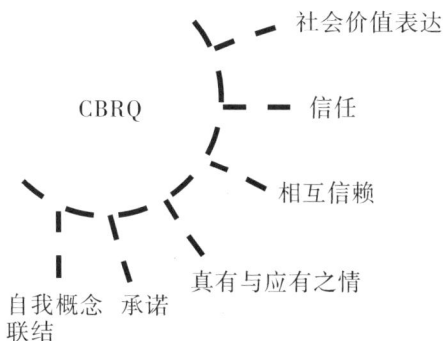

社会价值表达

信任

CBRQ

相互信赖

真有与应有之情

自我概念　承诺
联结

图 7 - 1　品牌关系一阶六因子①

其中，"社会价值表达"是消费者对品牌象征性地赋予自己社会地位、社会赞赏和影响的知觉程度，它能够给消费者带来的是一种愉悦性的骄傲情绪。② 品牌作为一种象征性的符号元素，成为都市报受众人格的外在表达与展现，选择阅读哪种都市报，对受众来说，掺杂着越来越多价值表达的元素。"信任"是受众对都市报品牌行为按照自己期望发生的认知和感觉程度，都市报的信任代表着对其内容质量的肯定和对其办报方针和管理宗旨的认可，与受众建立牢固的信任关系是受众—品牌关系的基础和内在要求。"相互信赖"是都市报受众与品牌之间亲密关系的深度解读，经济因素对社会各方面深度涉入，成为建立依赖关系的首要考量因素。"真有与应有之情"是借用杨中芳（2001）所提"真有与应有之情"③ 的概念，指称品牌关系中的情感层面，消费者对品牌喜爱而产生难以抑制的正面情绪反应，以及受到文化规范营销产生的义务上的感情。④ 都市报品牌资产管理中常存在"应有之情"占据上风而"真有之情"较为薄弱的情景，这是都市报尚有舆论宣传工具所留下的"通病"，如何提高都市报受众的"真有之情"成为营造良好品牌关系的关键。"承诺"，Fournier（1998）对其做出定义：不管环境是可预见还是不可预见，承诺是一种与品牌保持长久关系的意图。承诺是一种长期

---

① 何佳讯. 品牌关系质量本土化模型的建立与验证［J］. 华东师范大学学报（哲学社会科学版），2006（3）：100 - 103.

② 何佳讯. 品牌关系质量本土化模型的建立与验证［J］. 华东师范大学学报（哲学社会科学版），2006（3）：100 - 106.

③ 杨中芳. 中国人的人际关系、情感与信任：一个人际交往的观点［M］. 台北：远流出版事业股份有限公司，2001：VIII - XII.

④ 何佳讯. 品牌关系质量本土化模型的建立与验证［J］. 华东师范大学学报（哲学社会科学版），2006（3）：100 - 106.

的意图，蕴含稳定和持续的意义，都市报受复杂市场环境和新媒体替代品增多的影响，它与受众之间要保持长久关系的意图尤为艰难，承诺即成为一项弥足珍贵的重要品质。"自我概念联结"，Fournier（1998）认为其具体内涵为，反映品牌传达重要的认同关注、任务或主题，是表达自我的一个重要方面的程度。都市报受众要通过都市报品牌进行自我表达，将个体自我与社会自我和谐地统一在一起，良好的品牌关系能让其成为受众自我认同和社会表达的工具，成为联结主我与客我的桥梁。

喻国明（2003）认为传媒真正的市场价值在于"能够在多大程度上保持对目标受众的影响，并且这种对受众的影响力能在多大程度上进一步影响社会进程、社会决策，影响市场消费和人们的社会行为"[①]。CBRQ 模型综合了国内外研究成果，结合中国独特文化结构，揭示了消费者与品牌建立关系的重要维度和基本途径，为本土企业的品牌关系建设提供更符合实情的理论支持，同样能为我国都市报的长久健康发展提供理论指导，预测受众态度和行为变化，监测受众—品牌关系，制订品牌资产管理的解决方案，从这点上来说具有较强的学术价值和应用价值。

二、研究维度：主体、流程、质量

面对复杂的品牌生态环境，对品牌关系的国内外研究进行梳理，它们主要集中在主体研究、流程研究和质量评测研究三个层面（如图 7 - 2），形成品牌关系研究的基本理论框架。

品牌关系主体研究　　　　　　　品牌关系流程研究

消费者—品牌
关系研究

品牌关系质量评测研究

图 7 - 2　消费者—品牌关系研究维度

① 喻国明. 影响力经济——对传媒业本质的一种诠释［J］. 现代传播，2003（1）：1 - 3.

1. 品牌关系主体研究

Max Blackston 最先指出品牌关系中的主体结构，消费者与品牌成为品牌关系研究的基础结构；Observations（1995）继续主体研究视角进行分析，将品牌与品牌，消费者与消费者等作为对象列入研究序列之中。都市报的品牌资产管理的品牌关系主体同样关涉多维度的角色，除了都市报和受众的关系之外，都市报自身内部关系，都市报之间的关系都是品牌关系研究的主体，但是本书只聚焦最为关键的受众与都市报之间的关系，围绕品牌关系最初始的受众角度开展分析讨论。

2. 品牌关系流程研究

关注品牌流程研究的学者均倾向于将消费者与品牌的关系视作动态变化的过程。如，Levinger（1983）提出的关系五阶段为起始、成长、持续、恶化和瓦解阶段；Dyson，Fatt 和 Hollis（1996）提出品牌关系动态金字塔模型，认为品牌与消费者间的关系会随着金字塔层级的升高而升级，以消费者需要满足为主要内容，强调品牌对消费者利益和情感的满足能够最终强化两者间的联系；Cross 和 Smith（1998）围绕消费者与品牌的接触过程提出五阶段论：认知、认同、关系、族群和拥护。品牌关系流程的相关研究能够为都市报品牌关系系统化建设提供帮助，它被分解了的品牌关系建设过程能为都市报品牌关系的建设提供不同时期的跟踪指导。

3. 品牌关系质量评测研究

品牌关系质量评测研究的核心内容在于品牌关系的状态及其强度，这是分析都市报品牌关系的关键维度。Blackston（1992）通过研究发现，成功的品牌关系立足于消费者对品牌的信任和满意两项元素；Fournier（1994，1998）从爱与激情、自我联结、相互依赖、个人承诺、亲密感情和品牌的伴侣品质六个维度分解他所提出的 BRQ 模型；Duncan 和 Moriarty（1999）进一步以知名度、可行度、一致性、接触点、同应度、热忱心、亲和力和喜爱度八个维度评价消费者与品牌间的关系，相比而言更为完备。但是目标指数是否完善，指标之间是否有排他性就不得而知了。[①] 周志民认为品牌关系是更多关系主体交织的结果，最终形成广义的品牌概念复杂集群，而承诺或相关度、归属或关注度、熟悉或了解度、信任或尊重度、联想或再认度则构成品牌关系指数；何佳讯通过融合中西方的跨文化

---

① 卢泰宏，周志民. 基于品牌关系的品牌理论：研究模型及展望［J］. 商业经济与管理，2003（2）：4－9.

分析后，提出中国消费者品牌关系测量的模型（CBRQ），囊括了社会价值表达、信任、相互信赖、真有与应有之情、承诺、自我概念联结六项要素，并提出中国消费者与品牌关系的最优模型是二阶三因子结构，三个高阶因子分别为信任与承诺因子（信任和承诺）、亲密感情因子（相互信赖和真有与应有之情）、象征性价值因子（社会价值表达和自我概念联结）。[①]

　　借鉴何佳讯的二阶三因子结构，本书将三项高阶因子划分为金字塔式的不同层面，依次是信任与承诺因子、亲密情感因子、象征性价值因子，三个高阶因子分别代表着品牌资产管理的战略选择：信任与承诺战略、亲密情感战略和象征性价值战略，[②] 这几项策略是建立在关系营销基础之上，体现出品牌关系发展的三个阶段。为了更好地指导都市报受众—品牌关系建构，本书以三个高阶因子为基础，划分出都市报受众—品牌关系建立的三个阶段，即信任与承诺阶段、亲密情感阶段、象征性价值阶段，三个阶段又分别对应品牌关系测量的六大因子：信任与承诺阶段的测量因子为信任、承诺，亲密情感阶段的测量因子为相互信赖、真有与应有之情，象征性价值阶段的测量因子为社会价值表达、自我概念联结（如图 7 – 3）。

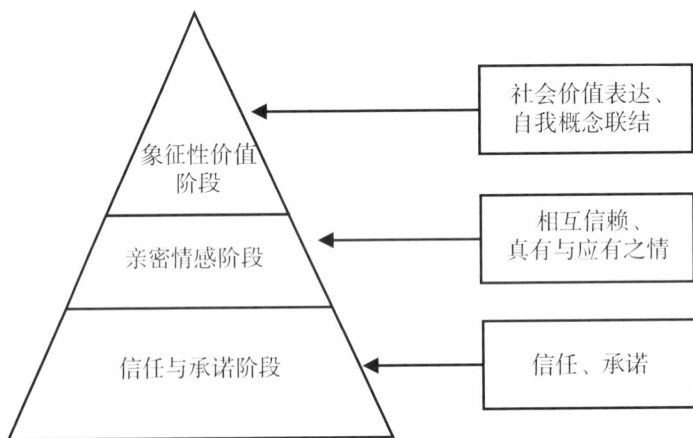

图 7 – 3　品牌关系发展三阶段

　　该划分与 RI 市场研究公司的"三阶段论"具有内在的一致性，均将

---

　　①　何佳讯. 品牌关系质量本土化模型的建立与验证 [J]. 华东师范大学学报（哲学社会科学版），2006（3）：100 – 106.

　　②　何佳讯. 品牌关系质量的本土化模型：高阶因子结构与测量 [J]. 营销科学学报，2006（3）：97 – 108.

消费者与品牌间的关系划分成不同的三个阶段。目前，多数都市报与受众间的关系仅停留在初级阶段，即信任与承诺阶段，甚至部分都市报品牌连初级阶段的水平都尚未达到，这是中国都市报品牌关系的现状。亲密情感阶段成为当前都市报建设的主要方向之一，但短时间内难以实现与受众间建立持久稳定的亲密关系，作为高级阶段的象征性价值阶段更是需要通过今后很长一段时间的努力才能有望实现。

迄今为止，受众—品牌关系相关经验研究依旧非常匮乏（Fournier，1998），尤其在国内对品牌关系研究多处于理论引介阶段，实际运用方面的研究更为稀少。因此，对都市报的受众—品牌关系进行研究具有较大意义：一是通过关系理论视角深入探讨受众—品牌关系，能更广泛且全面地涵盖受众与品牌相互关系的内容与模式；二是通过关系理论，可获得更丰富且具有诊断性作用的品牌知识，比如如何管理都市报品牌的营销组合、如何控制和影响各种关系的影响变量等；三是由于品牌关系具有动态性特征，更适合从长期、动态的受众—品牌关系视角捕捉其发展特点。

三、新媒体环境下都市报受众—品牌关系的逻辑起因和现实观照

受众—品牌关系是都市报开展品牌资产管理工作的落脚点和努力方向，这主要与受众的品牌资产观、都市报经营品牌化和品牌理论的升级有较大的关系，受众—品牌关系以其内在的联结方式为都市报品牌资产"品牌战略理论"管理的逻辑起因和现实观照提供了中间桥梁作用。

（一）都市报受众—品牌关系的逻辑起因

（1）品牌理论持续升级演化。当卖方市场向买方市场过渡，受众开始占据都市报交易市场的主导地位，为了推销产品服务和争夺竞争优势，都市报开始注重品牌资产管理，它随品牌理论持续升级演化。从 20 世纪 60年代的"品牌形象理论"，80 年代的"品牌定位理论"，90 年代初期的"品牌资产理论"，到 20 世纪末 21 世纪初的"品牌关系理论""品牌战略理论"和"品牌生态理论"（见图 7 - 4），这一系列品牌理论为都市报品牌资产管理创新提供了发展契机。

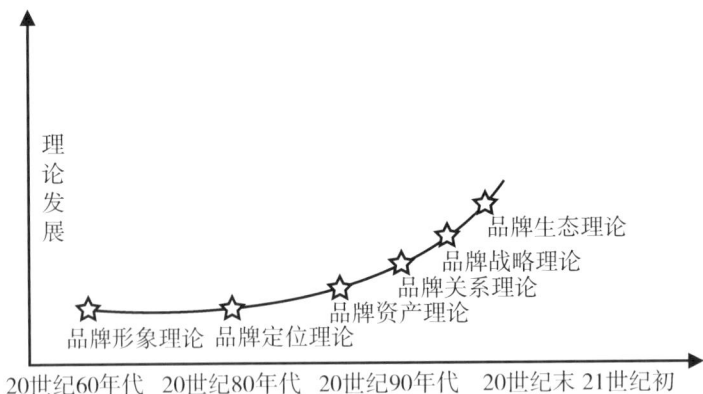

图7-4　品牌理论发展阶段①

品牌理论的演进经历了早期强调品牌在降低风险和产品识别上的功能作用，到近期强调品牌在社会性和象征性层面的价值，以及在维系受众关系方面的作用和意义上的转变。尤其是"品牌关系理论""品牌战略理论"和"品牌生态理论"诞生时间较为接近都市报创立时间，这有利于延续品牌理论聚焦受众特点，重新审视新媒体环境中受众的核心位置，提炼出"关系"元素，为增值品牌资产提供新的思路和方向。

（2）新媒体改变品牌传播。新媒体出现之前，都市报传统的品牌传播已经减少了广告投入资金，而侧重将资金投入到促销和直效营销等容易被测量的营销手段中，它的品牌传播系统基本上开始良性运作。但随着新媒体时代的到来，不断推新的技术使得受众随时随地可获得全球信息，并及时反馈、提问和挑战都市报的品牌承诺，这给予受众更多选择的机会和资源，对于固守品牌资产管理旧有思想观点的都市报经营管理者来说不得不说是一项巨大的挑战。

（3）都市报受众日渐深远的品牌资产观。新媒体环境下，都市报经历着传播方式从传统的"点对面"向"点对点"的转变，受众的行为方式和心理特征随之发生变化，数量巨大且聚焦集中的营销信息在迎合变化的受众时重新塑造了受众。Keller认为强势品牌具有丰富的内涵，包括属性、利益、价值、文化、个性和使用者六个维度的核心内容，其中，"使用者"为对品牌具有较高认可的受众，对都市报而言即为都市报的核心受众。同时，依照Maslow的需求五层次理论，人类需求像金字塔一样囊括有生理需

---

① 韩福荣，王士卿．品牌理论发展评述［J］．世界标准化与质量标准，2006（9）：4.

求、安全需求、社交需求、尊重需求和自我实现需求五个递进的层次，受众—品牌关系作为需求的高级层次，成为都市报争夺受众的重要武器。

（4）受众导向的都市报品牌资产管理理念兴起。Levitt（1960）首次提出"消费者导向"概念，指出都市报要生存就要适应市场化需求，向消费者提供价值和提升其满意度。本质上来说，受众导向是将受众置于都市报经营管理的核心位置，将受众视作维系都市报生存的核心要素。因此，受众导向是都市报赢得市场竞争的主要指向，是都市报适应报业市场变革的重要举措。都市报只有主动以受众为核心，紧抓受众的需求点，坚持受众导向的品牌管理理念，了解和满足受众的信息需求，实现品牌资产的增值，才能在新媒体环境中分享到更多数量和更高质量的受众，都市报的生存和发展才有更多的空间可言。

（5）都市报经营管理的品牌化转向。吕尚彬认为国内部分都市报正从办报理念、目标受众、新闻报告，到受众接触点和市场经营模式等方面经历主流化转型，它是都市报从报业市场的一种大众化报纸种群形态转变为更为高级的报纸种群形态，都市报的市场经营模式的基点转向正从传统的受众规模支撑逐步侧重于对都市报自身品牌资产的建设。① 自本杰明·戴的《纽约太阳报》开创了对受众注意力的"二次售卖"模式以来，这种模式已经成为国内外众多都市报的主流经营模式，但其过度关注受众注意力、娱乐煽情新闻泛滥、新闻内容低品质等缺点为都市报的长久发展埋下隐患。相比之下，加强都市报品牌资产管理，重塑受众—品牌关系是都市报良好持续发展的有力策略。实践证明，经历"跑马圈地式"发展后，我国出现了《华西都市报》《南方都市报》等一批优秀都市报品牌，这是新媒体环境下都市报主流化发展品牌资产管理的成效。

（二）都市报受众—品牌关系的联结方式

经过变革发展，都市报依托优质内容、角色定位、品牌活动和构筑品牌社区等联结方式将受众与品牌之间串联起来，都市报受众—品牌关系的联结方式主要有四种：一是依托优质内容与受众建立良好关系；二是重新定位自身角色拉近受众关系；三是多方位的品牌活动打造深远影响力；四是构筑品牌社区强化情感连接。其中《南方都市报》在建立、维护和发展受众—品牌关系上投入大量心血和精力，成为都市报领域的标杆。本书以

---

① 吕尚彬，车蒙霞. 都市类报纸主流化转型的路径、误区与对策［J］. 武汉大学学报（社会科学版），2011（1）：123－128.

《南方都市报》为例，探寻都市报的受众与品牌之间的联结主线。

（1）依托优质内容与受众建立良好关系。优质内容是都市报立身之本和长远发展的核心。作为信息产品的提供者，都市报能取得成功的关键永远在于对内容品质的把控。《南方都市报》以时评、特刊和深度报道见长，塑造了新型主流媒体的形象。尤其在深度报道方面，从早先的《再见，英格兰玫瑰》，到《深圳，你被抛弃了吗》《重磅！南方都市报记者卧底替考组织，此刻正在南昌参加高考》，再到《刺死辱母者》等众多新闻报道，《南方都市报》的这些深度报道已经成为中国新闻史上的经典之作，甚至影响到中国社会进程。正是随着一篇篇专业报道的推出，《南方都市报》与受众建立起信任与承诺关系，受众能够通过高质量的内容获得准确专业的丰富信息，这些信息可满足受众认知社会现实的需要，强化了受众对信息的信赖，在获取信息过程中受众与报纸之间形成和保持着长久良好的关系。

（2）重新定位自身角色拉近受众关系。初创时期的《南方都市报》将自己定位为面向广大市民阶层的"彻底市场化和商业化的日报"，这在都市报刚刚兴起阶段，能为《南方都市报》的发展赢得先机。2003年，《南方都市报》重新将自身读者群定位于"新生主流读者群"，提出"主流才是力量"的口号，引导报纸从小报形象转向主流大报形象。《南方都市报》经历多番适应自身新定位的改革，在延续主流大报定位的基础上积极拉近与受众间的关系，通过改版、发展"两微一端"、转变受众观念等方式，加强了与受众的关联。

（3）多方位的品牌活动打造深远影响力。《南方都市报》企划总监李琼芳认为，《南方都市报》的大量公关活动已经成为其推动品牌经营的重要部分。如，从2000年起陆续推出的"华语电影传媒大奖""华语音乐传媒大奖""华语文学传媒大奖"等系列活动，推动了优秀华文文化的发展传播，让《南方都市报》逐步摆脱传统报纸大众化、市民化、商业化以及工具色彩浓厚的形象，成功塑造都市报的文化品位和社会担当的形象，让都市报成为受众进行社会价值表达的符号体系。

（4）构筑品牌社区强化情感连接。随着体验经济概念的兴起，对品牌社区的打造成为都市报连接受众的重要途径。品牌社区连接具有相似属性的受众，成为具有社交价值和互动价值的空间。都市报构建品牌社区能够让受众在集群中产生心理共鸣，进一步建立对都市报品牌的归属感。《南方都市报》在品牌社群建设中以构建价值平台为导向，运用多赢思维，最终形成牢固的利益共同体。如，《南方都市报》每年一度的时尚婚礼，整合了"时尚、结婚、旅游"系列资源，巧妙结合媒体、都市报和参与者在情感上的多角色连接。

（三）都市报受众—品牌关系的现实观照

品牌是建立在卖家对买家的承诺上，卖家承诺买家在某个方面的长期或短期利益。[①] 都市报受众—品牌关系是都市报品牌化内容产品或信息服务与受众长久持续联系的一种基础。长久持续的品牌关系不同于一般的商品简单交易，它并不是一次性简单的消费行为，更多是隐含在交易中的持续价值和关系，这要求都市报要信守承诺，持续不断地满足受众的需求。当然，不是每一个受众都会与都市报建立起品牌关系，品牌关系是一种持续的、相互认可的关系，需要都市报和受众双方均有意愿建立这种长期关系才会有真正意义上的品牌关系。

1. 受众与品牌：市场驱动的两大要素

（1）受众是主导都市报市场的关键。《营销术语词典》将消费者定义为："实际或潜在的产品或服务的购买者。"[②] 可见，受众是已经消费和未来将有可能消费媒介产品或服务的个人和机构。作为现代的受众已经主导着市场，尤其是新媒体等技术发展为他们掌握运用技术消费信息来主导市场，包括如何传播、如何接收、接收什么形式以及产生何种反应等，都可以由受众所主导。都市报作为传播者主要运用四个关键要素来制订更高效地为双方创建长期关系的传播方案：一是品牌；二是目标人群；三是可以用来创建和持续对话的传输形式；四是内容或营销者提供给受众的品牌资产主张。因此，都市报产品或服务应综合运用主要包括品牌和受众的这些主要因素来开展营销活动。

（2）都市报品牌是市场与受众的桥梁。现代管理学之父彼得·德鲁克曾指出："企业的首要任务就是制造消费者……生意是由消费者来决定的。只有消费者愿意为一件商品或是一项可以将经济资源转化为财富的服务付钱。消费者购买或者考虑的价值从来不是一件商品，而是它的实用性，也就是说，这件商品或服务到底可以为消费者做些什么。"[③] 可见，市场体系已经从营销者为主导转向为以消费者为主导，品牌是都市报与受众之间的

---

① 唐·舒尔茨，等. 重塑消费者品牌关系 ［M］. 沈虹，郭嘉，等译. 北京：机械工业出版社，2015：13.

② BENNET P. Dictionary of Marketing Terms ［M］. Lincolnwood, IL: NTC Business Books, 1995：73.

③ DRUCKER P, MACIARIELLO J. Management ［M］. New York: Harper Collins, 2008：98.

桥梁，也是成功建立都市报品牌与其受众的重要环节。同时，都市报品牌要与受众之间建立一种长久持续的关系，"持续"是个关键词，在这个瞬息万变的市场环境中，一致性、认同感和持续性已成为营销机构所要争取的关键元素，而这些元素可统称为"消费者—品牌关系"[①]。

2. 六大传播市场转变品牌传播观念

尽管现在传统的营销管理者拥有多样的方式可传播的品牌信息，但是如今有太多包括新媒体在内的媒介系统并不一定受营销管理者的完全控制，面对碎片化的信息，营销管理者开始改变其品牌传播观念。

（1）六大传播市场拓展受众概念。受众从来不是一个个体，与受众相关的利益相关者均可是受众或潜在的受众。英国克兰菲尔德大学管理学院提出一个以消费者为中心的范式（如图7-5），将分散的"市场"与相关利益的组群进行整合。由图可知，都市报最终受众（受众/最终使用者）是该市场为之聚合的中心，它的主要问题是都市报对于新旧受众的重心分配，都市报须在现有受众带来持续收益流量的基础上，开发新产品或服务，不断拓展新市场和迎合新受众，平衡好保留旧受众和吸引新受众的重心。

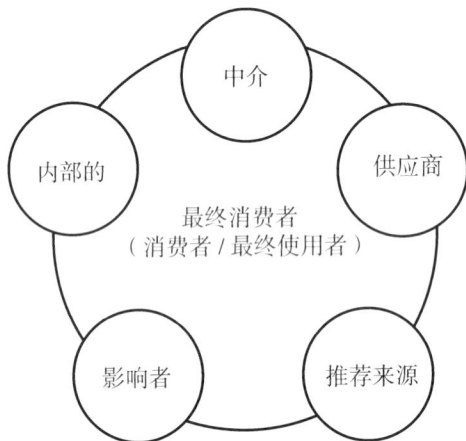

图7-5 以消费者为中心的六大传播市场[②]

当然，每一件产品或服务在六大传播市场中的角色和影响各不相同，

---

① 唐·舒尔茨，等. 重塑消费者品牌关系［M］. 沈虹，郭嘉，等译. 北京：机械工业出版社，2015：208.

受众的概念已经不是传统上的意义，品牌传播策略要针对受众群体，根据宏观环境变换做出前瞻性和令人信服的制定和调整。

（2）以受众需求为中心的视野。如今的市场强调受众媒介消费，而不是营销者信息分布。广告、公关、直效营销、促销、赞助、事件营销等品牌传播方式是新媒体出现前的传统形式，"为了真正了解品牌关系是如何被建立和持续的，营销者必须考虑的营销机会应该包括店内的、网页与博客上的，包装上的，口碑传播的，消费者个人与品牌销售人员之间的接触体验、消费者服务、渠道合作商，以及其他传播活动项目等"①。因此，都市报品牌经营管理者要开拓以受众需求为中心的视野，树立受众参与都市报品牌经营管理为品牌传播关键的思想观念。

（3）从输出要结果，共同策划寻找品牌传播基本元素。目前来说，大多数的品牌传播项目是以技术为基础，通过广告、促销活动或公关等营销活动达到品牌传播的目的，这种模式的策划者时常制造的是输出的品牌传播活动系统元素，而非获得传播活动对受众产生的影响和结果。因此，对于营销机构或人员来说，如何实现输出向结果的转化是营销工作的挑战。事实上，都市报产品或服务要成功推销到受众那里，挖掘受众价值、提高受众满意度以及建立受众—品牌的持久关系，这就需要都市报所有部门和人员积极寻找品牌传播的基本元素，主要包括：一是需要保持品牌关系的受众和其他受众；二是品牌传播的传输系统；三是品牌传播信息的内容，并整合所有的"推拉式"方法和工具开展受众与品牌关系的建立和维护。

第二节　都市报品牌资产管理受众——品牌关系向度的建构逻辑

一、基于受众—品牌关系都市报品牌资产管理的建构逻辑

都市报受众的需求发展要求有新的品牌资产管理方式，都市报的品牌

---

① 唐·舒尔茨，等. 重塑消费者品牌关系［M］. 沈虹，郭嘉，等译. 北京：机械工业出版社，2015：26.

资产管理是突破困境的重要途径。依据受众需求与品牌资产管理的匹配关系，都市报遵循原有的"二次售卖"商业模式，对商业模式的产品或服务、目标用户、收入模型、价值评估等要素开展品牌资产管理实践活动，主要包括孵化受众—品牌关系和延伸受众—品牌关系，通过这两条实践途径来提高都市报品牌资产管理工作实效。

20 世纪 50 年代，美国学者施拉姆曾根据经济学的"最省力原理"提出受众选择媒介的概率公式：受众媒介选择的或然率（P）＝报偿的保证（V）÷费力的程度（C），即受众选择某一媒介的概率，与报偿的保证成正比，与费力的程度成反比。该公式简单直接地阐释了受众媒介选择的两项原因，具有明显的经济学特点，但是就"报偿的保证"来说，得到报偿在一定程度上意味着是对信息需求的满足，这点隐含在经济分析的背景之中，直至 E. 卡茨的"使用与满足"理论的提出才逐渐明朗。E. 卡茨（1974）在其著作《个人对大众传播的使用》中首次提出"使用与满足"理论，将受众的媒介接触行为概括为"社会因素和心理因素共同作用下，产生媒介期待，进而接触媒介，最终满足需求"的因果连锁过程。"使用与满足"理论立足于受众立场上，强调受众作用，突出受众地位，通过分析受众对媒介的使用动机和获得需求满足来考察大众传播的效用。

市场是都市报生存的根本，在新媒体环境下，为了争夺有限的市场资源，通过满足受众需求来维系良好的受众—品牌关系成为一种值得尝试的方法。结合施拉姆和 E. 卡茨的观点，笔者认为都市报受众需求与其品牌资产管理存在一定的匹配关系，基于受众—品牌关系的都市报品牌资产管理方式能够满足都市报受众需求，依托新的品牌关系理论满足受众需求能够为都市报的突围指引方向。

从注意力经济到影响力经济观念转变，反映的是传媒产业本质的变化，这是对传媒产业经济规律的再认识。面对新媒体冲击，影响力成为都市报应对局势变化的变革诉求。影响力经济是比注意力经济内核更广的经济规律，注意力经济强调受众的注意力资源，而影响力经济突出都市报自身的建设，意在通过多种途径打造具有影响力的都市报品牌。本书进一步梳理都市报品牌资产管理进程中受众—品牌关系、关系营销和影响力经济三者间的关系，借用喻国明的"三环节"论断和何佳讯的中国品牌关系质量测量（CBRQ）模型，新构建都市报品牌资产管理之受众—品牌关系的逻辑图（见图 7-6），以期在受众—品牌关系层面为都市报的品牌资产管理提供具有实用价值的指导策略。

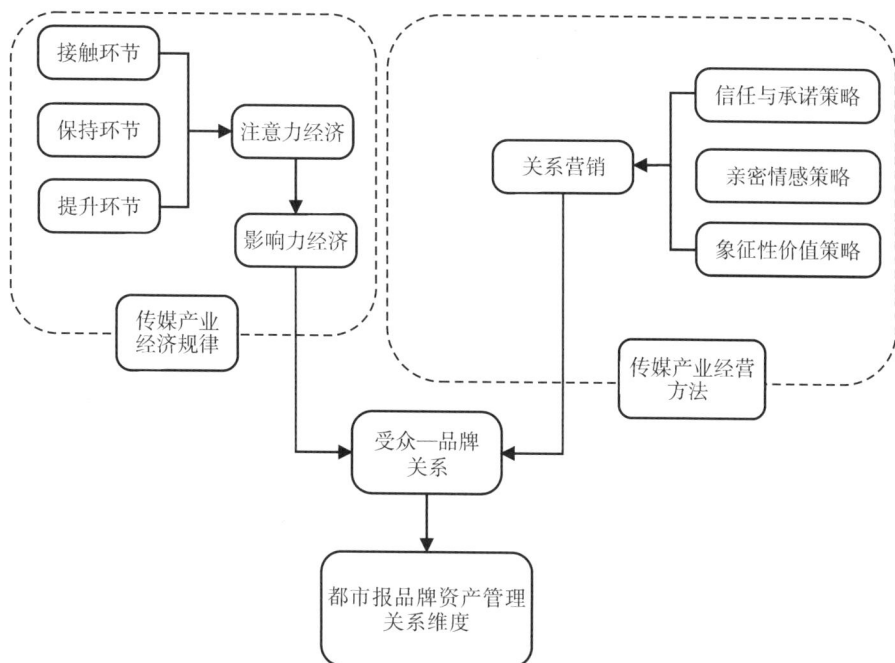

图 7 - 6　都市报品牌资产管理之受众—品牌关系的逻辑图

　　随着关系营销和新媒体时代的到来，受众—品牌关系成为都市报品牌资产管理中需要重视的元素，图 7 - 6 为都市报品牌资产管理提供了要遵循的经济规律和经营方法。经济规律揭示的是都市报的经济本质，构建受众—品牌关系的前提是受众认可都市报，其注意力能够被都市报吸引。尽管影响力经济已经成为新媒体时代传媒业所独有的经济规律，它仍建立在注意力经济的基础之上。它的产生有赖于接触、保持和提升三个环节，这不仅是都市报建立受众—品牌关系应注意的经济规律，也为都市报打造影响力经济提供了具体指导。在接触环节，都市报应以内容和特色吸引受众的注意力资源；在保持环节，构筑受众对都市报的忠诚度，让受众的注意力能持续地留在都市报上；在提升环节，都市报选择最具社会行动能力的人群，让他们担任自己的"意见领袖"，占据舆论市场制高点，提升都市报的影响力。这是都市报构建受众—品牌关系所应遵循的经济规律，也是联系和维护受众的出发点。

　　前文提出都市报受众—品牌关系的三个阶段可作为具体策略来指导品牌关系的建设，即信任与承诺策略、亲密情感策略、象征性价值策略。这三个策略是都市报开展关系营销的关键，代表了受众—品牌关系从孵化到延展不同阶段的不同营销策略。

同时，影响力经济和关系营销之间存在着相互影响关系，都市报影响力的强大更有利于开展关系营销，而关系营销反过来又能够提升都市报的影响力，二者是相辅相成的关系。都市报影响力的打造过程带来受众—品牌关系的优化，受众—品牌关系的优化程度对都市报影响力的产生与发展带来深刻影响，原因在于"关系"已经成为都市报影响力经济建设和受众—品牌关系建设的共同核心元素，影响力经济和关系营销为构建"受众—品牌关系"为主导性分析框架提供了理论支撑。

二、基于受众—品牌关系的都市报商业模式

都市报顺应市场发展而诞生，与党报不同，其商业属性更强，承担着更加艰巨的经营任务。都市报的商业模式径直影响了报纸的发行量、收入，发行量和收入又是考察都市报品牌资产的重要依据，因此，都市报的商业模式直接关系到品牌资产的建设与管理。

（一）都市报未来的商业模式出路

传媒经济学家 Robert G. Picard（1997）曾警告西方传媒界：面对新的技术、媒介形态、消费习惯和商业形态的挑战，西方国家已经处于产业成熟期的报纸产业必须改变商业模式。商业模式描述的是都市报如何通过创造介质传递价值和获取价值的基本原理。对都市报而言，"二次售卖"模式是它的经典商业模式，但欧美纸质报刊频频停刊的现象证明，新媒体环境下这种经典的商业模式正在经历严重挑战，只有不断变革才能适应瞬息万变的市场环境。

新媒体环境下都市报商业模式要抛弃之前将广告视作主要甚至唯一盈利来源的模式，其创新设计的思路基础在于关注到技术、内容和受众的价值链重新分配和组合。美国《纽约时报》《华盛顿邮报》等媒体的广告营收数据表明，尽管网络报纸成为不少纸质报纸转型的主要形式，但是它良好的发展势头并未带来广告收入的显著增加，反而增速缓慢。新媒体环境下，影响都市报商业模式的因素较其初创时期更为复杂多样：一是互联网凭借去中心化的特质直接连通受众，受众与传媒间的连接更为直接有效，都市报受众被互联网分流和吸引；二是受众的信息接收习惯已经发生翻天覆地的变化，消费由传统纸质报纸转向网络平台的趋向愈加明显；三是行政力量对都市报商业模式的转变起到重要影响，作为舆论宣传工具，都市

报的发展离不开行政力量的牵制。

都市报未来的商业模式出路在哪里？笔者认为传统的"二次售卖"模式依然具有重要价值，作为传媒产业的支撑性理论，其解释的是传媒业的本质，所以无论传媒产业如何发展，都离不开对本质的把握。但新媒体环境下都市报应适应技术、受众和环境的变化，不断升级打造受众—品牌关系作为新的商业模式。受众—品牌关系模式是基于"二次售卖"模式，预判市场经济总体趋势，总结我国都市报实践经验而提出的。都市报未来发展应该是尽力融入社会各行各业，而不仅仅是新闻资讯提供者的身份，更要凭借自身积累的影响力和品牌效应来获得盈利。2009 年，美国新闻学会发布《报业经济行动计划》指出，已经延伸渠道，通过网站发布新闻信息的报纸应从"广告中心"向"用户中心"转型，并将"用户中心"确立为重要的收入战略原则之一，这就要求商业模式转向对受众的倚重，围绕受众创新商业模式，受众—品牌关系模式正是这种强调以受众为核心的商业模式。

（二）都市报商业模式的四大要素

传播学者 Alfonso 等人认为，商业模式包含四项元素：产品或服务（Product or Service）、目标用户（Intended Consumer）、收入模型（Income Model）、价值评估（Value Proposal），① Alfonso 等人的观点为都市报受众—品牌关系模式的优劣分析提供了框架，也为都市报品牌资产管理提供了微观维度。

（1）数字化的产品或服务。新媒体环境下都市报的数字化转型已成为突围的重要举措，通过数字化建设，都市报的边际再生产和分销成本得到有效降低，当前虽然不少都市报开展数字化转型，但依然延续着传统的旧思路和旧办法，其转型实质和转型效果均没有得到太大改变。受众—品牌关系模式要求都市报坚持用数字化迎接新媒体挑战，更要求都市报要生产具有体现自身核心价值的新闻资讯产品与服务，以深度品质维护受众与品牌之间的关系。如，《华西都市报》于 2014 年底提出"i 战略"的新型融合发展之路，向资讯、社交、电子商务、互联网金融四大板块挺进，打造全媒体平台，为受众提供全面的产品和服务，用这种创新性的经营方式吸引受众。

---

① 迟强．我国数字报纸商业模式的建构与探索 [J]．编辑之友，2015（12）：46-50．

（2）"以用户为中心"经营目标用户。"使用与满足"理论依然影响着新媒体环境下的都市报发展，该理论本身在此环境中得到升华，传统受众变得更为积极主动，都市报开始使用"用户"代替"受众"或是"消费者"，"以用户为中心"成为都市报受众—品牌关系模式运营的核心观念，这成为受众—品牌关系模式的重要特征。《华西都市报》于 2017 年推出《我的新闻》，该新闻产品通过发起用户众筹新闻和数据挖掘新闻，来满足受众对于不同新闻的需求，让受众自己生产新闻，并根据用户兴趣、地理信息、阅读历史等数据，提供个性化推荐信息。在都市报新的商业模式下，这种"以用户为中心"的理念是建构受众—品牌关系的应有之义。

（3）多种收入模型并用。媒体无形资产具有远比有形资产强大的价值增值能力，传媒企业将自身拥有的各类无形资产通过融资、对外投资等活动，使其合理流动，以实现价值增值最大化。① 都市报以内容生产为主业，在新媒体冲击下，其商业模式已经从单一的内容产品形态转向产品与资产并重的形态，这使得都市报具备与新媒体议价交易的基础。因此，都市报受众—品牌关系模式要求打破单一的广告盈利模式，力图通过创新广告形式和创造多元化盈利模式这两种主要途径来实现收入增长，这也是国内外主流新闻媒体正在尝试做的事情。如，欧美国家正在探索报纸内容付费的模式可为我国都市报的收入模式创新提供借鉴和参考。

（4）引领新的价值评估方式。长期以来，我国都市报依靠发行量、千人拥有份数等指标评判其发展情况，但此类模糊空泛的指标对都市报发展的指导意义有限。2010 年，新闻出版总署出台两份文件，提供了报纸价值评估的四个板块、十七个类别和六十余个具体指标，但该指标体系没有适应新媒体环境下的都市报发展趋势和市场环境，新形势下都市报急需新的评估体系指导其发展。对此，受众—品牌关系模式引领传统的质量评估迈入品牌评估阶段。当然，前文所述的受众—品牌关系的三个阶段所依赖的评估指标更多涉及态度转变和情感变化等指标，不能简单凭借数据解释。

由此可见，在受众—品牌关系越发重要的都市报商业模式中，都市报经营者不能仅仅对原有的"二次售卖"模式简单修补，而是要将整个商业模式的重心转移到受众之上，满足受众的多样化需求，以此建构品牌关系。

---

① 谢耕耘. 传媒资本运营［M］. 上海：复旦大学出版社，2006：217－235.

第三节　都市报品牌资产管理受众— 品牌关系向度的实践路径

本书在都市报品牌资产管理之受众—品牌关系的逻辑图的指引下，结合个案分析，建构出基于受众—品牌关系的都市报品牌资产管理的实践途径（见图 7－7），该实践途径主要有两个方面：一是要孵化受众—品牌关系，二是要延伸受众—品牌关系。通过这两方面的途径共同建构基于受众—品牌关系的都市报的品牌资产管理路径，最终引发受众与品牌之间的共鸣，形成牢固的品牌关系和品牌忠诚，促进品牌资产更大范围地扩展。

在孵化受众—品牌关系方面，主要在保证内容品质基础上，通过对受众数据的收集、整理和分析发掘用户关系，形成受众—品牌关系的数据库，其主要目标是实现受众与都市报品牌之间的联通，建立起受众与品牌之间的信任和承诺，这是都市报品牌关系构建的起始阶段；在延伸受众—品牌关系上，运用多种渠道方法实现品牌关系的扩散，将都市报受众—品牌关系延伸至更广范围，其主要目标是建立受众与品牌的亲密情感和实现都市报的象征性价值。目前管理品牌关系社群是延伸受众—品牌关系的重要渠道和实践重点。

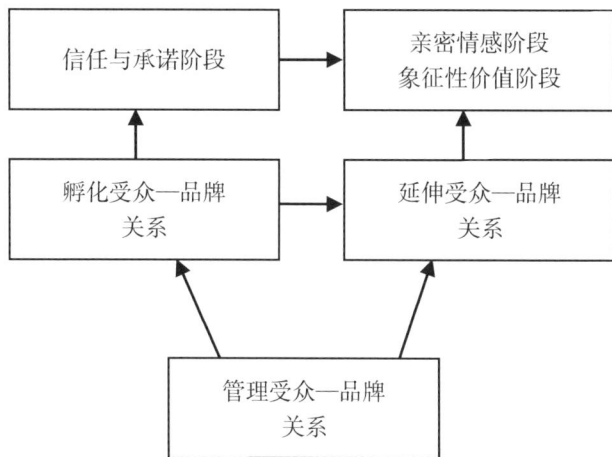

图 7－7　都市报管理受众—品牌关系的构建途径

如图 7-7 所示，依照系统论思路，孵化受众—品牌关系到延伸受众—品牌关系是品牌关系在都市报品牌资产管理中的先后阶段，延伸阶段建立在孵化阶段之上，这是对品牌关系的深入，而管理受众—品牌关系则贯穿品牌关系构建的全部过程。因此，本书结合品牌关系的内在逻辑、商业模式和联结方式，结合都市报当前各个阶段亟须解决的问题，对基于受众—品牌关系的都市报品牌资产管理提供切实可行的方法。

一、孵化受众—品牌关系

（一）清晰品牌定位开展内容建设

明确的品牌定位和获得受众的认可是都市报开展受众—品牌关系活动的基础，都市报开展品牌关系营销的前提是应先对自己的受众有明确的定位。《南方都市报》曾推出名为"办中国最好的报纸"的宣传册，将自己创办新主流媒体的思想公之于众，由此，该理念被受众熟知，并通过深度报道、高质量的评论版块获得受众的广泛好评。同时，都市报要转变以"发行"为核心的营销理念，为受众提供优质服务。最早的都市报通过完善订报、送报服务来打动受众，比如清洗报箱、多次投放等。在新媒体时代，这些措施已经难以满足受众对于服务的需求，都市报应建立和维护好受众数据库，根据受众的阅读偏好、订阅情况、人口统计信息等数据内容，提供有针对性的特色服务。

2014 年，《华西都市报》根据明确的品牌定位推出全新一轮的改版，与以往不同，这次改版的《华西都市报》提出了打造"大众化高级报纸"的口号，不仅要与新媒体融合，更要通过对内容的多极化改造来塑造影响力。为了提高在新媒体环境下的影响力，《华西都市报》推出专题式的深度报道，提出打造"24 小时出版周期杂志"的概念，抛弃大量碎片化的新闻信息，对热点事件进行专题报道，以杂志的深度来要求报纸，以此引领舆论，设置议程。比如，推出"政策全解读"和"民生发布惠"栏目，对政府的政策、制度进行全面而深入的解读，将与受众关系密切的部分提取出来加以解释；推出"财富论""立即评"等评论版块，覆盖财经、社会热点等诸多领域的优质内容，由此形成的内容矩阵满足了受众对于各类信息的需求，成功地打造了影响力，将大批受众凝聚在《华西都市报》周围，形成较为牢固的受众—品牌关系。

（二）管理受众数据库，有效整合资源

孵化受众—品牌关系中较为重要的一项内容是建立和管理受众数据库。从都市报的经营上来说，建立较为完整且高质量的受众—品牌关系的数据库是都市报孵化受众—品牌关系的重要举措。数据库是都市报对所有重要受众信息的整理记录，包括与受众有关的大量重要信息，如姓名、性别、出生日期、通信地址、联系方式等基本个人信息，还包括受众的消费信息习惯、接触信息时长以及信息消费行为等深层次的信息，通过对这些信息的有效整合，能更为主动地接近和服务受众。数据库对都市报在受众精确定位、媒体内容创新和传播渠道拓展等方面能提供价值巨大的有用信息，其海量的详细信息能为都市报描绘受众群体特征，也能具体至特定某一类甚至某一个受众，它是都市报以受众为核心的体现。都市报将数据库作为品牌资产来再现都市报品牌市场特征和更好地支撑营销工作，让精准孵化和维护受众—品牌关系成为可能。

受众—品牌关系数据库是客户关系管理（Customer Relationship Management，简称 CRM）的一种体现形式。客户关系管理由美国咨询公司 Gartner 于 20 世纪 90 年代提出，它作为营销概念强调通过开发以数据仓储为主的商业智能等基础设施，建立起一套完整的"决策管理"功能，围绕"以受众为中心"，更新和重组资源，将都市报各个部门都调动起来，深化都市报与受众间的关系。不少都市报已经引入客户关系管理辅助品牌发展，如《温州都市报》在进一步了解 CRM 后选择引入 CRM 核心理念，将"以客户为中心"理念贯彻实施到报业受众—品牌关系管理之中，一举成为温州市发行量最大、个人订户最多、发行范围最广、版面最多的综合性都市报纸。《华西都市报》目前正在依托华西都市网、华西传媒呼叫中心 96111、华西社区报和各种落地活动建立有效的数据库资源，根据受众的性别、年龄、收入、学历职业、兴趣爱好以及产品的消费情况等，深入研究受众的背景价值，把有价值的受众挖掘并与之相匹配的广告产品进行有机对接。此外，《华西都市报》各行业部门还与所在领域的专业机构合作，成立行业研究院，结合行业研究数据，分门别类地开展精准营销，推动经营方式向集约型、精准化转变。

数据库作为现代营销的重要营销方法之一，强调从产品或服务到受众的重心转移，重视对所有潜在受众的开发。都市报受众—品牌关系的孵化基础首要在于数据库的建设，强调以受众为中心，通过数据分析和挖掘，实现与受众间长久良好关系的维持，继而在数据库的基础上运用 CRM 埋

念，实现都市报的系统化、科学化发展。本书借用罗茂初等人的观点，进一步构建都市报数据库结构框架示意图（如图 7 - 8），都市报数据库主要由外部数据库、业务数据库、互联网、管理人员和分析人员五方面组合而成。

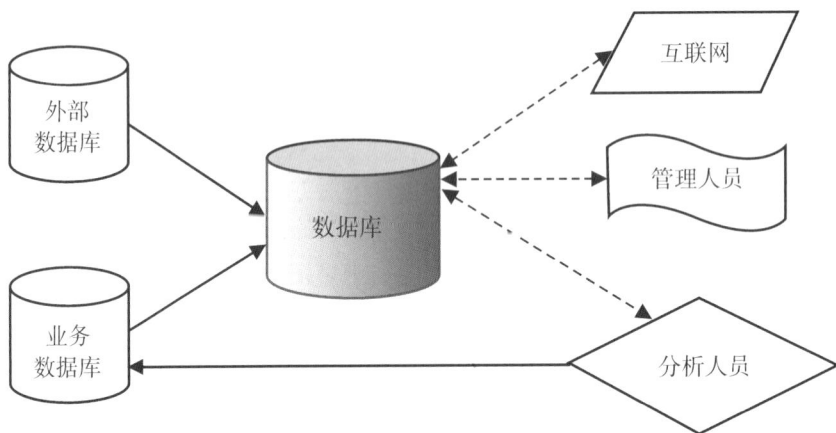

图 7 - 8　都市报数据库结构框架示意图①

如图 7 - 8 所示，都市报受众—品牌关系的数据库是结构框架示意图的核心，受众是数据核心的关注点。该图外部数据库和业务数据库为数据库内容的主要来源，它们的质量优劣直接决定数据库的优劣，其具体来源则需要都市报依据自身特点开通多维度的数据获取渠道。互联网、管理人员和分析人员是数据库次要来源，也是都市报数据库的使用途径。《海峡都市报》开通 968111 全省呼叫中心后，加盟企业共有 170 多家，全年受理信息量超过 500 万条，交易额为 8 900 多万元。鉴于此，968111 运营中心将报社零散、闲置的客户信息进行分类处理，挖掘出数百万条优质的客户资源，经过海都便民网、海都购物网以及海都物流配送部门的通力合作，实现客户营销价值最大化。

二、延伸受众—品牌关系

"关系"是较为空泛的概念，关系的建立需要附着于一定的媒介渠道，

---

① 罗茂初，等. 数据库营销［M］. 北京：经济管理出版社，2007：67.

延伸受众—品牌关系主要指向品牌延伸。Keller 在《战略品牌管理》中提出，品牌延伸是企业利用已有的品牌作为刚推出的新产品的品牌，品牌延伸包括产品线延伸和产品大类延伸两方面。产品线延伸指用原母品牌为原产品种类中针对细分市场开发的新产品的品牌。产品大类延伸指母品牌被用来从原产品大类进入另一种不同大类的情况。

（一）受众—品牌关系的产品线延伸

都市报产品线延伸主要是围绕报纸的内容进行再生产，通过多途径、多形式传递内容信息。新媒体环境下移动互联网成为越来越重要的信息传递渠道，适应移动互联网场景下的内容创新才能适应受众的需求变化。内容创新既指内容本身的创新，也指内容呈现形式上的创新，其中最为关键的一点是如何迎合受众在新媒体环境下消费习惯的变化。

1. 品牌社群管理

受众—品牌关系的产品线延伸工作还体现在对品牌社群的管理上。品牌社群的概念由 Muniz（1996，2001）等人首次提出后得到广泛关注，Muniz 认为品牌社群是以品牌为核心形成的非地理意义上的消费者之间的一整套社会关系。[①] 该概念突破了早先品牌关系讨论中的品牌与受众相互间的简单二元结构，在品牌与受众之间构建起联通桥梁，最终产生品牌与受众之间的三元模式。Muniz 认为品牌社群存在同类意识、意识和传统、道德责任感三种特征。同类意识表示一种集体化倾向，是社群成员间彼此存在的固有联系，是用以区别其他社群的主要特征；意识和传统是消费者在品牌社群中社会化的过程；道德责任感是社群成员感到自身对社群中的其他成员负有责任和义务。薛海波（2007）认为，当前企业要想在产品功能上形成差异化已经相当困难，而在价值、情感等方面形成差异化将是竞争的优先策略，品牌社群建立的重要目标之一就是通过社群的社会性、文化性和娱乐性等特点对成员产生多方面的作用，进而强化成员对品牌的依恋。作为品牌的初级层面，品牌社群能为受众或潜在受众提供有价值的信息，促使社群成员主动承担企业的宣传工作，激发成员对品牌的满意度和忠诚度。

目前有不少都市报通过构建社群利益共同体来强化品牌资产。如，《每日新报》通过建立读者群体的方式改进传播关系和尝试战略转型。《每

---

① MUNIZ A M. Brand Community［D］. University of Illinois at Metropolisa – Champaign，1998.

日新报》星期六周刊是 2011 年创办的一份周刊，周六随报纸一起刊发，该特别版面主要刊登读者的摄影作品，征集作品的渠道多元，包括邮箱、读者 QQ 群、微信群等方式，为鼓励读者参与其中，报社与社会资源合作，提供优惠券、体验券等作为奖品，并通过多个渠道评出每期获奖作品，与受众之间建立起良好的互动关系。同时，《每日新报》星期六周刊还通过开设摄影班、小记者俱乐部等读者社群来汇集起大量的忠实受众。

当然，都市报品牌社群创建和运营过程中需要注意以下几点：一是在维持信息客观公正和真实有效的前提下，大力增加品牌社群中的信息流通量，让社群保持活跃状态；二是通过组织线上线下的品牌活动促进成员之间的人际交流和互动，形成成员之间、成员与品牌之间的亲密关系；三是都市报在维护品牌社群的过程中要敏锐发现品牌资产创新的新思路和新契机，激励成员深度参与到都市报的发展变化之中，促进受众形成对都市报品牌的荣誉感和自豪感，从而提升品牌资产。

2. "两微一端"融合产品

实际上，产品线延伸对都市报来说愈加常见，2014 年以来，报业以其传统纸质为基础，利用"两微一端"加快媒体融合步伐。根据世纪华文的数据显示，七成以上的报纸均利用新浪微博平台开通过官方微博账号。MBR 的监测数据显示，截至 2015 年 11 月，全国 300 多家主流报纸已经开通了微信公众号，各类报纸在 2015 年 1 月至 11 月利用微信平台总发布新闻篇数超过 30 万篇，总阅读数超 10 亿，总点赞量接近 800 万。其中，125 家都市报微信公众号总发布篇数为 13 万，总阅读量为 6 亿以上（单篇阅读量在 10 万以上的新闻未在统计范围内），总点赞数 364 万，总体覆盖的用户群最为广泛，阅读总量最多。① 总体而言，都市报在微信领域的影响力已经有较为明显的提升，微信正在成为重要的产品延伸渠道。

（二）受众—品牌关系的产品大类延伸

通过扩张和聚合，我们的目的是要在继续深耕平面媒体的同时，实现从规模经济向影响力经济的战略转型，通过发挥品牌传播优势，尝试多渠道跨行业的延伸业务，拓展信息、印务、物流、地产等相关多元化产业。②

---

① 蓝鲸财经. 中国报业 2016 发展报告：都市报模式已到被彻底抛弃的时候 ［EB/OL］. (2016 - 12 - 28) ［2002 - 04 - 15］. http://mt.sohu.com/20161228/n477157701.html.

② 周燕群、王武彬. 南方报业全媒体转型的思路与做法——专访南方报业传媒集团董事长杨兴锋 ［J］. 中国记者，2012：36.

1. 延伸产品大类，实现跨界营销

受众—品牌关系产品大类开展延伸工作比较成功的都市报是《温州都市报》。2013 年，《温州都市报》开始布局实施"温都全媒体发展三年规划"，通过理念再造、渠道再造、流程再造的"三大再造"推进媒体融合。具体来说，理念再造就是强化互联网思维；渠道再造就是新媒体平台建设；流程再造就是颠覆传统的采编流程。从 2013 年起，温州都市报社就建立了中央控制室，实施移动优先、网络随行、纸媒精读、中控集成。与此同时，开始围绕"温都"这一品牌向周边领域拓疆，打开一个跨界营销的新局面。2014 年，成立温都猫有限公司，试水电商业务；2015 年，组建温都互联网金融股份有限公司，开展互联网金融业务；2016 年，组建温都分类信息科技有限公司，拓展网络信息开发和运营。目前的温都已很难说是一个单纯的"内容供应商"，细盘其家底，俨然一副"帝国"模样。其已坐拥"一报一网一视频，两微两端两公司"九大平台，大致可分为两类：以温都网、温都影视、温都微信、温都微博、掌上温州（客户端）为核心内容的传播平台；以"零碎八碎"、温都猫、温都金服为核心的营销跨界平台。跨界营销为温都媒体融合在创收上找到新的经济增长点。据统计，2016 年"温都"旗下各平台总营收达 2.2 亿元。据《温州日报》报业集团副社长、《温州都市报》总编辑郭乐天透露，温都猫 2016 年营收 5 600万元，温都金服 2016 年底共销售金融理财产品近 8 亿元，营收 1 000 多万元。

因此，在孵化与延伸受众—品牌关系上，"孵化"是品牌关系建构开始阶段，在保证内容品质基础上，通过对受众数据的收集、整理和分析，发掘用户关系，形成受众—品牌关系的数据库，利用数据对受众进行精准的内容推送，在获知受众信息后与其建立起亲密的受众—品牌关系。"延伸"是构建持久、亲密受众—品牌关系的重要环节。在"孵化"出受众—品牌关系后，都市报应当运用多种渠道方法实现品牌关系的扩散，将都市报受众—品牌关系延伸至更广范围，其主要目标是建立受众与品牌的亲密情感以及引发受众共鸣和巩固品牌关系。

2. 新媒体环境下重置产品大类

《华西都市报》社长、封面传媒董事长李鹏介绍，都市报受众—品牌的关系必须放到新媒体环境下来重新考量，推动自身的颠覆性革命，打造全新的互联网媒体品牌，只有这样，才能与亿万网民产生新的连接，重新连接世界，保持品牌影响力的升级与换代。①

为深入贯彻落实习近平总书记提出的"着力打造一批形态多样、手段先进、具有竞争力的新型主流媒体"要求，《华西都市报》于2015年10月28日启动打造"封面传媒"项目，加快建设新型主流媒体。2016年5月4日，封面传媒打造的封面新闻客户端（以下简称封面新闻）上线。

《华西都市报》以封面新闻为主阵地、主战场、主平台、主驱动。封面新闻上线以来，以"亿万年轻人的生活方式"为定位，以"构建人工智能时代的泛内容生态平台"为愿景，以"重新连接世界"为使命打造新型主流媒体。封面新闻上线一年多以来，"技术＋内容"双轮驱动成为显著标签。产品迭代至3.9版本，自主开发的"小封机器人"与用户见面，微软小冰机器人入驻封面新闻。与此同时，封面新闻"因人而异"的算法推荐更加成熟和优化，机器人写作技术不断完善，向"AI＋媒体"的前沿领域持续进军，引导力、传播力、影响力、公信力不断提升。同时，封面新闻与《华西都市报》的融合发展不断深入，努力构建具有全国影响力的主流舆论阵地和新型主流媒体格局。

（1）技术引领，人工智能持续发力。封面新闻持续加强新技术的运用，不断在人工智能和媒体的结合上创新发展。

一是大力探索机器写作。2017年5月4日，封面新闻上线一周年之际，自主研发的小封机器人1.0版上线，正式开始新闻资讯写作的探索。2017年9月30日，四川青川发生5.4级地震，小封机器人仅用时8.09秒就完成写作，产生稿件信息包括速报参数、震中地形、周边村镇、周边县区、历史地震、震中简介、震中天气，近1 300字，并配有相关图片。

二是大力探索智能互动。在前期小封机器人与用户探索性互动的基础上，与微软进行深度合作，全面引入微软"小冰"开展人机交互应用。小冰入驻封面新闻带来的最大变化是交互上的提升，用户可以与小冰聊新闻、聊天逗乐，小冰也可以在新闻之后跟发评论，从而在人与机器互动上深度探索。

三是大力探索人工智能场景应用。封面新闻将人工智能技术常态化地应用到各个生活场景中，更好地为用户服务。推出了"封面新闻高考志愿小助手"、"AI人工智能相亲会"、"十一黄金周"启动的"小冰携手大熊猫邀你美丽四川行"等活动，广泛引发用户参与，提升了传播效果。

---

① 李鹏的访谈内容，访谈时间：2018年2月24日；访谈方式：微信。

四是探索建立人工智能与未来媒体实验。2017 年 9 月 16 日，封面传媒与微软、北京师范大学共同成立了"人工智能与未来媒体实验室"。这也是全国首个致力于"AI＋媒体"领域的实验室，其主要工作包括普及"AI＋媒体"、开展讲座研讨、打造内部交流学术刊物、开展产品研发等。封面传媒自主研发的封面云和"封巢"系统致力于用人工智能重构新闻生产；自主开发的小封机器人每月发稿量已接近 5 000 篇，自动语音合成、人脸识别、图像识别、人机交互等技术更加成熟，不断推进人工智能与未来媒体实验室、5G 智媒体视频实验室、区块链媒体实验室等探索未来媒体的试验。

（2）内容支撑，持续做强传播影响。作为拥有互联网一类新闻信息服务资质的客户端，封面新闻不断提升内容传播力、公信力和影响力，原创新闻成绩斐然，多篇原创爆款全网亿万级传播，"成为国内内容生产的一支重要力量"。

一是着力创新重大主题报道。封面新闻充分抓住重大时间节点，运用新的媒介形式提升传播效果。在党的十九大报道、省十一次党代会报道等重大主题报道中，充分发挥封面技术优势，以直播、短视频、手绘动漫、航拍等融媒报道手段和特色内容产品为特色，创新报道形式、报道内容和传播方式，搭建了多个专题，"技术＋内容"双轮驱动，传播总量数亿次，十九届中央政治局常委亮相的"号外"创意短视频得到一致赞誉，《十九大时光　四川真行　主播有画说》入选年度爆款，为重大主旋律报道创新提供了新的样本。

二是发力直播和短视频。封面新闻发力直播和短视频领域，直播强调专业，视频强调精品，封面直播稳居今日头条视频直播榜前三，多次位列榜首，在省十一次党代会报道中，"凉山第一高溜""川藏第一高桥"等直播阅读量过千万。在重大突发事件直播中，用直播引导舆论，"九寨沟地震""茂县山体垮塌救援"报道创造上亿级传播热点。香港回归 20 周年报道中，"珠港澳大桥贯通"等直播阅读量超过千万。封面直播总点击量超 10 亿，成为现象级传播平台。

三是持续构建泛内容生态平台。封面传媒加快推动移动媒体建设，初步建设了载体多样、渠道丰富、覆盖广泛的移动传播矩阵。在以封面新闻为核心的基础上，打造了涵盖封面直播、封面智库、封面舆情、封面数据、封面号、封面云商等新产品，构成了形式较为多样、品类较为丰富的产品矩阵，快速构建多元多样的泛内容生态平台。

通过持续不断的努力，封面新闻不断获得各方肯定。在 2016 年获评国家新闻出版广电总局"媒体融合案例 20 佳"第三名的基础上，2017 年持续获得各类荣誉奖项肯定。先后获得中国报业协会"最具原创力媒体奖"、中国电子商务协会"年度新锐媒体大奖"、中国报业协会媒体融合创新应用项目一等奖、中国应用新闻传播研究会"中国应用传播十大创新案例奖"、中国社科院"中国核心智库"等荣誉。封面直播稳居今日头条视频直播榜前三，多次位列榜首；企鹅号互动指数冠军、综合指数排名全国第二。在 2017 年的世界媒体 500 强评选中，《华西都市报—封面新闻》位列 355 名，排名上升 2 位。2018 年《华西都市报—封面新闻》的品牌资产高达 186.75 亿元，相比 2017 年的 148.72 亿元，又是新的飞跃。

范以锦认为，受众对都市报来说不是匆匆过客，要不断维系受众关系，不断扩大受众群体，不让受众流失。如果受众只是匆匆过客，这样就很难提升都市报品牌资产，所以都市报要在品牌资产管理上下功夫，要让受众觉得都市报及其延伸出去的新平台是他们幸福的港湾，而不是临时驻地，让受众成为都市报的"常住民"[①]。

---

① 范以锦的访谈内容，访谈时间：2018 年 2 月 6 日；访谈地点：广州市南方传媒集团。

第八章　结　语

第一节　研究结论

都市报的转型发展是媒体转型与报业发展中具有代表性的媒体市场运营实践，都市报的品牌资产管理呈现了报纸发展逐步适应市场经济规律与媒介融合趋势的过程。在新媒体环境的生产机制下，从受众视角出发，考察都市报品牌资产管理内涵和评价体系，构建品牌资产管理模型，提出发展策略，对都市报发展具有重要意义。本书采取定量和定性分析的方法，剖析都市报品牌资产管理的概念、维度、内涵和评价体系，尝试设计测量量表，得出都市报品牌资产管理的实务建议，期许都市报突破发展瓶颈，实现"弯道超车"。

一、都市报品牌的受众期待

西方传播学理论认为，媒体表现的规范性框架要求大众媒介具有服务于公共利益或社会福祉的责任，都市报转型与品牌资产的实现受制于媒介性质以及技术思维的限制，对有关议题的意见表达主要是传播主导意见，普通受众处于缺场状态，都市报公共性的实现面临对话不对称的困境。

都市报话语空间的特征变化与受众身份的重构意味着受众对都市报的品牌消费产生了新需求，这种需求是着眼于都市报传播内容的内涵层面。从基于受众的都市报品牌资产的角度出发，都市报的品牌含义是依托品牌功效和品牌形象两个维度发挥作用的。首先，当今社会现状使得公共话语的表达成为一种普遍诉求，公民的"知情权"和"话语权"成为民众对于都市报功能的基本需求。其次，公民认为媒体必须承担起相应责任，成为代表公民利益的社会公器，受众对于都市报作为社会公器的责任监督指向使都市报能够承担起建构公共话语空间的责任，都市报新闻话语的指向应由过去的"宣传型"向"公共信息型"过渡。都市报能否承担起社会公器的责任，关乎都市报在受众心目中的品牌形象。在新媒体环境下，都市报的话语空间运作关系着主流意识形态传播，更是都市报能否发挥社会公器的功能、保持传统媒体的权威性形象的关键，这正是受众对于新媒体环境中都市报的内涵层面的需求。

总体而言，社会转型与新媒体环境为公民的诉求表达提供了必要性与可能性，而公民诉求表达的前提是对公共信息的知晓。都市报作为大众传播媒体，其公共空间重构的落脚点在于对传播本质属性的回归，为民众和政府之间搭建沟通的桥梁，实现传播本身所蕴含的"交流"属性。都市报品牌资产的实现在于受众需求的满足，都市报的话语空间重构以受众身份重构为出发点。都市报的话语空间的重构对受众日常生活的政治介入，为受众提供民主对话的话语平台、履行都市报的社会责任具有重大意义。

二、都市报转型中的品牌资产建构

都市报在新媒体冲击下要取得竞争优势，须具备品牌管理的理念，这是文化市场经济发展和都市报转型的必然结果。如果说以往都市报的市场经营属于一种文化商业的实践，那么都市报改革的市场营销与传播方式，意味着都市报以商品化的形式参与媒介市场竞争，品牌化成为新的生产与营销形态，品牌资产成为各方利益协商、价值实现的着眼点，都市报的品牌资产体系的建构则意味着都市报走上了一条产业化发展道路。本书提出的都市报基于受众需求的品牌资产体系的建构是一种产业化的发展模式。

都市报一开始是市场竞争的产物，新媒体冲击使得媒介市场的买方市场形态更为加剧。本书以品牌的差异化理论为基础，提出都市报品牌资产建构的纸媒转型的实践路径。其实，在都市报改革与品牌资产建构的谱系中，都市报与受众的关系是最基本的分析框架，与之相对应的是品牌资产与受众需求之间的相关性关系，品牌资产来自于品牌识别、品牌含义、品牌响应和品牌关系；受众需求则来自于社会变革与媒介发展对人的主体性建构，两者之间的共性体现在消费行为中品牌资产实现的共同目标。

从现实层面来说，基于受众—品牌关系的品牌资产创造理念是由"体验经济"兴盛的大背景演化而来。新媒体环境下的都市报品牌传播以受众为导向，品牌的传播过程即品牌互动。从广义上说，品牌互动是联结受众与都市报品牌之间的纽带，表现为都市报品牌资产的传播与受众消费体验的获得,是品牌资产与受众价值实现的前提和关键。从狭义上说,都市报通过品牌互动架设品牌互动与意义表达之间的"象征与被象征"、品牌形象与都市报本身之间的"反映与被反映"、品牌符号与都市报本身之间的"能指与所指"的动态关系链条,实现品牌资产的完整表达。

但是,需要看到的是,受众需求的多元性和传媒市场的混杂性,使具有品牌效应的报纸媒体承担专业新闻的传播角色。都市报作为市民生活报活跃于媒体竞争中,一方面,在报业发展的格局中,都市报正面临主流化转型,从报业市场的一种大众化报纸种群形态转变为更为高级的报纸种群形态,而以往的实践证明,品牌化建设是新媒体时代都市报主流化转型的利器。都市报要投身品牌建设,需要以高质量、有深度的内容为根本,以良好的受众品牌消费体验为支撑,舍弃以往过度关注受众注意力而造成娱乐、煽情新闻泛滥的状况,重新塑造都市报品牌与受众间的良性互动关系。另一方面,随着市场营销学中品牌理论越来越强调品牌在社会性和象征层面的价值,以及在维系消费者关系方面的作用和意义的转变。结合品牌关系与品牌生态等理论,都市报得以重新审视新媒体时代消费者在商业贸易和信息传播中的位置,继而提炼出"关系"元素,品牌—受众关系为提升品牌资产提供了新的思路和方向。与此同时,都市报市场化运作将受众转变为消费者,在营销层面上,以消费者为导向是都市报走向市场所需要面临的现实。都市报基于受众—品牌关系进行品牌资产管理,促进市场化运作,成为应对新媒体环境下报业品牌资产竞争的核心点。

总的来说,都市报的品牌化经营的目标是以品牌化的产品架设品牌与受众之间的关系。首先,受众—品牌关系理论本质上是人际交往理论的延伸,新媒体使得受众与都市报之间的双向互动成为可能,将以往研究中利用人际关系交往的模式定义和衡量品牌与消费者之间的关系应用于都市报受众与品牌之间的关系,更加具有现实性意义。都市报品牌资产的实现依赖于受众—品牌关系,这是因为强势的品牌关系可以刺激受众重复购买,形成对品牌的使用依赖。本书的第四、五、六章分别论述的都市报品牌资产实现的识别向度、含义向度与响应向度,它们根本上是致力于彰显品牌个性,传播品牌理念,提高品牌知名度,进而刺激受众进行媒介接触,产生品牌消费行为。但是,品牌仅仅有知名度是不够的,都市报需要与受众建立品牌关系。品牌关系是通过价值与理念的交流,使受众与品牌之间由感性与理性因素构成关系联结,这种联结既有理性的知晓与表达诉求、消费体验及自我认同与社会认同的需求满足,也有因情感而产生喜爱某品牌的偏执,由这种情感喜好的心理反应定式逐渐演化为受众的品牌忠诚。

经过前期的品牌建设,《新京报》《华西都市报—封面传媒》等都市报传媒已经走出了一条逆势上扬的道路。2018 年,新京报社在人力成本整体上涨 5%、纸质成本上涨 600 万元、新京报 App 项目新增费用 2 100 万元的基础上实现全年盈利千万元级别,活动及活动带动的收入是大头,占总收入的 32%、特刊收入占 24%、硬广占 16%、新媒体业务占 15%、定制收入占 13%。《新京报》在同城媒体中的市场占有率达 57%,同比 2017 年上涨了 5.6 百分点。在此基础上,《新京报》将 2019 年的经营目标定在总收入增长 20% 以上,确保收支平衡。[①] 同时,2018 年《华西都市报—封面新闻》品牌价值达 186.75 亿元,排名 "中国 500 最具价值品牌" 第 262 位;其经营收入同比增长 81% 并实现盈利,收入逆势增长,扭转了连续 6 年的持续下滑现象,呈现出一条动人的上扬曲线。[②]

三、都市报品牌资产管理新动向

Keller 的 CBBE 模型作为较成熟的品牌资产建构和管理的指导模型,它基于消费者的品牌资产按照内在逻辑关系进行了有序的划分,指出品牌资产建设的阶梯性过程,这对于试图建立强势品牌的经营管理者来说是长远且较全面的战略决策依据。本书建构的都市报的 ABBE 管理模型依然保留 Keller CBBE 模型的核心内容,结合都市报的特殊属性和未来发展趋势,关联起都市报品牌的主要要素,整合相关要素的各方资源,提出都市报品牌资产管理的新动向。

(一)移动阅读趋势下运用平台型都市报实施品牌资产管理工作

中国互联网络信息中心(CNNIC)于 2019 年 2 月发布的第 43 次《中国互联网络发展状况统计报告》显示,截至 2018 年 12 月,我国手机网民规模达 8.17 亿,全年新增手机网民 6 433 万;网民中使用手机上网的比例由 2017 年底的 97.5% 提升至 2018 年底的 98.6%。手机网络新闻用户规模达 6.53 亿,占手机网民的 79.9%,年增长率为 5.4%。[③] 随着持续扩大的

① 陈实. 媒体寒冬之下,新京报实现千万级利润的秘密 [EB/OL]. [2019 - 01 - 29]. https://finance.sina.cn/chanjing/gsxw/2019 - 01 - 29/detail - ihqfskcp1576396.d.html.

② 封面传媒 CEO 李鹏年会演讲曝光:2019 年建成区域平台型媒体 [EB/OL]. [2019 - 01 - 30]. https://mp.weixin.qq.com/s/5CpNLFsczZirtlalSE9dBA.

③ CNNIC. 第 43 次《中国互联网络发展状况统计报告》发布 [R/OL]. (2019 - 05 - 06). http://www.cnnic.net.cn/hlwfzyj/.

移动数据量，用户在丰富多样的移动平台上频繁开展阅读活动，移动阅读成为大众信息消费潮流。平台是人类交流交易合作的强互动性空间或舞台，场景时代的平台主要指技术应用性业务平台，它催生出平台经济形态。针对盛行的移动阅读趋势和平台经济兴起，都市报可以尝试平台型都市报转型模式来寻求更大发展空间。

1. 移动阅读成为场景时代新型阅读方式

罗伯特·斯考伯在《即将到来的场景时代》中提出"场景时代"（The Age of Context）的概念，这是互联网将进入的下一个新时代。"Context"一词可指空间环境的场景，更多指行为情景或心理氛围的情境。① 它通过移动设备、定位系统、传感器、大数据、社交网络五大技术力量（场景五原力），② 收集、处理和分析有关空间（环境）、时间、人物（用户实时状态）、动作（用户生活习惯）、社交关系等场景要素信息，精确、即时地为用户提供个性化的信息服务。③ 与门户网站与社交媒体为主体的时代不同，场景时代更加强调精准化、个性化、细分化的产品和服务。场景正逐步成为媒体除内容和渠道之外的核心要素，不断调整传媒业的运营逻辑。

移动阅读，是指通过移动数据或者 Wi－Fi 连接方式，获取多种电子资源呈现在移动阅读载体上，包括文字、图片、音频、视频等，实现用户可便携、移动式的阅读。④ 第十五次全国国民阅读调查报告显示，我国成年国民 2017 年的网络在线阅读接触率为 59.7%，手机阅读接触率为 71.0%，电子阅读器阅读接触率为 14.3%，Pad（平板电脑）阅读接触率为 12.8%。超过六成（63.4%）的成年国民进行过微信阅读。⑤ 同时，中国人民大学新闻学院新媒体研究所调查移动媒体用户阅读新闻的前五大场景出现频率为：休息或闲暇时间占 44.86%、卫生间时间占 27.52%、在床上时间占 25.77%、等待或乘坐交通工具时间占 16.73%。⑥ 可见，场景时代的移动阅读已成为蔚然成风的阅读新方式和新气象，它暗藏着巨大的利润空间。它是用户利用移动阅读载体随时随地获取并分享信息内容和服务的

① 彭兰. 场景：移动时代媒体的新要素［J］. 新闻记者，2015（3）：20－27.
② 罗伯特·斯考伯，谢尔·伊斯雷尔. 即将到来的场景时代［M］. 北京：北京联合出版公司，2014：71.
③ 龚捷. 场景时代移动阅读新需求与移动出版发展路径［J］. 编辑之友，2016（10）：24.
④ 宋玉珊. 大数据时代移动阅读发展策略探讨［J］. 移动通信，2015（22）：88.
⑤ 第十五次全国国民阅读调查成果发布［EB/OL］.（2018－04－18）［2019－02－16］. http：//www. sohu. com/a/228649938_154345.
⑥ 彭兰. 场景：移动时代媒体的新要素［J］. 新闻记者，2015（3）：20－27.

一种数字阅读方式，它的本质是基于场景的服务，具备阅读时空合一、使用场景多样、内容个性定制、分享社交活跃等优势，深受用户青睐。

2. 基于场景时代移动阅读视角平台型都市报的实践动因

都市报经过近十年的数字化转型，但成效并不太乐观。对于目前发展式微的都市报来说，场景时代移动阅读的环境促使都市报不断寻求发展空间，催生出平台型都市报的新形态，用户被激活的多元化信息需求要求都市报构建新结构，适时抓住场景时代的发展时机，建设平台型都市报成为都市报转型的新方向。

（1）场景时代移动阅读环境催生平台型都市报新形态。EnfoDesk（易观智库）发布的《中国移动阅读市场年度综合分析 2017》显示，截至2016 年末，中国移动阅读市场规模达到 118.6 亿元。移动阅读市场的巨大商机和场景时代的碎片化阅读特征为都市报转型指明了方向，平台型都市报应运而生。

平台型都市报是都市报应对移动阅读市场大幅上涨趋势积极转型的产物，它是由"平台型媒体"概念衍生而来。平台型媒体（Platisher）是2014 年 Sulia CEO 乔纳森·格里克在《平台型媒体的崛起》中的首次使用，它由 Platform（平台商）和 Publisher（出版商）缩写合成。同年 8 月，撰稿人 Digiday 认为，"平台型媒体"不再是只做内容和传播的媒体，而是一个按照各种规则且具备服务和平衡力量的开放性平台，它拥有媒体专业编辑的权威性和面向用户开放性平台的数字内容实体。无论是作为大机构还是个人的内容提供者或服务提供者均能在上面尽情地发挥。[①] 从本质上来说，平台型媒体是一个具有媒体功能且面向社会开放的服务平台。

都市报是一种媒体形态，根据"平台型媒体"概念和内涵，平台型都市报是都市报依据服务规则和平台互动机制，面向内容提供者、服务提供者开放以满足用户群体需要，成为具有复合网络效应的平台载体和信息传播系统。目前，都市报开设的平台主要包括微博、微信、论坛、博客等以及尚未开发的程序性平台。

（2）被激活的移动阅读用户重塑平台型都市报新结构。场景时代里，人人皆有麦克风，人人均有议程设置权和话语表达权，尤其是移动阅读用户，可以随时随地携带移动载体设备，他们作为社会个体所拥有的社会传

① 杰罗姆. 平台型媒体，科技与媒体缠斗百年再平衡 ［EB/OL］. （2015 – 04 – 12）. http://www.tmtpost.com/177842.html.

播能量前所未有地被激活。

首先，用户的议程设置能力被激活。场景时代的五力是依托信息社会的先进技术，它们为用户搜集和筛选信息后设置传播议题提供了高级技术条件。其次，用户的话语表达权被激活。都市报在过去的时代有着话语垄断权，但在场景时代里，移动阅读用户打破了时空场景发声，抢占话语空间。再次，用户的碎片化资源被激活。相比没有互联网的时代，场景时代的用户所拥有的碎片化时间和知识等资源经场景技术连接后在各种场景中被发现和整合。最后，用户的信息偏好和个性特征被激活。场景时代，用户传播的内容、方式和要素等变得多元化、个性化，隐藏在用户心底的信息偏好和个性特征被激活。

场景时代移动阅读用户被激活后产生新的信息需求和服务要求，这要求都市报要为用户提供展现能力、运用权力、整合资源和体验个性的平台，重塑平台转型理念和平台形态。吕尚彬认为，报业组织要以平台的思维战略为判断标准，构建无边界探索的、扁平化、大跨度、横向一体化的新型传媒组织结构，实现组织柔性化管理。①《半岛都市报》将官方微博和微信划归为深度报道中心，并成立"两微"工作室对报社所有微博和微信号进行统筹。这种平台思维和平台战略与平台型都市报所具备的开放化、垂直化、无边界化以及一体化的特点相一致，这将促使平台型都市报成为符合场景时代移动阅读特点的新结构。

（3）"都市报+平台"转型误区重指平台型都市报新方向。当前，大部分都市报转型已进入深水区，初步完成了都市报平台建设，但也阻挡不了都市报广告利润下降和用户流失的趋势，这主要与其开展的"都市报+平台"建设战略存在一定的误区有关：一是延续纸媒惯性管理思维，转型采取简单的"都市报+平台"运作逻辑，平台成为一种没有情感的工具；二是注重纸媒受众往都市报各类平台上迁移，而忽略了培养场景时代的新移动阅读用户；三是"都市报+平台"的融合转型方式只是一种表层的而不是深度融合。在都市报日前发展式微的情况下，平台型都市报转型模式未必不可以成为都市报转型重新所指的新方向。

打造场景时代的平台型都市报首先要清楚"都市报平台"与"平台型都市报"的区别，"都市报平台"主要强调汇聚和展现的价值，更侧重物理属性的技术和平台，而"平台型都市报"更强调内容和选择的价值，更

---

① 吕尚彬，孙志刚，兰霞. 重组中重生：报媒的转型生存逻辑［J］. 中国报业，2014（7）：56－58.

倾向社会属性的信息和服务。因此，平台型都市报不应只是使用互联网平台那么单纯，它应采取"平台化"策略，由都市报开发生产程序或内容服务，稍作修改后即可在多个平台上运行，运用都市报纸媒的品牌价值和影响力强化网络类平台的互动，实现从发布、转载的"都市报平台"向原创、整合的"平台型都市报"转变，促进移动阅读的有效性，构建自我的社会价值链。自 2015 年起，《南方都市报》结合场景时代移动阅读特征试水平台型都市报转型，实现全面平台化，目前拥有"一报一网一端两微"，即，一报：以《南方都市报》为代表的传统纸媒产品线；一网：以奥一网为首的网络产品线；一端：以并读 App 客户端为龙头的客户端；两微：以南都官方微博、官方微信公众号为首的微媒矩阵。这是平台化模式的产品和服务线，产品体系覆盖人群一亿多人。

3. 基于场景时代移动阅读视角平台型都市报的转型路径

场景时代移动阅读用户被释放出无限大的信息需求和商业利润，这将成为平台型都市报发展的重要驱动力。那么，平台型都市报满足场景时代移动阅读用户需求的转型路径在哪呢？

（1）运用场景思维构建都市报与用户的价值链。场景时代不是一个"＋互联网"时代，而是一个"互联网＋"时代。"＋互联网"是一种将互联网作为传播渠道或工具的惯性思维，"互联网＋"则是将互联网视为经济市场和社会环境的建构力量。场景时代的移动阅读具备着"互联网＋"特征，用户是积极主动的信息需求者，而平台型都市报是共融的多平台，是场景时代都市报融合转型的主流模式之一，也需要运用场景时代的"互联网＋"思维和"以用户为中心"的思维与用户共建价值链，实现价值网络的延展。

报业融入或打造平台型媒体的第一步是要吸聚海量用户，以"关系"建立用户连接，重新定义合作伙伴。[①]平台型都市报的核心资产是在线用户网络，它是都市报实现资源跨界整合和经营利润增值的基础。在场景时代，"每个人的关系角色都是在特定情境下完成的，这就需要以用户为中心（UC），位置为基准（LBS），服务为价值（VA）的思路和做法"[②]。因此，平台型都市报要以用户为逻辑起点开展顶层设计，洞察用户信息偏好，建立用户连接机制，围绕用户需求将用户作为网络节点连接成为移动

---

① 贾军. 从用户突破：中国报业的平台转型之路［J］. 编辑之友，2017（5）：58.
② 胡正荣. 移动互联网时代传统媒体的融合战略［J］. 传媒评论，2015（4）：47–50.

的在线信息网络联盟以此吸聚用户群体。

范以锦教授认为，都市报转型过程中一定要将自己的平台打造得非常响亮，包括客户端、微信、微博等，可以尝试包括自己打造、借用和合作共同打造等路径来打造好平台。这个平台不是过于宽泛的平台，而是要一个个垂直平台去联结精准的受众。比如，都市报的公众号不是只办一个公众号，而是要办多个垂直公众号，分门别类地与用户联结起来，这正是平台型都市报在场景时代要遵循的价值链。①

（2）打造开放系统平台提供场景预测服务。场景时代移动阅读要求有面向用户的开放平台，以平台打造为优势的平台型都市报要吸纳和服务好用户，需要精心打造能进一步激活用户个人传播能量的互联互通的开放平台。对此，平台型都市报可结合场景时代移动阅读的趋势和特点，围绕"以用户需求为中心"，重点建构以内容生产子系统、信息管理子系统和用户增值服务子系统为主体的开放平台（见图8-1）。

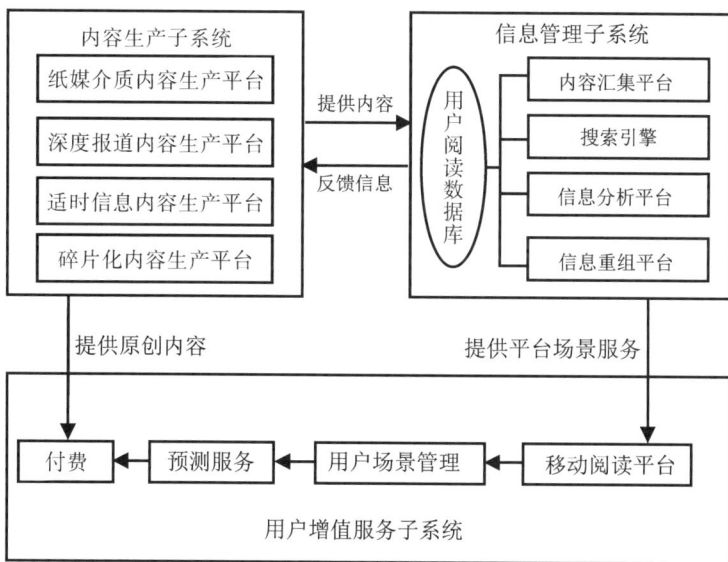

图8-1 基于场景时代移动阅读的平台型都市报系统框图

平台型都市报的内容生产子系统主要分为纸媒介质、深度报道、适时信息、碎片化内容等内容生产平台，都市报借助传媒内容采播权优势精心

---

① 范以锦的访谈内容，访谈时间：2018年2月6日；访谈地点：广州市南方传媒集团。

打造这些平台上的内容，并提供给信息管理子系统和用户增值服务子系统。信息管理子系统分为内容汇集平台、搜索引擎、信息分析平台和信息重组平台，这些平台受用户阅读数据库所统领，该平台上的信息既可反馈给内容生产子系统，更为重要的是为用户增值服务子系统提供平台场景服务。信息内容产品经过内容生产子系统和信息管理子系统打造后直接为用户增值服务子系统服务，经由移动阅读平台为用户提供移动阅读服务，并根据移动阅读平台上的大数据信息加强用户场景管理，结合用户移动阅读习惯和消费偏好等用户特征做好提前"半秒"的预测服务，最终促使用户付费，实现平台变现功能。

中科院院士、数学家徐宗本在 2018 年 2 月 8 日南都大数据研究院揭牌仪式上指出："数据是基础，平台是支撑，分析是核心，赚钱是王道。"大数据研究院下设产品部、技术部、民调中心、课题中心、数据项目运营部。该系统框图正好与其观点充分吻合，同时，南都大数据研究院的成立标志着都市报开始探索平台型都市报发展之路。截至 2019 年 1 月，《南方都市报》已成立南都教育联盟、南都指数联盟、南都创客联盟、广东质量提升联盟、南都金融数字联盟等多个联盟平台，致力于搭建资源聚合平台。

场景时代是一个不同于以往任何传媒时代的时代，场景设备可以通过场景五力预测用户下一步的阅读意图和消费需求。因此，该系统框图的亮点在于这个系统开放平台里不同一般的媒体平台是要对移动阅读进行场景分析，它主要是针对流动的用户与固定的场景之间的交叉点以及交叉点之前或之后的移动轨迹，根据用户此时所处场景了解用户此前和此后的运动路径，推送有针对性的信息和内容，诱导用户消费体验，并预测用户运动轨迹，做好下一步场景的需求服务准备工作，提前"半步"为其提供相应的阅读服务。

值得说明的是，该系统框图是平台型都市报基于场景时代移动阅读的基础系统结构图，并不是平台型都市报所有的基础系统构造。在这个开放系统平台里，都市报的内容经过审核后，其对数字内容的控制权还是都市报自身。而且内容是否收费以及收多少均由都市报决定。虽然该系统平台将阅读植入其中，连接了用户与用户之间的关系，有利于增强用户黏性和提高对移动市场的占有率，但是平台型都市报还是不能忽略其原创内容的版权保护。

（3）建立用户阅读数据库满足个性化场景。场景时代移动阅读更为碎片化，这要求平台型都市报不仅要作为内容供应商还要作为服务提供商，针对用户所处场景，运用场景要素，理解用户阅读需求和运动轨迹，迅速推送与用户相适配的内容与服务。场景五力技术的传播优势将有利于都市报运用大数据实现精准化和个性化的信息和服务推送，移动阅读用户可以在一个或多个开放平台上自由自在地阅读学习或行使知情权和表达权等多项公民权利。同时，用户还可以在开放平台上进行个体性内容原创生产，让移动阅读信息系统的每个节点参与传播，真正满足用户个体的个性化场景。

场景式的移动阅读受到时空转换、用户心理等多种因素影响，平台型都市报要根据平台所有的定位系统和传感器跟踪用户的时空、社交、习惯等信息，并将这些数据传送到后台服务运行器，通过大数据运算法则挖掘用户信息需求，深入了解用户的社交圈、兴趣喜好、所处位置等信息，生成用户个人数据库和深度应用数据资源，定制出与用户所处场景全方位立体对应的内容与服务。因此，平台型都市报可运用"场景五力"跟进用户移动阅读的轨迹，为每个用户建立阅读数据库，分析用户阅读偏好和挖掘开发新内容和服务。

移动阅读"共建 IP 生态"模式颠覆了用户使用传统纸质阅读的体验，比如，充分运用 VR 或 AR 等信息技术参与现实感知和重现事实场景，增强交互式体验的阅读。场景时代平台型都市报转型的关键是争夺服务场景，这要求平台都市报要以用户为出发点和突破点，思考如何适时提供或提前准备信息产品和服务，营造良好的阅读场景，刺激用户的消费欲望和阅读需求，让用户适时体验"时空一体化"的自在感。当然，平台型都市报的移动阅读内容生产体系可将用户纳入其中，通过自媒体推送、分享、评论等多种手段和方式制造话题和场景焦点，提高用户品牌忠诚度，助推平台型都市报转型成功。

封面传媒 CEO 李鹏表示，封面新闻与《华西都市报》的融合已经迈过 1.0 阶段和 2.0 阶段，正在进入"数据驱动、视频传播、社群营销"的3.0 阶段。2019 年，封面新闻与《华西都市报》将聚焦"全国影响 + 西南落地"目标，继续强化资本运营，持续推进融资股改和上市工作，加快打造封面传媒融资上市平台，加快建成区域平台型媒体。①

---

① 熊浩然．封面传媒 CEO 李鹏谈媒体融合：坚定朝着"AI + 媒体"领域进军［EB/OL］．（2019 - 01 - 31）［2019 - 02 - 16］．https：//mp. weixin. qq. com/s/c4MfEr5TOgkeZOAUOHvGFA.

（二）都市报使用"媒体大脑"延伸人工智能产品和服务提高品牌资产

新华社于 2017 年 12 月 26 日推出了我国首款人工智能平台"媒体大脑"（mp. shuwen. com），并使用该平台发布了我国第一条由平台机器自主制作的视频新闻，这在我国新闻史上具有里程碑的意义，该新闻是由"媒体大脑"中的"2410（智能媒体生产平台）"耗时 10. 3 秒系统制作。2018 年 3 月，该平台还制作了我国第一条关于"两会"的 MGC 新闻视频，该新闻由"媒体大脑"自动分析"两会"舆情后形成可视化图表并完成配音、配图和视频的剪辑，这说明了中国媒体的智能化已进入到"媒体大脑"时代。

1. "媒体大脑"的演化与特点

（1）"媒体大脑"的演化。作为我国首个媒体人工智能（Artificial Intelligence，简称 AI）平台，为我国媒体提供了"大数据＋人工智能"的"新闻生产＋分发"平台，节省了新闻制作发布所需时间，提高了新闻时效性，使媒体工作更加现代化和科技化。在这个平台上机器和媒体人共同完成新闻内容的挖掘、写作和分发，实现了媒体与机器、人、物体的全面融合。

追根溯源，13 世纪欧洲哲学家拉蒙·柳利提出的"逻辑机"设想是人工智能的概念雏形。20 世纪中叶，美国科学家约翰·麦卡锡第一次明确提出"人工智能"一词。经过漫长的研究，2012 年，谷歌"X 试验室"发布一项重大进展，他们通过人工智能在 YouTube 上找到了猫，这是人工智能与媒体较为早期的接触。

目前，媒体人工智能主要运用在新闻内容生产、节目主持、用户画像和大数据平台运营等方面。2015 年，美联社利用 Automated Insights 公司的 Wordsmith 平台自主生产新闻报道。2016 年 11 月，斯坦福大学研发的人工智能程序可自动完成视频剪辑工作。2016 年底，Facebook Messenger 有超过 3 万机器人在运作该平台。2017 年 6 月，机器人 Sophia 加盟英国"早安英国节目组"，它既可与人类主持人流利对话，还可以调侃人类主持人，Sophia 成为机器人主播并接受采访。Dataminr 通过读取 Twitter 流等数据信息开展算法预测重大新闻事件走向。谷歌经过技术研发手段使广告商能够更好地投放广告到自己平台。西北大学研发出 Narrative Science 等一系列的产品，通过对人类行为进行模拟，被广泛运用于国内外各大网站。

中国媒体紧跟时代潮流引入媒体人工智能硬件，腾讯于 2015 年 9 月利用机器人 Dream Writer 写稿，截至 2016 年第三季度发稿数 4 万余篇。① 随后 11 月份我国各大新闻媒体以及自媒体平台都推出了自主研发的人工智能机器人，例如，《南方都市报》"小南"以及《华西都市报》"小封"等都是媒体人工智能产品。2018 年 1 月，作为最新推出的产品，《南方都市报》的人工智能产品"小南"能写 3 000 字报告和 800 字消息，最快只要零点几秒，开展短时高效的新闻稿撰写。2017 年底与 2018 年初，新华社"媒体大脑"生产出的 MGC 视频新闻，引起业界轩然大波，媒体人工智能平台得以深入推进。

（2）"媒体大脑"的特点。2016 年底百度公司率先预测到互联网即将迎来新的变革，人工智能将会主导互联网以及各种传统行业。李彦宏认为，"人工智能对百度来说意味着什么？我用四个字来概括，就是'百度大脑'"②。随着互联网技术的发展，"大脑"一词正成为人工智能的"代名词"，"媒体大脑"以其新面貌呈现出以下新特点：

一是功能强大，涵盖新闻全链条。一直以来，媒体内容生产主要遵循"收集线索—定义主题—资料查阅—访问—编辑—出版"的原则，而"媒体大脑"直接整合和提供了更为专业、更为优化的服务。使得媒体内容生产更加高效便捷，使媒体行业与创新科技进行有机结合。其中，智能媒体生产平台主要具有实时分析传感器数据、灵活适配多种终端、全方位工作支持、延伸"人"的能力四大特点，按照传感器及数据监测—新闻事件异常识别—新闻价值判断—角度智能选取—调用相关数据—自动数据新闻写作等生产流程，全天候秒级响应全景式新闻线索和素材，勾连"人"与"物"之间的联系，为媒体人提供软硬件一体化新闻基础设施，使得新闻内容更加丰富有趣，提高新闻的生产效率。

"用户画像"（Persona）是"媒体大脑"其他功能区正常顺利运转的基础功能区块。它打通媒体资讯、智能家居、娱乐、社交和地理位置等多个领域，涵盖用户基础属性、交互习惯、行为偏好等近千个用户维度，对用户需求进行深刻分析，进而更有效地进行管理和运营。"用户画像"主要有三个功能：①精准识别用户。通过账号匹配映射，打通多账号、多设备、多领域之间的数据孤岛而精准识别用户。②助力个性化算法。针对用户画像形成用户个性化偏好指标，能为个性化推荐模型输入重要的用户特

---

① 腾讯网企鹅智库. 智媒来临——2016 年中国新媒体趋势报告［EB/OL］.［2018 - 03 - 05］. http://tech.qq.com/a/20161115/003171.htm#p = 1.201611.
② 王林，李彦宏. 互联网的下一幕是人工智能［N］. 中国青年报，2016 - 09 - 02（6）.

征。③赋能精准运营。结合用户十余个领域的数据，分析发现特定用户群行为偏好，实行精准营销。

二是生产 Machine Generated Content（简称 MGC）新闻，改变新闻内容生产模式。在 MGC 新闻制作方面，新的智能平台在制作方式上与传统的新闻具有很大的差异性。"媒体大脑"与传统新闻生产模式相比的主要区别在于创造 MGC 新闻。MGC 即机器生成内容，运用人工智能技术，由机器智能生产的新闻。其生产过程是：首先信息和数据通过相机、传感器等传入到机器之中，然后机器可以通过视觉识别，即识别图像和文字的方式来进一步进行判断。基于大数据的分析处理，将新导入的内容与现有的数据进行比对，然后将其收集起来，并重新安排信息，最后进行生产制作。①

从本质上来说，"媒体大脑"是一个具有人工智能的写稿编程系统，它主要是采用机器学习算法并结合记者编辑的智慧，代替人工检测分析大数据信息，使用文本和图像的解析技术，自动抽取和判断所需信息知识，以模板和规则知识库方式迅速输出相应内容，生成新的新闻信息。

三是分析用户群像，精准个性化定制。目前，大部分的链接都是需要人为进行添加的，或者是通过简单的算法进行链接。而每个用户端所收到的信息内容都差不多。"媒体大脑"相较于传统媒体一个显著的优势就是能提供个性化的内容，通过微信或推特手机端进行大量推送。"James"是英国《泰晤士报》和《星期日泰晤士报》推出的针对个人偏好自动个性化定制的服务产品；瑞士高品质纸媒 Neue Zürcher Zeitung（简称 NZZ）也一直致力于开发人工智能。

实际上，"媒体大脑"所具备的一些功能主要是针对用户个性化定制而设定的，比如，"采蜜"功能是将语音转成文字；"人脸核查"是精准定位图片、视频素材中的人物，防止出现错位行为；"新闻分发"依托新华社客户端、UC 浏览器、天猫精灵和 Rokid 等分发渠道为亿万用户提供新闻精选、新闻搜索、热点捕捉和个性化推荐。与此相似，美国移动新闻服务运营商 News Republic 是"世界上第一家没有记者的新闻媒体"，专注于个性化新闻定制，已与 1 650 家新闻机构共建合作关系。对于尚处于初步发展阶段的"媒体大脑"可借鉴其先进经验完善个性化定制功能。

四是场景化传播，凸显用户体验。"媒体大脑"注重场景化传播，始

①　常斐，等. 国内第一个媒体 AI 平台，助力成都传媒集团发展［N］. 成都日报，2017 - 12 - 27（2）.

终将用户体验放在运营首位，其功能模块围绕着用户体验而设计相应的应用场景。比如，"新闻分发"主要解决未来的你会在哪里看新闻，其依赖于技术渠道以及分销渠道，它的个性化和语音特点可让内容制造商进一步了解用户需求，智能分配大量的信息，为新闻内容制作提供良好的商业环境。它主要应用在智能音箱、车载系统、智能电视和移动 App 等场景，为家庭用户、车主和移动阅读者提供可语音交互可大屏收看的垂直领域新闻。

"媒体大脑"通过对人类大数据资料不断地学习和总结，可以做到对人脸以及物体文字进行筛选比对。它主要是基于场景定制优化功能，自主研发核心算法运用模块化系统，并随场景需求进行定制优化。它主要应用在特定人员识别、人物搜索以及新闻图片关系库等场景领域，从海量的新闻图片或视频中精准定位特定人物，绘图说明图片中各人物的具体关系，进一步帮助媒体获取最新信息。

"智能会话"是"媒体大脑"实现媒体深度融合的一个新功能表现，它是能运用最新深度学习、语义理解、新闻知识图谱来解读新闻内容并开展会话功能的智能问答机器人。它包括新闻推荐、新闻实体报道、新闻热度分析搜索等功能，能提供 SDK 解决方案，嵌入新闻 App 和微信微博，通过不断地提高其与用户的交流体验，让用户更加喜欢这款软件。

2. 都市报使用"媒体大脑"的动因

2016 年，凯文·凯利指出人工智能将会是未来科技发展的重心。[①]2017 年我国的《新一代人工智能发展规划》中明确，到 2020 年人工智能总体技术和应用与世界先进水平同步；到 2025 年人工智能基础理论实现重大突破，部分技术与应用达到世界领先水平；到 2030 年人工智能理论、技术与应用总体达到世界领先水平，成为世界主要人工智能创新中心。[②]对于都市报来说，迎接以人工智能为主要特征的"媒体大脑"时代已成为必然。有专家表明，如果传统媒体没有掌握人工智能发展趋势，将会受到一系列来自于人工智能的"降维打压"，有可能成为被人工智能所淘汰的行业。[③]因此，都市报要顺应潮流，积极选择使用"媒体大脑"，方可立于时代之流。

---

① 何慧媛，贺俊浩. 人工智能时代，媒体如何创新转型——"人工智能与媒体未来"研讨会综述［J］. 中国记者，2017（2）：5–12.

② 中华人民共和国国务院. 新一代人工智能发展规划［Z］. 2017–07–08.

③ 任晓宁. 人工智能让媒体迎全新想象空间［N］. 中国新闻出版广电报，2016–11–22（5）.

（1）发展平台型都市报的呼吁。都市报经过近十年的数字化转型，但成效并不太乐观，没有实现全面的数字化转型。对于目前发展式微的都市报来说，平台型都市报是其积极转型的新选择，而"媒体大脑"刚好是一个适时的媒体人工智能平台。

平台型都市报是都市报依据服务规则和平台互动机制，其内容主要是依附于各种产品推广，通过优质服务来满足不同受众群体需要，形成一种特殊的具有高综合性的信息发布和传播的载体，逐渐形成一种规模化的平台。同时，都市报要自主研发人工智能存在时间长和成本高等弱势，还在用户数据积累和挖掘方面有着先天不足。因此，都市报注册认证"媒体大脑"后即可使用其功能和产品服务，有利于加快平台型都市报的建设。

（2）推行都市报算法新闻的内驱动力。创新技术以及数据分析手段对新闻行业造成了巨大冲击，目前各大新闻媒体正经历着一场"量化转型"（"A Quantitative Turn"of Journalism）。[①] 不少都市报已引入"机器人写稿"（Robot Reporting 或 Automated Journalism），《华西都市报—封面新闻》机器人"小冰"具有多种实用性功能，包括语音朗诵、诗歌创作以及新闻发布等，通过"和大熊猫一起拼颜值"活动的开展，越来越受人喜欢，上线几天内便引起广泛关注；[②] 同时，《华西都市报》另一机器人"小封"依托封巢智媒体系统大数据核心算法技术，仅用8.09秒报道了四川青川地震新闻。事实上，封巢智媒体就是"媒体大脑"在《华西都市报》的运用系统，它与新华社研发的"媒体大脑"在新闻生产、版权监测、新闻分发等功能上具有相似性。

都市报善于创新改革，与人工智能结合谋求新发展路径，但是写稿机器人目前来说尚未得到充分使用，有些功能尚未得到深入挖掘，主要依托人工智能化生成数据新闻，而不是依托"大数据+人工智能化"而生成的算法新闻，导致写稿机器人生成的稿件处于套稿的初级阶段，也出现了都市报写稿编稿主力还是传统媒体人的现实尴尬，如此，写稿机器人仅是近一两年时兴的噱头。

基于算法的舆情监测和用户分析系统可帮助都市报有效规避选题风险，提升新闻生产效益。用户的行为习惯可以通过数据间的挖掘和关联深入分析，都市报记者能够获得特定选题的特定"用户画像"。算法还可以

---

① PETRE C. A quantitative turn of journalism? Tower center for digital journalism [EB/OL]．（2013 – 10 – 30）．http：//towcenter. org/blog/a Quantitative Turn – in – journalism.

② 吕国英. 算法设计与分析 [M]．2 版．北京：清华大学出版社，2009：11.

优化既有新闻资源的再利用效率，让新闻内容不再是一次性的"易碎品"，而是可以在特定条件下能再利用的"关联物"。在算法驱动的新闻生产中，人工智能不再是辅助生产的手段，而是一个相对独立的生产主体。刚研发的"媒体大脑"主要使用和分析遍布城市角落的传感器所传播的新闻要素，通过图像识别功能分解新闻要素的关键词，在内置写作模板的电脑程序中生成新闻报道，这是一种算法新闻，它将成为都市报使用"媒体大脑"的内在驱动力。

（3）重夺都市报话语权的武器。在 2005 年报业拐点年之前，都市报牢牢掌握自我话语权，不断扩充话语空间，随着新媒体的普遍应用，受众自主生成内容（User Generated Content，简称 UGC）主导着信息传播，出现受众掌握话语权的趋势。"媒体大脑"的出现让一般受众难以接触到专业的人工智能机器，人工智能化的新闻生产方式使得新闻内容生产回归到专业性的轨道上。

"媒体大脑"生成新闻的模式是 Machine Generated Content（简称 MGC），"媒体大脑"的研发公司——新华智云联席 CEO 徐常亮认为，"MGC 无论是在内容制作还是内容传播效率上都优于传统的新闻模式，因为 MGC 的算法是非常精妙的"[①]。"媒体大脑"中所拥有的新闻资讯库将对内容数据库进行标签化和结构化处理，实现新闻记录数据，促使新闻记录历史。

与此同时，"媒体大脑"将都市报专业记者从新媒体战场追求新闻时效中解救出来，推进专业记者专注内容深度和厚度，让专业记者从事权威报道，冲淡 UGC 市场的话语权，紧抓原创内容和深度内容，生产出更多有态度和温度的报道，重夺话语权。今后，"媒体大脑"将赋能于新闻记者编辑，人机结合不断探寻背后新闻资源内容，促进完全不同的跨界融合。

（4）解决都市报版权硬伤的方法。保护版权一直是老生常谈的话题。长期以来，都市报的原创内容被侵权一直在消减都市报新闻生产力和影响力甚至是营销力。"媒体大脑"的版权监测功能对新媒体环境下媒体原创内容知识产权的保护有着立竿见影的效果。凡是在"媒体大脑"上注册登记的都市报将原创内容上传后，其他媒体若有转载、引用或者盗用等，均会有一个清晰的网络流向可了解到信息走向，这样可规避内容侵权等风险，保护好媒体人的知识劳动成果。

---

① 杨弃非．媒体与 AI 相遇背后有何逻辑［EB/OL］．（2018 - 03 - 13）．http：//www. nbd. com. cn/articles/2017 - 12 - 26/1176229. html.

"媒体大脑"通过一系列的算法和手段对投稿人所投出的稿子进行检测保护，一旦出现抄袭的现象，媒体大脑就会第一时间通知投稿人，保护原始证据以供投稿人使用。比如，"媒体大脑"为新华社打造的《十九大版权检测报告》，帮助新华社评估十九大系列报道在舆论场上的 528 篇文字报道和 847 张新闻图片被 55 603 家传媒机构转载，转载次数总计912 540 次。《华西都市报》封巢智媒体系统数据监控显示，自 2017 年 8 月 11 日发布第一期反侵权公告后，通过数据监控可以看出已经查出非法转载媒体 76 家，侵权的稿件多达 180 篇，并且其中有 63 家媒体及时删除了非法转载的稿件，寻求与原创内容的合作。①

(5) 提高都市报工作效率的需要。"媒体大脑"尽管具有强大的功能效力，但它并不会取代记者编辑，只是将人与物连接起来，帮助记者编辑更快更智能化地获取新闻线索，剪辑出具备大多数新闻要素的新闻报道，进而帮助媒体人提高生产效率。根据"媒体大脑"的现实记录，从扫描上亿网页、聚合舆情热点、核查事实、监测版权、输入信息模板到生成一条新闻报道，"媒体大脑"整个操作过程不超过 10 秒，这将为新闻报道争取到报道时间，在突发性和灾难性新闻发生的时候，"媒体大脑"优势凸显，成为争夺独家新闻的必杀绝技。

"媒体大脑"还具备语音识别和评论管理等功能。"采蜜"是一种专业级录音转文本工具，可帮助都市报记者实时将采访音频转成文字，自动同步至 PC 上生成新闻。2017 年，Quartz 执行主编 Zach Seward 的演讲语音被 Dreamwriter 转换成文字后自动生成一篇新闻报道。由 Google Jigsaw 开发的人工智能工具 Perspective，可用来改善评论管理，《纽约时报》利用该系统将新闻评论的比例从 10% 提高到 80%。因此，"媒体大脑"可将都市报人从过去简单重复的工作中解放出来，集中更多精力关注具有原创性和感知力的新闻写作，实现都市报社会价值的升级。

都市报品牌不同于一般的商品品牌，且都市报内容的"非市场"定位，故都市报的品牌识别建设和深化工作难度偏大。为了解决都市报品牌识别之"显著度"问题，ABBE 管理模型延伸出"营销传播"这一指向，并通过数字营销、整合营销、社群营销等策略，旨在提高都市报的品牌显著度。

新媒体的崛起带来"社群"的蓬勃发展，他们以品牌为聚集地，共享

---

① 熊浩然，李雪. 封巢智媒体系统上线，打造人工智能时代新型媒体融合平台［J］. 中国传媒科技，2017（10）：13.

着对于产品或服务的消费体验，高度联结的社群对于品牌来说无疑具有较高价值。都市报作为媒体，应发挥媒体所有的"影响力经济"优势，打造出受众高度缔结、忠诚度高的品牌社群。传统媒体时代，都市报运作的关键是管理受众的"二次售卖"，受众是整个环节的关键，获得受众的都市报就能获得经济利益，注意力是都市报经济的核心。随着信息爆炸让受众的"眼球"成为稀缺资源，都市报通过平台或内容争夺注意力资源，都市报市场频发的恶性竞争不仅没能带来良好的经济利益，反而在不停地透支自己的社会形象。注意力经济模式难以应付现有的传媒业难题，"影响力经济"逐渐成为用以理解新媒体时代都市报在内的传媒市场价值的新理论。都市报的影响力是吸引受众和构筑受众忠诚度的关键，都市报可利用影响力打造意见领袖占据信息市场的制高点，意见领袖在为他人"设置议程"的同时，完成对都市报品牌的传播。可见，都市报从各个角度延伸品牌关系是提升自己影响力的有效途径，也是联系和维持受众—品牌关系的重要方法。

杨德锋认为，新媒体时代，都市报存在一些不足主要有，一是新媒体环境里的信息资讯鱼龙混杂，辨识度不高，受众对媒体也包括都市报更持怀疑态度，认为没有什么真正内涵，难以产生真挚感情；二是国家严格的新闻审查制度导致都市报承载的信息内容不能满足受众需求，甚至对都市报不能替民发声的形象不满意；三是有些都市报虽然开展了新媒体建设，但也主要是将纸质内容直接搬到网络上，缺乏互动的窗口和平台，导致受众存在感缺失，访问量减少，点击量不高，广告量随之减少。因此，都市报要维护好与受众的关系，不仅要建设好互动的平台，还要做好线上服务，真正从受众利益出发，关注受众注意力，减少品牌资产的成本，实现品牌资产的增值。[①]

第二节　研究不足与后续研究建议

本书是以 Keller 的基于消费者的品牌资产 CBBE 金字塔模型为借鉴，并结合新媒体环境下媒体生态的变化、都市报的特征与受众身份的重构，系统地建构了都市报 ABBE 管理模型。但是，由于研究的局限性，本书仍

---

① 杨德锋的访谈内容，访谈时间：2018 年 1 月 23 日；访谈地点：广州市暨南大学管理学院。

然存在一些不足，需要后续进一步研究予以解决，主要的不足有：

第一，理论依据为舶来品，是否完全契合我国都市报的实际状况，有待深入研究。虽然品牌资产的相关研究与理论著述属于舶来品，目前在国内品牌资产研究成为比较热门的研究对象，相关的研究文献也比较丰富，但是专门研究媒体（含都市报）品牌资产的文献并不多见，加上现存研究的理论深度有待加强，对于品牌资产的元问题的理论成果主要以国外的研究为基本方向，因此，本书主要参考国外相关著述所提供的理论依据与研究框架，当应用于国内都市报进行品牌资产研究的本土化，难免会存在很多影响因素的偏差，需要考虑到文化适应的问题。

第二，本书所建构的模型较为简单，立体化有待加强。本书在CBBE模型的基础上构建ABBE管理模型，该模型的线性思路较为简单，模型缺乏立体性和多面性。本书详细讨论了营销传播——识别向度、话语空间——含义向度、消费体验——响应向度和受众—品牌——关系向度，但是都市报ABBE管理模型还存在有待进一步完善的必要。鉴于对于其先导性驱动因素建构，所能参考的指标较少，尤其是国内文献，适用于新媒体环境的都市报品牌增值的指标体系还需要在未来进行更多检测。

第三，研究方法有待优化使用。本书主要运用了深入访谈法和问卷调查实证研究这两种研究方法，无论哪一种研究方法都存在一定的局限性。在深入访谈上，由于人脉资源欠缺，主要访谈了四位学界业界的专家学者，访谈对象偏少。另外，虽然对受众进行了问卷调查，但是主观性更强的访谈提纲没有受众的参与也是一种缺失。在问卷调查实证研究上，由于借鉴的CBBE模型本身没有实证研究，缺乏测量量表来源，本书在此基础上构建的ABBE管理模型涉及的变量多，量表复杂多样，故本书在文献综述基础上构建模型的测量量表，加之都市报没有用户数据库，使原先预热的分层抽样难以实行，改为随机抽样调查，虽然数据的信度和效度难免有瑕疵，尤其是真正应用于都市报的品牌管理中是否科学和可行还有待验证，至少尝试去开拓模型构建及其实证分析研究，也是一种理论推动。

在深入研究都市报品牌资产管理的维度与指向，并继续寻求都市报品牌资产增值的路径时，需要在以下方面做更多的研究：

第一，跟踪研究ABBE管理模型的实践成效。本书初步建构了一个基于受众视角的都市报品牌资产管理模型，但这个模型中的若干观点是否具有指导性，有待都市报品牌改革的实践检验和实证应验，有待更深入且全面的理论予以佐证。本书只是迈出了第一步，后续研究亟待加强，分析论证还需更深入更细致。

第二，后续研究可偏重实证研究。采用社会学、管理学、统计学的相关方法，对于受众的都市报消费心理、消费行为的构成维度、受众价值效用与品牌互动等建构相关模型，进行实证研究，将研究结论建立在翔实的数据与相关性分析之上，得出更完善的理论结构。

第三，本书力图从总体上分析都市报品牌资产的基本内容、对应维度、内在指向与基本规律，属于新媒体环境下都市报品牌资产的基本概念与逻辑探讨。限于本书主题和篇幅，对于具体策略的分析停留在表面，而这些是很有建设性的命题，每一个策略均可继续深化挖掘成为独立性的专题研究。

第四，需要更细化更全面地研究都市报品牌资产管理的路径。本书只是有重点地对新媒体环境下的都市报品牌资产增值的核心问题予以展开，将都市报的品牌运营置于市场营销的理论模式之中，从都市报的本质属性出发，在满足受众的需求基础上探讨实现品牌增值的路径，今后还需要更具体、更全面地对都市报的品牌资产增值路径进行归纳和总结。

附　录

附录一　调查问卷

亲爱的男士/女士：

您好！很感谢您能抽出宝贵时间来帮助我们完成这次问卷调查。请您按个人意愿如实作答即可。感谢您的参与！

说明：①问卷中提到的报纸，如无特殊说明，均包括纸媒及新媒体；②新媒体包括报纸官网/地方门户网站、App、微信公众号/微博等；③各城市品牌不同。

1. 请问您最近两个月内是否购买/阅读过都市报（包括纸媒或新媒体）？（单选题＊必答）

□ 是——继续访问　　□否——终止访问

2. 您购买/阅读都市报的频率如何？（单选题＊必答）

□很少　□一般　□经常

3. 您最喜欢通过什么方式阅读新闻？（单选题＊必答）

□纸质报纸　□报纸官网　□门户网站、App、微信公众号

□官方微博　□论坛　□其他网络方式

4. 您会关注都市报的品牌资产的哪些方面？（可多选）（多选题＊必答）

□ 品牌标识（如品牌名称、Logo、版面设计等）

□ 品牌内涵（如报纸的内容、价格、方便购买/阅读、品牌形象等）

□ 品牌反应（阅读感受、评价或联想）

□ 品牌关系（读者忠诚度、认同感、参与度、社会责任感等）

□ 公司文化

□ 企业多元化发展

5. 以下都市报品牌资产来源中，您最看重哪个方面？（单选题＊必答）
□核心要素：品牌定位　　□内容要素：特色内容
□形式要素：视觉系统　　□发展要素：品牌延伸（品牌活动、行业延伸）

6. 都市报品牌资产评价体系中您认为哪些最重要？（限选 2 个）（多选题＊必答）
□品牌识别　　□品牌内容（品牌功效）　　□品牌形象
□受众判断　　□受众感受　　□受众共鸣

请对您所在地区的一个都市报品牌进行评价，1 代表非常不同意，5 代表非常同意。

7. 我能够很容易地从同类产品中识别出该品牌。
非常不同意　　○ 1　　○ 2　　○ 3　　○ 4　　○ 5　　非常同意

8. 我购买/使用之前就知道该品牌。
非常不同意　　○ 1　　○ 2　　○ 3　　○ 4　　○ 5　　非常同意

9. 我能够很快回忆起该品牌的商标、标识和标语。
非常不同意　　○ 1　　○ 2　　○ 3　　○ 4　　○ 5　　非常同意

10. 我能够很快想起该品牌的一些特征。
非常不同意　　○ 1　　○ 2　　○ 3　　○ 4　　○ 5　　非常同意

11. 这个品牌的报纸的内容、设计等方面具有很高的品质。
非常不同意　　○ 1　　○ 2　　○ 3　　○ 4　　○ 5　　非常同意

12. 我觉得这个品牌的报纸购买或阅读/订阅很方便。
非常不同意　　○ 1　　○ 2　　○ 3　　○ 4　　○ 5　　非常同意

13. 这个品牌的价格合理。
非常不同意　　○ 1　　○ 2　　○ 3　　○ 4　　○ 5　　非常同意

14. 在脑海中构造出该品牌的形象并不困难。
非常不同意　　○ 1　　○ 2　　○ 3　　○ 4　　○ 5　　非常同意

15. 这个品牌历史悠久。
非常不同意　　○ 1　　○ 2　　○ 3　　○ 4　　○ 5　　非常同意

16. 这个品牌的报纸有自己的特色。
非常不同意　　○ 1　　○ 2　　○ 3　　○ 4　　○ 5　　非常同意

17. 这个品牌的报纸满足我的需求。
非常不同意　　○ 1　　○ 2　　○ 3　　○ 4　　○ 5　　非常同意

18. 我认为这个品牌的品质比较稳定。
非常不同意　　○ 1　　○ 2　　○ 3　　○ 4　　○ 5　　非常同意

19. 我很喜欢这个报纸品牌。

非常不同意　　○ 1　　○ 2　　○ 3　　○ 4　　○ 5　　非常同意

20. 该品牌是我购买/阅读报纸的第一选择。

非常不同意　　○ 1　　○ 2　　○ 3　　○ 4　　○ 5　　非常同意

21. 我愿意向朋友推荐这个品牌。

非常不同意　　○ 1　　○ 2　　○ 3　　○ 4　　○ 5　　非常同意

22. 我认同购买/阅读该品牌报纸的人。

非常不同意　　○ 1　　○ 2　　○ 3　　○ 4　　○ 5　　非常同意

23. 我觉得我是这份报纸的忠实读者。

非常不同意　　○ 1　　○ 2　　○ 3　　○ 4　　○ 5　　非常同意

24. 我会主动参与到品牌活动中去（比如评论、报料、话题讨论、关注品牌活动等）。

非常不同意　　○ 1　　○ 2　　○ 3　　○ 4　　○ 5　　非常同意

25. 我能回忆出这个品牌做过的一个或多个报道。

非常不同意　　○ 1　　○ 2　　○ 3　　○ 4　　○ 5　　非常同意

26. 这个品牌有很多有特色的报道或栏目。

非常不同意　　○ 1　　○ 2　　○ 3　　○ 4　　○ 5　　非常同意

27. 相比其他品牌，我愿意多付很多钱来购买它。

非常不同意　　○ 1　　○ 2　　○ 3　　○ 4　　○ 5　　非常同意

28. 我经常想起该品牌或该品牌里面的内容。

非常不同意　　○ 1　　○ 2　　○ 3　　○ 4　　○ 5　　非常同意

29. 该品牌在同类产品中是不可取代的。

非常不同意　　○ 1　　○ 2　　○ 3　　○ 4　　○ 5　　非常同意

30. 您知道、参与或接触过哪些都市报的营销传播方式？（可多选）（多选题＊必答）。

□线下新闻爆料　□线下俱乐部活动　□买赠　□旅行活动　□线下团购　□线上爆料　□会员注册　□扫描二维码　□微信/qq 群　□邮箱活动　□线上买赠/团购　□线上话题/社会个案

31. 该品牌的社交媒体账号更新频繁。

非常不同意　　○ 1　　○ 2　　○ 3　　○ 4　　○ 5　　非常同意

32. 与其他品牌相比，这份报纸的促销、有奖活动较多。

非常不同意　　○ 1　　○ 2　　○ 3　　○ 4　　○ 5　　非常同意

33. 该品牌会积极与读者互动。

非常不同意　　○ 1　　○ 2　　○ 3　　○ 4　　○ 5　　非常同意

34. 该品牌为自己做过很多广告。

非常不同意　　○ 1　　○ 2　　○ 3　　○ 4　　○ 5　　非常同意

35. 可以通过很多渠道买到这份都市报。

非常不同意　　○ 1　　○ 2　　○ 3　　○ 4　　○ 5　　非常同意

36. 您关注都市报"话语空间"的哪些方面？（可多选）（多选题＊必答）。
□参与生活形态政治　□打造主流意识　□树立社会责任感　□关注民生　□关注热点

37. 该都市报具有社会责任感。

非常不同意　　○ 1　　○ 2　　○ 3　　○ 4　　○ 5　　非常同意

38. 该都市报十分关注民生问题。

非常不同意　　○ 1　　○ 2　　○ 3　　○ 4　　○ 5　　非常同意

39. 该都市报时刻关注社会热点。

非常不同意　　○ 1　　○ 2　　○ 3　　○ 4　　○ 5　　非常同意

40. 该都市报的报道能给人带来正能量。

非常不同意　　○ 1　　○ 2　　○ 3　　○ 4　　○ 5　　非常同意

41. 总体来说，都市报给我的消费体验（包括任何形式的购买/阅读/活动等）是？

非常不好　　○ 1　　○ 2　　○ 3　　○ 4　　○ 5　　非常好

42. 该都市报的排版（包括纸质版和电子版）让人看着很舒服。

非常不同意　　○ 1　　○ 2　　○ 3　　○ 4　　○ 5　　非常同意

43. 向该都市报提建议、投诉、报料都很方便。

非常不同意　　○ 1　　○ 2　　○ 3　　○ 4　　○ 5　　非常同意

44. 我可以很轻松地在网上找到这份都市报最近的报道。

非常不同意　　○ 1　　○ 2　　○ 3　　○ 4　　○ 5　　非常同意

45. 该都市报的购买、配送服务周到。

非常不同意　　○ 1　　○ 2　　○ 3　　○ 4　　○ 5　　非常同意

46. 以下加强您与品牌关系的活动中，您喜欢的是？（可多选）（多选题＊必答）。
□（网络）定制您感兴趣的新闻版块　□生日祝福　□天气提醒　□线下社群活动　□品牌跨界活动（如慈善、跨行业论坛等）　□各类读者活动

47. 这个都市报品牌会和读者定期保持联系。

非常不同意　　○ 1　　○ 2　　○ 3　　○ 4　　○ 5　　非常同意

48. 这个都市报非常注重收集读者的意见。

非常不同意　　○1　　○2　　○3　　○4　　○5　　非常同意

49. 这个都市报能很好地满足读者的需求。

非常不同意　　○1　　○2　　○3　　○4　　○5　　非常同意

50. 几乎大部分人都十分认可这份都市报。

非常不同意　　○1　　○2　　○3　　○4　　○5　　非常同意

51. 这份都市报对我增长见识很有帮助。

非常不同意　　○1　　○2　　○3　　○4　　○5　　非常同意

52. 这份都市报对我的行为处事有指导作用。

非常不同意　　○1　　○2　　○3　　○4　　○5　　非常同意

53. 这份都市报对社会是有价值的。

非常不同意　　○1　　○2　　○3　　○4　　○5　　非常同意

54. 这份都市报具有很强的社会号召力。

非常不同意　　○1　　○2　　○3　　○4　　○5　　非常同意

55. 这个都市报报道的内容对其中一些问题的解决很有帮助 。

非常不同意　　○1　　○2　　○3　　○4　　○5　　非常同意

56. 这份都市报的定位明确、风格稳定。

非常不同意　　○1　　○2　　○3　　○4　　○5　　非常同意

57. 这份报纸是很值得信赖的，这个品牌的内容就意味着高质量。

非常不同意　　○1　　○2　　○3　　○4　　○5　　非常同意

58. 这份都市报报道的内容和我的生活很贴近。

非常不同意　　○1　　○2　　○3　　○4　　○5　　非常同意

59. 该都市报报道的事情我以前也经历过。

非常不同意　　○1　　○2　　○3　　○4　　○5　　非常同意

60. 我十分认同这份都市报看待问题的角度和方式。

非常不同意　　○1　　○2　　○3　　○4　　○5　　非常同意

61. 我会经常和别人聊起我在这份都市报的报道中读到的内容和观点。

非常不同意　　○1　　○2　　○3　　○4　　○5　　非常同意

62. 您所在的城市：（填空题＊必答）＿＿＿＿＿＿＿＿＿＿＿＿＿。

63. 您的年龄段：（单选题＊必答）。

○18 岁以下　○18～25 岁　○26～30 岁　○31～40 岁　○41～50 岁
○51～60 岁　○60 岁以上

64. 您的学历（单选题＊必答）。

○小学、初中或高中　○大学（包括在读）　　○硕士（包括在读）
○博士（包括在读）

附录二　访谈代表作品

　　鉴于篇幅限制和阅读习惯，本部分选取学界代表暨南大学新闻与传播学院院长范以锦教授和业界代表南都报系党委书记、总裁任天阳先生的访谈作为附录以供参阅。该部分将访谈提纲与访谈成稿内容相结合起来呈现，省略了访谈提纲的前后介绍语和敬语。

一、以范以锦教授（简称"范"）为访谈对象的访谈提纲与访谈成稿

　　（人物简介：范以锦，现任暨南大学新闻与传播学院院长、教授、博士生导师、高级记者，中国传媒经济与管理研究会副会长、广东省老新闻者协会会长、广东省作家协会会员。曾担任：《南方日报》总编辑、社长，南方报业传媒集团党委书记、管委会主任、董事长，中华全国新闻工作者协会副主席、广东省新闻工作者协会主席。第一个将品牌概念引入中国报业，提出报业品牌理念，被业界称为开启了中国报业"品牌"时代，是"多品牌战略""跨区域经营战略""人才战略"等一系列报业拓展战略的设计者和推动者。他以南方报业为基地先后创建了"21世纪报系""南周报系""南都报系"三大报系组织结构，提出并实施"龙生龙、凤生凤"的快速发展系列报刊的滚动发展运营模式。整个集团运作有序，品牌价值管理已经形成了集团、报系和媒体三个层次的金字塔结构。2005年出版了《南方报业战略》，系统介绍了南方报业传媒集团培育优质媒体品牌的独到做法和经验，并从整体上论述了媒体传播业的发展战略、运营实践和企业文化。同年，提出建立"新闻数码港"（即超级编辑部）的构想，主张要积极应对新媒体的挑战，建立既要往报社投稿，又要给网络和移动媒体发稿的平台。2006年底，转入暨南大学新闻与传播学院后，致力于新闻理论与新闻实践相结合，建立暨大准记者南方训练营。访谈时间：2018年2月6日）

　　引子：为什么要研究新媒体环境下都市报品牌资产管理研究（基于受众视角）？首先我们要明确研究的目的和意义。在中国来说，市场化媒体代表应该说是都市类媒体，党委机关报是我们政府直接掌控的主流媒体，

耳目喉舌作用特强。如果走市场化道路，都市类媒体会走得更快一些。目前来说，党委机关报发展得到党委和政府的大力支持，它们的生存肯定没有问题，当然自身也要创新发展。而都市报要找到新的突围路径是有很大难度的，但不应该让都市报都消失。都市报市场化发展走得好，对推动中国社会发展做出了很大贡献，一定把都市报维护好，把它发展好。

有的机构公布的一些都市报媒体的品牌资产还是呈现升高趋势，但我们需要明确，品牌资产高并不意味着它的风险小，其实风险还是比较大的。有些都市报媒体的品牌资产之所以高，是因为原来传统媒体形态都市报的内容、传播手段打造出的品牌影响力尚未消失，这并非是由新媒体形态所带来的品牌资产，且现有评估体系也未完全按照新方法来评估都市报品牌资产，导致都市报品牌资产虚高。事实上，这种现象隐藏着很大的危机。目前都市报发行量、内容版面、经营效应（包括广告收入和利润）均压缩变少，都市报尝试往新媒体转型也碰到了重重困境。尽管传统都市报品牌资产影响力还在，但它所隐藏的危机导致其品牌不断被削弱，如果都市报未能抓住发展时机，不去维护、打造和抓好品牌管理，它的品牌资产总有一天会消失。比如，《京华时报》的品牌响当当，最后其传统报纸形态和公众号、客户端等新媒体形态全部一起完全消失了。与之对比的是《新京报》的品牌犹在，这说明报纸的品牌资产要维护好和管理好是多么重要。《新京报》的未来同样也面临这个问题。

对于都市报品牌资产管理方面有两点要重点把握一下：

一是内容价值的打造还是很有必要。新媒体记者没能拥有记者证，作为传统媒体都市报的记者拥有记者证，他们可以持证在一线采访，履行新闻专业主义撰写权威性文章，因此，都市报要保持它的内容影响力，其品牌还是要高高举起，要擦亮。如今，《南方都市报》《新京报》等都市类报纸的传统品牌影响力还在，这是内容价值在发挥重要作用。

二是平台的打造是关键。新媒体环境下都市报品牌资产上升与下跌，关键是平台。都市报内容可以借助其自身所拥有的客户端、微信等平台扩大品牌影响力。有时都市报会依靠民间舆论场的他人平台去传播，可以提高都市报本身的品牌影响力和产生商业价值，但这种传播方式从资产管理角度来说并不会带来品牌资产增值，原因是广告主投放广告不是看都市报生产了什么内容，而是看哪个平台传播内容的影响力最大。因此，都市报转型过程中一定要坚守内容优势，将自己的平台打造得非常响亮，包括客户端、微信、微博等，这才可体现出它的品牌资产价值。当然，都市报品牌资产变现途径有不少，比如，互联网许多平台拿都市报的内容产品去不断传播，还不如都市报主动与它们合作，在合作过程中，都市报可将品牌资产作为谈判合作筹码，并在合作后赚取利润变现，实现资产增值；或者，都市报进驻可以变现的"今日头条"等平台，开展内容分发和服务内容等合作，拉动经营实现回报。因此，都市报要在新媒体环境下解决品牌资产管理问题，一定要解决好平台，可以尝试包括自己打造、借用和合作共同打造等路径来打造好平台。如果没有走平台打造的路径，那么都市报在纸媒时代留下的品牌资产会每天呈现下滑趋势，总有一天它的品牌资产会完全没有了。如果我们不提高品牌资产管理的意识，依旧维持原有的品牌资产管理现状和办法，都市报绝对是会消失的，《京华时报》就是一个教训。尤其是在新媒体时代，都市报品牌资产价值只是在原有的惯性上运转，这是一种危机性的上升，如果都市报不去维护和发展品牌资产，不去认真面对危机和解除危机，都市报的"弯道"就拐不了。

1. 受众是都市报竞争首要考虑的因素，为受众提供满足需求的产品与服务是都市报生存发展的主要法则。新媒体发展对受众产生了前所未有的冲击和影响，您认为新媒体环境下都市报受众的结构、信息需求、参与方式和心理偏好发生了什么样的演变？这些变化对都市报品牌资产管理有什么影响？

范：都市报报纸形态的受众关注数量下跌是必然的，原因主要是都市报创办以后一直强调自己是面对城市居民和都市中青年人群。城市广告资源丰厚，在传统媒体时代，都市报吸引城市居民关注度的商业模式、广告模式很有效。同时，都市中青年人无论是消费产品还是拍板投放广告，他们都有一定决策权。因此，都市报将受众目标锁定在一线都市主流人群，是可以将广告拉动起来的。如今，比较悲观的情况是，越是发达城市年轻人越不看报纸，这与都市报原来的定位、经营思路和商业变现模式背道而驰。若都市报还仅仅只是依赖传统报纸，不往新媒体方向转型的话，它必然会失去大量受众，毕竟现在的受众结构与都市报原来的受众定位已经大不相同。在这种情况下，都市报一定要打造新平台，通过新平台去吸纳新受众，将传统报纸的受众转移到新平台上来，这对都市报品牌资产延伸是有用的。

现在都市报报纸与受众在版面上互动，难度还是有点大。过去受众与都市报的互动是简单互动，主要表现为都市报报道后看看读者有什么反应，将读者的观点集中起来并讨论，这种互动是一种很呆板和没有太多时效性的互动，只是受众对都市报办报和新闻报道的一种反馈或反映而已，还谈不上互动，有别于新媒体环境下的互动。现在受众与都市报的互动更多是线下互动，比如都市报举办论坛、会展等活动，在一些特定的场合下与受众以及经营客户进行互动，这是受众在传统媒体语境下与都市报互动的延续。还有一种比较重要的形式就是延伸到"两微一端"等新媒体平台上的互动，这种形式强调垂直的特定领域中的人群，如果泛人群，很难带来都市报品牌资产变现价值。因此，都市报一定要打造一个个能够互动的群体，群体有真正的价值认同，群体每个个体愿意去交流。这个平台不是过于宽泛的平台，而是要一个个垂直平台去联结精准的受众。比如，都市报的公众号不是只办一个公众号，而是要办多个垂直公众号，分门别类与用户联结起来。

相对来说，都市报的"两微一端"与商业互联网企业相比存在弱势，受众更青睐于"今日头条"等客户端。其实都市类媒体产品也有一定市场，比如，都市类媒体《东方早报》休刊，将原有的新闻报道、舆论引导功能转移到澎湃新闻网，澎湃新闻网作为一个新闻平台吸引了大量受众关注。当然，澎湃新闻网的品牌资产已经不再是休刊的《东方早报》所拥有的品牌资产，这种品牌资产发生了迁移和衍生。

新媒体环境下，都市报受众发生了较大变化，对都市报的品牌资产有着一定的影响。都市报根据受众信息需求制作的内容产品经过新媒体传播后，其品牌无形资产应该是上升的，但是它的实际资产不一定带来变现，毕竟有一些受众不一定是从都市报本身平台上满足了信息需求，这就需要都市报打造好自己的平台，并增加一些自己的服务内容，通过服务内容将无形资产联结项目、企业、产业，实现间接变现；或者做一些内容产品直接实现内容变现，比如打赏、智库、数据产品等，将无形资产带动有形资产，实现品牌资产增值。如果无形资产变现不了真正的有形资产，从管理角度来说是无用的。要想方设法通过打造平台或借用平台或合作平台，实现无形资产向有形资产的转换。

2. 面对蓬勃发展的新媒体，都市报业态式微，但世界品牌实验室发布的"中国500最具价值品牌评估排名"榜单上几乎每年均有6家都市报（《南方都市报》《华西都市报》《半岛都市报》《燕赵都市报》《大河报》《楚天都市报》）名列传媒类品牌资产前列，您如何看待这种现象？

范：都市报品牌资产那么高，主要是考虑无形资产，其实际资产未必上升。《南方都市报》报道"江西高考替考事件"，记者打入替考团伙，该报道影响力非常大。类似的这种深度报道相对过去来说，借助新媒体传递速度更快，跨越了本城市范围在全国传播，影响力更大，这从品牌资产的无形资产角度来说是肯定在上升的，这是主要靠内容产品的影响力拉动了都市报品牌资产无形资产的上升，但其实际资产不一定上升。

实际上，目前不少都市报的有形资产是在下跌的，只是都市报原有的内容优势带来的社会影响力和无形资产还在上升。都市报要生存和发展，单纯靠无形资产是靠不住的，只是等无形资产上升以后再考虑如何将无形资产变现为有形资产，这种关系值得研究。

3. 都市报纷纷从变革市场营销方式的角度进行模式探索和转型研究，以求更为长期的发展。您认为新媒体环境下都市报改革市场营销方式的方向在哪？都市报在数字营销、社群营销和整合营销等营销方式上可做哪些探索？受众参与都市报营销传播的主要方式有哪些？

范：都市报过去主要是采取"二次营销"的市场营销模式，都市报第一次出售产品是具有信息含量的新闻产品，吸引住受众注意力，并将读者注意力作为第二次销售产品来获取广告收益。在新媒体环境下，都市报的"二次营销"模式失灵了，这必须要有新的营销模式来适应新的发展环境。新媒体环境下报纸发行量不可能像传统媒体时代发行量那么大，也很难通过市场促销方式来销售报纸。都市报要想留住市场关注度，报纸的品牌不能丢，而且还需要吸纳一定的用户，吸纳用户的方法也不能像过去的大规模一样推销。在纸媒打造都市报品牌影响力的基础上，都市报纸媒形态的发行量多少并不是很重要（当然也不能太少），更重要的是都市报要开展大量的线上线下活动，引起用户关注，求得自己的生存发展，并通过新媒体特定的社区人群垂直联结受众扩大群体。

目前都市报改革营销方式很多，比如，针对政府或企业所遇困难而提供服务产品以及品牌策划、展会活动或提供数据信息报告等相关服务。还有举办一些会展、论坛、排行榜、共同策划活动、客户赞助、购买服务、培训、内容付费、智库服务等信息服务。

4. 在新媒体环境下公共话语空间的参与主体、对话内容和对话渠道均得以拓展，都市报的公共话语空间发生什么变化？重构都市报话语空间具有哪些现实背景和重大意义？如何通过品牌资产管理的内涵向度构建都市报高端化、常态化与伦理化的话语空间？

范：都市报的公共话语空间在新媒体环境下发生较大变化，有一些政府要解决的问题、老百姓关注的热点问题，都市报还是可以有所作为，比如电信诈骗、食品安全等都是老百姓关注和政府需要解决的话语，《南方都市报》等都市报一直在努力做，而且做得十分专业。

都市报的话语主要依托专业记者的挖掘，有些传统媒体的记者挖得很深，然后通过与新媒体的链接互动发布，扩大其影响力。但是在新媒体冲击下，都市报的话语空间要重构，跟进用户的反馈意见，不断调整补充和跟进，过去主要从记者本身的角度出发的主观考虑更多，现在会根据用户提出的系列问题进行回答和分析跟进。

话语空间会提升品牌资产的无形资产，都市报的内容影响力较大，通过内容进行发声，体现出它的社会价值，但是要将无形资产转换成有形资产还是有一定难度。如果都市报作为媒体都不能发声了，那么其无形资产也就没有了。都市报的无形资产与有形资产是相辅相成的。

5. 都市报作为文化产品，它的价值体现为其外在形态与内在观念与受众的相互作用的结果，具体可以表述为都市报品牌所具有的审美价值、人文环境价值与主体精神独特性价值。都市报受众的消费体验与都市报的品牌互动以及品牌资产有何关联？新媒体环境下都市报受众的品牌消费心理呈现出哪些特征？都市报提高消费体验从而提升品牌资产的路径主要有哪些？

范：都市报的品牌资产主要是受众对都市报的品牌忠诚度，都市报有没有品牌资产关键是用户对它有没有忠诚度，有忠诚度才能有品牌资产实现，也就是说，用户对都市报品牌的黏度要强。受众对都市报的黏度主要表现在：一是对都市报内容的关注，无论是从哪个渠道接触都市报，至少会认为这一份都市报在受众心中是有崇高的地位；二是对都市报平台的忠诚，现在最难解决是对平台的忠诚，对内容的忠诚不一定是对平台的忠诚，对平台不忠诚，就没有了品牌的无形资产价值。

受众对都市报的消费体验较为重要的是受众需要，对平台的忠诚更为强调社群化、垂直化和分众化，对受众真正有用的信息才会关注相应的平台渠道。

6. 受众—品牌关系催生着影响力经济语境，新媒体环境下，都市报受众—品牌关系的逻辑起因和联结方式是什么？都市报该如何孵化和延伸受众—品牌关系，以此提高都市报品牌资产管理成效？

范：受众对都市报来说不是匆匆过客，要不断维系受众关系，不断扩大受众群体，不让受众流失。如果受众只是匆匆过客，这样就很难提升都市报品牌资产，所以都市报要在品牌资产管理上下功夫，要让受众觉得都市报及其延伸出去的新平台是他们幸福的港湾，而不是临时驻地，让受众成为都市报的"常住民"。

二、以任天阳总裁（简称为"任"）为访谈对象的访谈提纲与访谈成稿

（人物简介：任天阳：南方报业传媒集团管委会委员、南方日报社社委、南都报系党委书记、总裁、高级记者，南都与奥一网创始人之一，荣获广东新闻金枪奖，具有 17 年新闻行业经验和 5 年新媒体从业经验。访谈时间：2018 年 1 月 25 日）

1. 受众是都市报竞争首要考虑的因素，为受众提供满足其需求的产品与服务是都市报生存发展的主要法则。新媒体发展对受众产生了前所未有的冲击和影响，您认为新媒体环境下都市报受众的结构、信息需求、参与方式和心理偏好发生了什么样的演变？这些变化对都市报品牌资产管理有什么影响？

任：目前，新媒体对报纸的影响主要是生产内容、话语方式以及用户均转移到移动端，这也是都市报发展的大趋势。

在受众结构方面，原来的《南方都市报》是一种都市类报纸，其主要依靠发行量，发行量越大越好，受众越多越好。虽然南都的整体受众群是以中高端层次为主，以量取胜，这是纸媒时代的生存法则。新媒体环境下，比较大的变化是新用户群转移到移动端，南都的用户群至少分化成两部分：有一部分传统报纸的用户群变少了也变高端了，对此，2014 年，我们提出对移动媒体格局下南都纸媒的定位为"三精"，即精英、精致、精品，也就是说，用户是精英阶层，产品品质是精致，出品是精品。另外一部分是移动端的用户结构，我们希望用户量是越多越好，区别于纸媒越精越好的要求。南方都市报的转型策略是将原来纸媒的受众结构进行调整，将资源、注意力和影响力往移动端转移，这是一个战略性的改变。

受众在信息需求方面是不一样的，原来报纸的信息需求比较单一，现在信息生产体系发生了变化：一是移动端的信息生产，立足于"快"，我们提出了"更快更灵动"和"更慢更优雅"，"快"和"灵动"是指移动端的生产，所有新闻以最快速度生产，动态性新闻几乎都在移动端，首先由南都的微信、微博、App 和直播发出新闻。二是纸媒的信息生产针对深

阅读、精阅读和慢阅读需求，主要是做深度调查、述评类报道和调查类报道。有深度的思想和观点是一个社会最需要的精神产品，作为一个专业媒体不应该放弃这个优势，因此，纸媒《南方都市报》以深度报道为主，几乎没有纯粹的动态新闻，其产品主要是深度调查、评论、述评以及借助南都公信力发布的一些包括排行榜和评价体系的数据产品等。这些都是《南方都市报》在内容转型上的一个变化。

受众的参与方式和心理偏好也发生了一些变化，过去都市报是处于一种单向被动的传播，受众参与度较低，主要通过电话、来信等方式反馈信息。新媒体时代，用户运用移动端，通过微信公众号、微博、南都 App、直播等平台发表评论，互动性加强了，相对来说，受众参与方式更加多元，参与度也更高。

这些变化对都市报的品牌资产影响较大，它们不是削弱了品牌影响力和品牌资产，而是延展了都市报品牌资产空间，原来品牌资产管理主要是围绕一份报纸开展工作，现在南都在微信公众号、微博、App 等移动端用户超过一个亿，这是在传统媒体时代难以想象的用户数字。这是南都品牌依靠原来南都报纸强大的内容生产优势，在新媒体格局下继续在高位运行。对此，我们要根据新媒体发展趋势和特征，对原有读者用户进行重新定位，在机场、银行等场所的贵宾厅、商务舱以及高端渠道场所，扩展南都纸质产品发行渠道，为受众提供值得深读的精品，我们希望发行量不是越多越好，而是越精越好。在移动端做品牌资产管理是一个新角度，我们在做品牌管理、品牌宣传时则需要根据不同用户群体采取不同方式方法。

2. 面对蓬勃发展的新媒体，都市报业态式微，但贵报的品牌价值连续几年来名列传媒类品牌价值前列，这与贵报开拓进取和积极转型有关，贵报在品牌资产方面的转型路径主要有哪些？具体有哪些品牌资产管理的举措？

任：《南方都市报》没有专门的品牌资产转型之路，主要还是依托内容生产和品牌活动等方式改变品牌。现在的南方都市报已经不再是一张简单的报纸，它是信息生产的综合性机构。对此，南都对外宣传的口号也在改变，2014 年，南都提出"更快更灵动""更慢更优雅"的口号；2016 年，南都提出"换一种方式"，"换一种方式"包括内容生产方式、话语表达方式、商业运营模式、价值投资方式四个方面均要换一种方式。比如话语表达方式上，面对报纸的内容生产，强调的是文字能力，这是一个叙事的方式；移动端的话语表达具有碎片化和受众以年轻人群为主的特征，它的话语表达方式明显区别于纸媒时代的话语方式。此外，比如商业运营模式也要进行转变，原来运营报纸，现在主要运营移动端，这是不同的运营客体。

在对外推广上，南都品牌宣传发生了很大变化，我们要将南都旧有的传统纸媒时代的品质和产品优势讲清楚，同时也要将南都移动端的产品优势讲清楚，注重用户，具体到每个业务员如何向广告客户推介《南方都市报》也有一定的规章流程和宣传手册。

《南方都市报》开展品牌资产管理活动也做了不少举措，比如南都20周年庆典活动，主要采取了明星代言、路牌广告、小蛮腰宣传、移动端等不同媒介形态加强品牌推荐和宣传，提升品牌资产。

3. 与一般商品品牌不同，都市报兼具商品属性与社会属性，它的品牌发展具有一定的特殊性，其品牌资产主要来源于品牌标识、品牌内涵、品牌反应、品牌关系四大板块，您认为这四者之间的关系是什么？它们如何构成一个评价体系？（受众对都市报品牌资产的评价依据怎样的体系？）

任：《南方都市报》的品牌资产管理并没有细分到品牌标识、品牌内涵、品牌反应、品牌关系这四大板块，但品牌资产管理的实际工作是按照这四个板块开展。在品牌标识上，《南方都市报》还是做了不少改变，根据移动端用户群的需求和反应采取不同的管理方法，包括Logo、色彩等方面；在品牌内涵上，将报纸的传统纸质形态与新媒体形态融合起来，构建起品牌建设矩阵，包括报纸、杂志、移动端的微信、微博、App的品牌矩阵，对不同的用户群实施不同的品牌策略。南都相比以前更注重新闻产品化，以前报纸的新闻产品，记者写完稿后编辑编完就发，现在注重新闻产品品牌的打造，南都鉴定、南都直播、短视频等，一方面是把南都有价值的产品或符号进行商标注册，规避品牌存在的风险，另一方面让固定出版、固定发布行为常态化、品牌化。同时在品牌关系上，借助品牌活动不断推广和扩大影响力运营，强化与用户的关系，比如2017年1月做的深圳口碑网，通过用户微信投票，深圳用户参与度广，在短时间内增加了三十几万的用户，这是一个运用产品优势进行品牌推广并带动南都整体品牌的成功案例。

至于品牌标识、品牌内涵、品牌反应、品牌关系这四大板块是什么关系，我尚未进行深入思考，我想它们是一种逻辑递进的关系，品牌标识是基础，在品牌标识基础上，都市报要加强品牌内涵建设，这是核心，用户认可都市报的品牌内涵后做出自我的品牌反应，并与都市报互动中强化双方之间的品牌关系。

4. 都市报纷纷从变革市场营销方式的角度进行模式探索和转型研究，以求更为长期的发展。您认为新媒体环境下都市报改革市场营销方式的方向在哪？贵报在数字营销、社群营销和整合营销等营销方式上做了哪些探索？受众参与贵报营销传播的主要方式有哪些？

任：都市报所提倡的"换一种方式"也包括营销方式的转变。目前，营销传播主要是整合营销为主，从原来单一的报纸平面广告到移动端的复合型营销，这是一个较大的转变。同时，南都的营销方式还注重线下营销，侧重为政府提供数据服务、活动服务以及一些定制信息产品，可见，南都的营销手段呈现多元化的特征。

目前，南都单一的营销广告下滑到三成，更多的收入来源是依靠增值服务，可能有些营销方式在报纸版面上没有得到体现，但是我们实实在在收到了经费。《南方都市报》的广告收入同期下降20%左右，但其利润在增加，这说明发展质量得到了提高。

数字营销和社群营销方式也有很多，包括营销策划均有相应内容，还拥有专门的创新策划部门，利用H5、微信公众号等传播方式来进行传播，还有圈层营销、跨界营销的案例也是比比皆是。今后，数据库营销、圈层营销（社群营销）、跨界营销将是我们在新媒体环境下开展营销活动的主要努力方向。

5. 在新媒体环境下，公共话语空间的参与主体、对话内容和对话渠道均得以拓展，都市报的公共话语空间发生什么变化？重构都市报话语空间具有哪些现实背景和重大意义？结合贵报话语空间情况，如何通过品牌资产管理的内涵向度构建都市报高端化、常态化与伦理化的话语空间？

任：都市报的话语空间发生了重大变化，以往单一地以报纸广告为驱动，随着都市报移动平台的增加，都市报的话语空间在扩大，这就是纸媒在下滑，但品牌资产在增加的原因。《南方都市报》的内容生产能力削弱反而增强了，2014年来，《南方都市报》改革，是基于南都报处于高位运营状态，重建内容生产结构，紧跟社会关注热点问题，生产能力不断得以提升。比如近年来做的高考替考、个人信息保护等系列报道，这彰显都市报在新媒体格局下深度报道能力和内容生产能力不断得到提高。目前有种说法是纸媒的影响力在下滑，这种观点不完全准确，《南方都市报》在某些领域的影响力还在提高。虽然都市报纸媒形态发行量在下降，看报纸的人少了，并不代表生产内容的消费者少了，这不是一个概念。它只能说明阅读都市报纸的人少了，但是消费都市报生产信息的人多了。以往都市报纸的发行量充其量 100 多万，按照 1∶7 的报纸传阅率，报纸的阅读量也不高，但是现在新媒体形态的都市报的传阅量过亿，有些微信公众号推文点击量常有 10 多万或 100 万以上，这在传统都市报年代是难以想象的，这是都市报在新媒体时代品牌影响力扩大的有力说明。

新媒体时代重构都市报的话语空间具有重大现实意义，可以从都市报发展简史角度来理解，因为都市报是中国报业发展史上一个特殊的现象。中国报业在改革开放 40 年呈现一个代际的发展态势，简单来说，报纸主要经历了四个里程碑：一是，1978—1988 年是党报鼎盛发展时期，党报在宣传党的改革开放政策时发挥着重要作用，正如杨兴锋老社长所说，在党的十一届三中全会后，广东农民下地劳动时，锄头上会绑一张《南方日报》，上面有"分田到户、责任到人"的报道和评论，用以应付某些村干部的反对行为。这说明各级党报在宣传党的政策上起到了非常大的作用。二是，1988—1995 年是晚报的昌盛时期，包括全国的三大晚报：《羊城晚报》《新民晚报》和《北京晚报》。晚报崛起的原因主要是，中国改革开放从农村开始，到了 80 年代中后期，中国改革已经进入城市为主体的改革，城市居民对信息需求和文化需求在不断加大，刚好晚报是一份进入千万市民家庭的报纸，其服务性、趣味性和可读性可满足城市居民的精神追求，符合中国改革开放的大社会背景。三是，1995—2010 年是都市报崛起和巅峰时期，包括《南方都市报》《华西都市报》等各级省会城市均有都市报诞生。当时都市报有的是省级党报创办，有的是由其他媒体创办。1995—2010 年是都市报发展的巅峰时期，一方面主要与它的亲民性和舆论监督力度分不开，几乎每家都市报都是靠批评报道起家，每增加一个批评报道就会增加几万份的发行量，这是都市报发展模式之一；另一方面是这个时间段里中国中产阶级崛起，部分国家体制之外的人通过自我努力拥有了一定社会财富和社会地位，但是他们的政治利益诉求缺乏载体和平台体现，都市报成了这部分人甚至社会底层人的代言人和政治诉求呼吁者，这是都市报做得风生水起的重要背景原因。四是，2010 年以后，都市报受新媒体冲击，其话语方式和用户都在发生转移，从纸质媒体转到网络媒体，从线下媒体转到线上媒体，这不仅是都市报类报纸受到新媒体影响，还包括党报也一样受到不同程度的影响。这个阶段主要是介质的变化导致的品牌资产受到影响。前面三个里程碑阶段主要是因为社会的政治经济文化发展的不同阶段导致的变化。

新媒体环境下，都市报的话语空间并没有收窄，而是分散了，这是都市报话语空间的独特之处。针对个人信息保护、数据资产法律归属等社会热点问题，《南方都市报》进行议题设置，开展话语引领和舆论监督，推动个人信息保护宣传，在社会上引起了较大反响。作为专业内容生产机构的都市报在移动媒体的影响下，其核心还是在于议题设置，只要注重内容生产的品牌内涵建设，坚持建设性与批判性相统一，因时而变，坚守新闻专业主义和批判精神，满足民间期待，话语空间还是很大的，尤其是要加强都市报高端化的话语空间，改变话语方式，扩大受众或用户影响。

6. 都市报作为文化产品，它的价值体现为其外在形态与内在观念与受众的相互作用的结果，具体可以表述为都市报品牌所具有的审美价值、人文环境价值与主体精神独特性价值。都市报受众的消费体验与都市报的品牌互动以及品牌价值有何关联？新媒体环境下都市报受众的品牌消费心理呈现出哪些特征？贵报提高消费体验而提升品牌价值的路径主要有哪些？

任：都市报作为文化产品，其品牌还是建立在其内容生产的基础上，这是都市报生存和发展的核心竞争力。都市报的品牌资产管理上，依旧要保持都市报以往所拥有的优秀品质，同时对于新生品牌产品要有自己的内在评价体系，这是南都品牌延伸的一个很重要的方向。比如，"南都鉴定"品牌产品主要是对网络上、朋友圈等载体上与老百姓日常生活密切相关却似是而非的说法予以澄清，并拿出相应产品到专业权威机构联合鉴定事实真伪，依托具有公信力的平台直播和发布鉴定的过程与结果，这是建立在南都公信力基础之上的。另外，南都还建设了不少数据产品，《南方都市报》重点建设的数据产品，比如《粤东西北振兴指数》、《广州治理榜》、"南都指数"、深圳口碑网等各种指数品牌和榜单，这些建立在南都的评价体系以及建立在南都的品牌影响力基础上。倘若是一个名不见经传或毫无社会影响力的媒体机构，所做的榜单是难以让人相信的。在行业领域内依托南都自我的公信力而构建起的评价体系，不仅有助于推广南都的品牌知名度，延伸了南都的品牌价值，还进一步开拓了内容市场，不断扩大受众群体。这也是新媒体环境下，《南方都市报》品牌资产得以提升的重要原因。

受众的消费体验与都市报的品牌互动有着多元关系，都市报的产品多元，其用户也是多元的。用户与都市报通过微信公众号、App等移动端留言和订阅，编辑通过受众或用户反馈的意见继续改造内容生产流程，让都市报朝着高端化、精致化的方向努力，改变都市报是一份廉价报纸的印象，以适应更多精英人士的阅读需求。无论都市报如何改变，无论新媒体有多大冲击，都市报的中高端内容生产不会改变。

7. 受众—品牌关系催生着影响力经济语境，新媒体环境下，都市报受众—品牌关系的逻辑起因和联结方式是什么？贵报是如何通过孵化和延伸受众—品牌关系的路径来提高品牌资产管理成效？

任：结合南都"数据优先"概念，南都将依靠技术驱动，根据分散在微信、微博、数字报、活动现场等不同端口的用户群建立一个数据库，形成线上线下的用户矩阵。目前，《南方都市报》正在筹备大数据研究院，在 2018 年 2 月正式投入运行，届时，《南方都市报》将重点建设用户数据库，运用这些用户数据库进一步挖掘和分析受众的行为，精准了解用户需求，提供更为到位的服务，为受众或用户提供产品体验和满足他们需求的用户体验。

参考文献

1. 著作类

［1］哈贝马斯．公共领域的结构转型［M］．曹卫东，等译．上海：学林出版社，1999.

［2］加布里埃尔·塔尔德，特里·N. 克拉克．传播与社会影响［M］．何道宽，译．北京：中国人民大学出版社，2005.

［3］申光龙．整合营销传播战略管理［M］．北京：中国物资出版社，2001.

［4］文森特·莫斯可．传播政治经济学［M］．胡正荣，等译．北京：华夏出版社，2000.

［5］艾·里斯，劳拉·里斯．品牌22律［M］．寿雯，译．太原：山西人民出版社，2011.

［6］艾·里斯，劳拉·里斯．品牌的起源［M］．寿雯，译．太原：山西人民出版社，2010.

［7］大卫·克罗图，威廉·霍伊尼斯．运营媒体在商业媒体与公共利益之间［M］．董关鹏，金城，译．北京：清华大学出版社，2007.

［8］戴维·阿克．创建强势品牌［M］．吕一林，译．北京：中国劳动社会保障出版社，2004.

［9］戴维·阿克．管理品牌资产［M］．吴进操，常小虹，译．北京：机械工业出版社，2012.

［10］戴维·阿克，埃里克·乔基姆塞勒．品牌领导［M］．耿帅，译．北京：机械工业出版社，2012.

［11］戴维·斯沃茨．文化与权力：布尔迪厄的社会学［M］．陶东风，译．上海：上海译文出版社，2006.

［12］杜纳·E·科耐普．品牌智慧：品牌战略实施的五个步骤［M］．赵中秋，罗臣，译．北京：企业管理出版社，2006.

［13］菲利普·科特勒，瓦得马·弗沃德．要素品牌战略：B2B2C的

差异化竞争之道［M］．李戎，译．上海：复旦大学出版社，2010.

［14］菲利普·迈耶．正在消失的报纸：如何拯救信息时代的新闻业［M］．张卫平，译．北京：新华出版社，2007.

［15］杰克·特劳特．大品牌大问题［M］．耿一诚，许丽萍，译．北京：机械工业出版社，2011.

［16］凯文·莱恩·凯勒．战略品牌管理［M］．3版．卢泰宏，吴水龙，译．北京：中国人民大学出版社，2009.

［17］马格·戈拜．情感化的品牌：揭开品牌推广的秘密［M］．王毅，王梦，译．上海：上海人民美术出版社，2011.

［18］施拉姆．大众传播媒介与社会发展［M］．金燕宁，等译．北京：华夏出版社，1990.

［19］泰勒，威利斯．媒介研究：文本，机构与受众［M］．吴清，译．北京：北京大学出版社，2004.

［20］威尔伯·施拉姆，等．报刊的四种理论［M］．中国人民大学新闻系，译．北京：新华出版社，1980.

［21］奥利弗·博伊德·巴雷特，克里斯·纽博尔德．媒介研究的进路：经典文献读本［M］．汪凯，刘晓红，译．北京：新华出版社，2004.

［22］格雷姆·伯顿．媒体与社会批判的视角［M］．史安斌，主译．北京：清华大学出版社，2007.

［23］艾铁成，等．品牌帝国：宝洁中国商战传奇［M］．北京：中国经济出版社，2012.

［24］陈兵．媒介品牌论［M］．北京：中国传媒大学出版社，2008.

［25］陈国权．新媒体拯救报业？［M］．广州：南方日报出版社，2012.

［26］陈力丹．都市报现象研究［M］．北京：新华出版社，1998.

［27］陈祝平．品牌管理［M］．北京：中国发展出版社，2005.

［28］初广志．国际传媒整合营销传播［M］．北京：中国传媒大学出版社，2011.

［29］丁和根．传媒竞争力：中国媒体发展核心方略［M］．上海：复旦大学出版社，2005.

［30］东方源．报业风云《南方都市报》经营实录［M］．北京：中国财政经济出版社，2002.

［31］范以锦．南方报业战略：解密中国一流报业传媒集团［M］．广州：南方日报出版社，2005.

［32］辜晓进．走进美国大报［M］．广州：南方日报出版社，2002.

［33］郭全中．传媒集团战略与管理体制研究［M］．合肥：安徽大学出版社，2010.

［34］何海明．中国市场品牌成长攻略：我的品牌　我们的世界2［M］．北京：现代出版社，2011.

［35］金碚．报业经济学［M］．北京：经济管理出版社，2007.

［36］金雁，王宁．都市报业品牌经营［M］．北京：中国人民大学出版社，2008.

［37］金雁，王宁．专业报刊品牌经营［M］．北京：中国人民大学出版社，2007.

［38］巨天中．品牌推广［M］．北京：中国经济出版社，2004.

［39］李飞，等．品牌和营销［M］．北京：机械工业出版社，2011.

［40］李希光．转型中的新闻学［M］．广州：南方日报出版社，2005.

［41］李幸，冯小宁．南方媒体领袖：2005南方传媒高峰论坛实录［M］．广州：南方日报出版社，2005.

［42］李业．品牌管理［M］．广州：广东高等教育出版社，2004.

［43］刘海贵．中国报业发展战略［M］．上海：上海人民出版社，2006.

［44］刘建明．新闻学前沿：新闻学关注的11个焦点［M］．北京：清华大学出版社，2005.

［45］刘年辉．报业核心竞争力：理论与案例［M］．北京：中国广播电视出版社，2006.

［46］陆长荣，陆长生．现代品牌战略运作［M］．上海：华东理工大学出版社，2004.

［47］南方都市报．八年［M］．广州：南方日报出版社，2004.

［48］年小山．品牌学·理论部分［M］．北京：清华大学出版社，2003.

［49］邱沛篁，席文举，刘为民．都市报创新论［M］．成都：四川人民出版社，2003.

［50］任淑美．品牌诊断［M］．北京：中国经济出版社，2005.

［51］阮观荣，席文举，中国记协国内部，等．都市报现象研究［M］．北京：新华出版社，1998.

［52］邵培仁，陈兵．媒介战略管理［M］．上海：复旦大学出版社，2003.

［53］宋永高．品牌战略和管理［M］．杭州：浙江大学出版社，2003.

［54］宋兆宽．党报品牌建设研究［M］．北京：中国传媒大学出版社，2007.

［55］苏晓东，等．720°品牌管理：概念与应用［M］．北京：中信出版社，2002.

［56］孙立平．转型与断裂：改革以来中国社会结构的变迁［M］．北京：清华大学出版社，2004.

［57］孙玮．现代中国的大众书写：都市报的生成、发展与转折［M］．上海：复旦大学出版社，2006.

［58］孙旭培．当代中国新闻改革［M］．北京：人民出版社，2004.

［59］唐亚明．走进英国大报［M］．广州：南方日报出版社，2004.

［60］王永龙．中国品牌运营问题报告［M］．北京：中国发展出版社，2004.

［61］吴定勇．都市报崛起之谜［M］．成都：四川大学出版社，2005.

［62］吴信训．都市新闻传播学［M］．北京：中国社会科学出版社，2001.

［63］徐海波．中国社会转型与意识形态问题［M］．北京：中国社会科学出版社，2003.

［64］徐永新．主流媒体品牌战略：基于党报品牌建设实践的研究［M］．北京：人民日报出版社，2010.

［65］杨光，赵一鹤．品牌核变：快速创建强势品牌［M］．北京：机械工业出版社，2003.

［66］杨兴锋．高度决定影响力［M］．广州：南方日报出版社，2004.

［67］姚君喜．社会转型传播学［M］．上海：上海交通大学出版社，2008.

［68］余明阳，姜炜．品牌管理学［M］．上海：复旦大学出版社，2006.

［69］余鑫炎．品牌战略与决策［M］．沈阳：东北财经大学出版社，2001.

［70］喻国明．变革传媒：解析中国传媒转型问题［M］．北京：华夏出版社，2005.

［71］喻国明. 传媒影响力：传媒产业本质与竞争优势［M］. 广州：南方日报出版社，2003.

［72］喻国明，张小争. 传媒竞争力：产业价值链案例与模式［M］. 北京：华夏出版社，2005.

［73］张宏. 媒介营销管理［M］. 北京：北京大学出版社，2006.

［74］张建星. 传媒的运营时代：从媒体经营到经营媒体30讲［M］. 上海：文汇出版社，2005.

［75］张志安. 媒介败局［M］. 广州：南方日报出版社，2006.

［76］张智翔，向洪，师帅. 品牌之殇：中国品牌战略的误区与批判［M］. 北京：中国时代经济出版社，2005.

［77］章平. 战略传媒：分析框架与经典案例［M］. 上海：复旦大学出版社，2004.

［78］赵彦华. 媒介市场评价研究　理论、方法与指标体系［M］. 北京：新华出版社，2004.

［79］郑保卫. 论传媒改革与发展［M］. 北京：新华出版社，2004.

［80］支庭荣. 媒介管理［M］. 广州：暨南大学出版社，2004.

［81］周伟，赵曙光，等. 媒体前沿报告［M］. 北京：光明日报出版社，2002.

2. 论文类

［1］曹轲. 构建"南都"产品生态［J］. 传媒，2015（8）.

［2］曹轲. 以话语空间求生存空间以生存空间求发展空间——以《南方都市报》为例［J］. 传媒，2015（2）.

［3］曹轲. 再造"话语空间"都市报需三大转型［J］. 新闻与写作，2015（1）.

［4］曹轲. 都市报话语权的争取、消减和再造——从南都路径看中国都市报20年［J］. 新闻战线，2014（12）.

［5］曹轲. 在"国家治理"中重构话语空间［J］. 中国报业，2014（7）.

［6］曹轲. 媒介融合与南方报人的实践［J］. 中国广播，2014（3）.

［7］曹轲. 政府、官员与媒体关系解构与重构［J］. 青年记者，2012（31）.

［8］曹轲. 大众传媒的科学传播——以《南方都市报》的实践为例

［J］．科技管理研究，2011（18）．

［9］曹轲，庄慎之，陈雨．南都全媒体集群构想［J］．青年记者，2010（19）．

［10］陈兵．媒介品牌的构成因素、特征和构筑途径［J］．中国出版，2004（8）．

［11］陈鼎藩，张吉军．品牌关系：塑造强势品牌的新范式［J］．经济与管理，2004（2）．

［12］陈定亮．报业竞争中的品牌战略［J］．新闻世界，2004（12）．

［13］陈东，毛成基．浅析品牌升级与报业发展［J］．新闻实践，2009（8）．

［14］陈峰．美国报业现状及新发展［J］．青年记者，2005（9）．

［15］陈国权．都市报主流化的几个误区［J］．当代传播，2004（5）．

［16］陈强，郑贵兰．1996—2005：中国都市报十年研究实证分析［J］．中国报业，2006（11）．

［17］陈绍愿，赵红，林建平．品牌生态学：生命原理时代的品牌控制论［J］．商业时代，2006（6）．

［18］陈翔．探讨都市报十年发展显现的问题［J］．新闻记者，2008（1）．

［19］崔保国，王叙虹．报业改革　大潮澎湃——2004年中国报业改革进展综述［J］．中国报业，2005（4）．

［20］崔保国．2006：中国报业的反思与展望［J］．中国报业，2006（3）．

［21］戴元光，尤游．媒介角色研究的社会学分析［J］．上海大学学报（社会科学版），2007（6）．

［22］范以锦．媒体品牌战略与资源整合［J］．青年记者，2004（10）．

［23］范以锦．凭借多品牌战略　打造强势媒体集团［J］．新闻战线，2002（12）．

［24］范以锦．突出权威性　强化可读性——谈《南方日报》的报纸改革［J］．新闻实践，2000（1）．

［25］范以锦．为子媒体的成长发展创造更大价值——构建集团化运营主体的思考［J］．青年记者，2006（2）．

［26］方立明．开掘党报品牌 提升媒体价值［J］．中国记者，2012（8）．

［27］高兴烈．浅谈品牌资产［J］．新闻知识，2005（2）．

［28］郭全中．传媒企业如何选择品牌战略［J］．新闻前哨，2010（7）．

［29］郭全中．南方报业传媒集团报系结构研究［J］．新闻实践，2008（8）．

［30］郭锐，陶岚．中国本土品牌跨国并购后的品牌战略跨文化研究——动态视角［J］．中国管理科学，2012，20（2）．

［31］韩福荣，王仕卿．品牌理论研究（1）品牌理论发展评述［J］．世界标准化与质量管理，2006（9）．

［32］胡志高．试论报业的品牌经营［J］．湖南社会科学，2000（1）．

［33］华康．媒体品牌的理论与实践初探［J］．新闻记者，2005（11）．

［34］黄龙飞，宋永鸿，王建兵．服务社会——报纸的品牌资产［J］．新闻战线，2011（10）．

［35］计建，陈小平．品牌忠诚度行为——情感模型初探［J］．外国经济与管理，1999（1）．

［36］李守波．试论报业的品牌经营［J］．记者摇篮，2005（5）．

［37］梁衡．把握都市报的生命脉络——推荐《中国都市报研究文丛》［J］．新闻战线，2001（1）．

［38］刘尔奎．从品牌的价值构成要素谈我国企业品牌评估的方法［J］．经济论坛，1997（11）．

［39］刘佩．报业品牌战略理论解析［J］．新闻界，2005（1）．

［40］柳剑能，陈仕相．四轮驱动下的南方日报品牌建设［J］．中国记者，2010（2）．

［41］龙奔．品牌增值：提升党报竞争力［J］．中国记者，2004（1）．

［42］卢泰宏，黄胜兵，罗纪宁．论品牌资产的定义［J］．中山大学学报（社会科学版），2000（4）．

［43］罗伯特·H．贾尔斯，郭骊．新闻业：不断变化的国际影响力［J］．国外社会科学文摘，2011（5）．

［44］罗建华．"后都市报时代"：与主流媒体对位［J］．新闻战线，

2004（8）.

［45］罗以澄，陈亚旭.《南方都市报》主流化转型透视［J］.新闻知识，2008（9）.

［46］皮传荣.都市类报纸主流化任重道远［J］.新闻爱好者（理论版），2007（8）.

［47］漆亚林.解析后都市报时代的显性特征［J］.新闻界，2005（4）.

［48］孙玮.媒介话语空间的重构——中国大陆大众化报纸媒介话语的三十年演变［J］.传播与社会学刊，2008（6）.

［49］陶玉亮.如何理解和把握后都市报时代的特点与规律［J］.河南社会科学，2009，17（5）.

［50］田宏明，刘川郁.新形势下都市报的品牌建设策略——以《重庆商报》为例［J］.中国报业，2009（12）.

［51］汪澜.锻造品牌栏目　提升媒体价值［J］.新闻记者，2005（11）.

［52］王成荣，李亚.品牌资产社会化评价方法的改进与创新——Sinobrand 品牌资产评价法［J］.管理评论，2005（1）.

［53］王成荣，邹珊刚.论品牌资产的来源及构成［J］.商业研究，2005（9）.

［54］王春红，韩福荣.品牌生态系统结构分析与实证［J］.北京工业大学学报（社会科学版），2006（2）.

［55］王海忠，于春玲，赵平.品牌资产的消费者模式与产品市场产出模式的关系［J］.管理世界，2006（1）.

［56］王镠莹.21 世纪品牌资产理论研究的新发展：文献评述［J］.理论界，2007（6）.

［57］王首程.报业的核心能力及其特征［J］.广州大学学报（社会科学版），2004（9）.

［58］王晓灵.品牌资产的结构、影响因素及评价指标体系研究［J］.现代管理科学，2010（11）.

［59］魏少华."品牌化"报纸的品牌化因素分析［J］.新闻界，2006（3）.

［60］谢湖伟，叶同春，邓涛.媒介多元化经营的误区和模式选择［N］.中国新闻出版报，2005－03－10（3）.

［61］新闻出版总署报刊司.中国报业的发展方位　改革发展中的报

纸出版业［J］．传媒，2005（9）．

　　［62］徐敏，康岚，何春晖．都市报纸读者社会分层研究［J］．新闻实践，2002（4）．

　　［63］徐胜斌．谈报业无形资产经营［J］．中国报业，2004（5）．

　　［64］徐秀兰，潘青山．媒体品牌经营的战略方法［J］．传媒观察，2004（6）．

　　［65］杨清波，龙倩茜．重庆都市类报纸同质化现象的解读与对策［J］．重庆文理学院学报（社会科学版），2008（4）．

　　［66］杨兴锋，孙爱群．宣传报道与主旋律营销完美结合——解剖第七次改版后的《南方日报》［J］．新闻战线，2011（8）．

　　［67］杨兴锋．以全新思路抓好主流新闻——《南方日报》改版的最大特色［J］．中国记者，2003（1）．

　　［68］杨兴锋．在走向市场中赢得市场——关于南方日报的第四次改版［J］．青年记者，2005（8）．

　　［69］杨兴锋．找准位置　及时顺变——由《南方日报》看党报的新定位［J］．新闻战线，2005（4）．

　　［70］姚雪，陈先元．南方报业传媒集团的品牌拓展战略［J］．新闻记者，2006（9）．

　　［71］张君昌．媒体品牌的理念与运营［J］．现代传播，2002（4）．

　　［72］张昆，陈力峰．都市报主流转型的困局与出路［J］．中国记者，2008（9）．

　　［73］张立伟．都市报市场营销组合——《华西都市报》的实践与思考［J］．新闻与传播研究，1999（4）．

　　［74］张锐，等．品牌生态调控原理探讨［J］．重庆交通学院学报（社会科学版），2003（2）．

　　［75］张世新，李彦．价值链视角下的品牌资产提升［J］．生产力研究，2009（18）．

　　［76］张曙临．品牌资产的实质与来源［J］．湖南师范大学社会科学学报，2000（2）．

　　［77］张伟．都市报的风雨十年——兼论中国传媒的市场化之路［J］．中国报业，2007（11）．

　　［78］张晓群．传媒集团的无形资产运营［J］．当代传播，2005（6）．

　　［79］张燚，张锐．品牌管理模式的生态演化与发展［J］．商业时代，

2003（14）．

　　［80］张子明．努力打造中原传媒产业强势品牌［J］．中国报业，2005（6）．

　　［81］赵泓．解析都市报发展的三大趋势［J］．传媒，2009（12）．

　　［82］赵淑兰．从提升影响力角度看党报品牌经营［J］．中国报业，2005（8）．

　　［83］赵曙光．传媒变局与报业突破——略论"拐点"期的报业转型与创新［J］．中国记者，2006（12）．

　　［84］郑坚．《南方都市报》的报纸品牌形象的建构与营销［J］．中国广告，2008（7）．

　　［85］郑京湘．打造媒体品牌　实现可持续发展［J］．新闻与写作，2006（4）．

　　［86］周彪．都市报同质化分析及应对策略［J］．中国记者，2009（9）．

　　［87］周劲．转型期中国传媒制度变迁的经济学分析——以报业改革为案例［J］．现代传播，2005（1）．

　　［88］周明，易怡．品牌延伸对品牌权益影响之实证研究［J］．南开管理评论，2004（5）．

　　［89］周笑．新媒体产业格局及发展趋势解析［J］．电视研究，2011（1）．

　　［90］周运锦，潘建华．基于关系视角的品牌研究［J］．广西经济管理干部学院学报，2005（1）．

　　［91］周志民．品牌关系指数模型研究：一个量表开发的视角［A］．中国市场学会．中国市场学会2006年年会暨第四次全国会员代表大会论文集［C］．中国市场学会，2006．

　　［92］朱瑞庭，许林峰，李节．品牌资产的理论、模型及其评估［J］．商业时代，2003（13）．

　　［93］庄慎之．《南方都市报》与她所处的时代［J］．新闻前哨，2009（1）．

　　［94］卓悦．报业改革由试点转向全面深入推进——十六大以来报业改革思路分析与难点透视［J］．中国报业，2007（10）．

　　3. 硕博论文类

　　［1］陈蕾．南方报业传媒集团品牌战略研究［D］．青岛：中国海洋

大学，2010.

　　［2］陈艳．媒介组织文化：构筑都市报核心竞争力的关键［D］．西安：西北大学，2006.

　　［3］陈瑜．都市报内容的品质缺陷与质量提升［D］．北京：中央民族大学，2007.

　　［4］杜兰．论现代传媒品牌经营［D］．广州：暨南大学，2001.

　　［5］林晖．当代中国新闻媒介的整合与改革［D］．上海：复旦大学新闻学院，2003.

　　［6］林如鹏．广东报业竞争战略与竞争优势研究［D］．上海：复旦大学，2004.

　　［7］林忠礼．基于价值链重构的报业集团竞争战略研究［D］．济南：山东大学，2007.

　　［8］马骏．品牌资产评估方法及应用［D］．重庆：重庆工商大学，2012.

　　［9］彭姣时．《南方都市报》定位发展探析［D］．广州：暨南大学，2005.

　　［10］乔永华．都市报竞争同质化探析［D］．济南：山东大学，2006.

　　［11］宋祖华．媒介品牌战略研究［D］．上海：复旦大学，2005.

　　［12］滕朋．报纸经营中的品牌建设刍议［D］．郑州：郑州大学，2004.

　　［13］田文生．报纸品牌建设［D］．厦门：厦门大学，2001.

　　［14］汪绍文．都市报品牌营销战略研究［D］．武汉：华中科技大学，2005.

　　［15］谢莎．报纸品牌传播模式初探［D］．武汉：华中科技大学，2005.

　　［16］杨娟．中国媒介生产融合研究［D］．上海：华东师范大学，2011.

　　［17］余祥鹏．党报品牌战略与管理创新研究［D］．桂林：广西师范学院，2010.

　　［18］张东．都市类报纸品牌建设初探［D］．南宁：广西大学，2002.

　　［19］张鹏．品牌生态系统动力学模型与仿真研究［D］．济南：山东大学，2012.

〔20〕张轶．全媒体时代党报管理变革研究〔D〕．大连：大连理工大学，2011.

〔21〕张有春．中国报业产业价值创造能力研究〔D〕．上海：上海社会科学院，2007.

〔22〕韩丹．报纸品牌资产管理创新——以"《南方都市报》全媒体"品牌运营为例〔D〕．广州：暨南大学，2013.

〔23〕张亦姝．基于品牌与用户关系视角的新媒体品牌资产管理研究——以"澎湃新闻"为例〔D〕．南宁：广西大学，2016.

4．网站文献类

〔1〕美国新闻学评论，http：//www.ajr.org。

〔2〕美国报纸协会，http：//www.naa.org。

〔3〕美国《报业时代》，http：//www.naa.org。

〔4〕哈佛大学新闻、政治与国家政策研究中心，http：//www.ksg.harvard.edu/presspol。

〔5〕世界报业协会，http：//www.wan－press.org。

〔6〕《哥伦比亚新闻学研究》，http：//www.cjr.org。

〔7〕中国报业协会，http：//www.cinic.org.cn/newpage/blcgl/index.htm。

〔8〕人民网传媒频道，http：//media.people.com.cn/GB/22114/index.html。

〔9〕新浪网传媒频道，http：//news.sina.com.cn/media/。

〔10〕搜狐传媒，http：//media.sohu.com/fxpl/。

〔11〕中华传媒网，http：//www.mediachina.net/。

〔12〕中国新闻传播学评论，http：//cjr.zjol.com.cn/05cjr/index.shtml。

〔13〕传媒学术网，http：//academic.mediachina.net/。

〔14〕中国新闻传播学评论，http：//www.cjr.com.cn。

〔15〕京华传媒，http：//www.jhcm.com。

〔16〕中国新闻研究中心，http：//www.cddc.net。

〔17〕新华传媒工场，http：//www.xinhuaonline.com。

〔18〕传媒观察，http：//www.chuanmei.net。

〔19〕华文报刊网，http：//www.chinesebk.com。

〔20〕中国媒体咨询网，http：//www.cmni.com.cn。

〔21〕中国网络传播研究，http：//www.chinancr.com。

〔22〕媒体资源信息网，http：//www.bcsj.cnwcc.com/news。

〔23〕史坦国际中国传媒论坛，http：//www.stanchina.com/forum。

［24］中国社会科学院新闻与传播研究所，http：//www. cass. net. cn/chinese/sll. xws。

［25］中华人民共和国新闻出版总署，http：//www. ppa. gov. cn。

［26］报纸观察，http：//www. sory. myrice. com。

［27］西祠·新闻传播研究，http：//www. xici. net/main. asp。

5. 英文文献

［1］STEWART F. Taking care of a brand needs a broader outlook ［J］. Marketing，2002.

［2］MAIO E. Managing brand in the new stakeholder environment ［J］. Journal of business ethics，2003，44.

［3］HESKETT，et al. The value profit chain：treat employees like customers and customers like employees ［J］. The free press，2003.

［4］GUIDO H，STEMPEL III，ROBERT K，et al. The Internet provides both opportunities and challenges for mass communication researchers ［J］. Journalism & mass communication quarterly，2000，77（3）.

［5］BESSANT J，FRANCIS D. Implement the new product development press ［J］. Technovation，1997，17（4）.

［6］ZHAO Y Z. Media and elusive democracy in China ［J］. The public，2001，8（4）.

［7］MCQUAIL D，SIUNE K. Media policy：convergence ［J］. Concentration and commerce sage publications，1998.

［8］LAVINE J M，WACKMAN D B. Managing media ［J］. Organizations effective leader，1995.

［9］TENA M. Mass communication ［J］. Gressfud press，1996.

［10］FRANK R H，PHILIP J C. The winner – take – all society ［J］. The free press，1995.

［11］STEPHEN L，SIMON T F. The economics and regulation of United States newspapers ［J］. Dysine press，1994.

［12］STEPHEN L，et al. Media management：a casebook approch ［J］. Comlubia university press，1996.

［13］BLACKSTON M. Observations：building brand equity by managing the brand's relationships ［J］. Journal of advertising research，2000，40（6）.

［14］KELLER K L. The effects of corporate branding strategies on brand equity ［J］. Advances in consumer research, 1993, 20 (1).

［15］ BIEL A L. How brand image drives brand equity ［J］. Journal of advertising research, 1992, 32 (6).

［16］ MCEWEN W J. Building a brand relationship ［J］. Gallup management journal online, 2004.

［17］ METTE M, JAN K. The question of coherency in corporate branding-over time and across stakeholders ［J］. Journal of communication management, 2001, 6.

［18］ MITCHELL A M. Enriched brand relations ［J］. Brand strategy, 2002.

［19］ HUTTON P. The emerging importance of brand energy in the financial services sector ［J］. Journal of financial services marketing, 2005, 9.

［20］ LAFFERTY B A, GOLDSMITH R H & HULT G T. The Impact of the alliance on the partners: a look at cause – brand alliances ［J］. Psychology & marketing, 2004, 21 (7).

［21］ KELLER A, AAKER D A & KEVIN L. Consumer evaluations of brand extensions ［J］. Journal of marketing, 1954.

［22］ TAUBER E M. Brand leverage: strategy for growth in a cost – control world ［J］. Journal of advertising research, 1988.

［23］ BRONIARCZYK M S, AIBAL J W. The importance of the brand in brand extension ［J］. Journal of marketing research, 1994, 31.

［24］ PARK W, MILBER S & LAWSON R. Evaluation of brand extensions: the role of product feature similarity and brand concept consistency ［J］. Journal of consumer, 1991, 18.

［25］ XIANG F, MISHRA S. The effect of brand alliance portfolio on the perceived quality of an unknown brand ［J］. Advances in consumer research. 2002, 29 (1).

［26］ BARONE M J, MINIARD P W & ROMEO J B. The influence of positive mood on brand extension evaluations ［J］. Journal of consumer research, 2000, 26.

［27］ LOKEN B, JOHN D R. Diluting brand beliefs: when do brand extensions have a negative impact ［J］. Journal of marketing, 1993, 57.

［28］ PARK C W. Strategic brand concept – image management ［J］. Journal of marketing, 1986, 50.

［29］ SMITH E E, SHOBEN D N, RIPS L J, et al. Combining prototypes：a selective modification model ［J］. Cognitive science，1988，12 （4）.

［30］ VILLAREJO – RAMOS A F，SÁNCHEZ – FRANCO M J. The impact of marketing communication and price promotion on brand equity ［J］. Journal of brand management，2005，12（6）.

［31］ MARIOLA P V，ELENA D B. Sales promotions effects on consumer-based brand equity ［J］. International journal of market research，2005，47（2）.

［32］ LEVIN I P，LELIN A M. Modeling the role of brand alliances in the assimilation of product evaluations ［J］. Journal of consumer psychology，2000，9（1）.

［33］ RAJIV V，PRAVEEN A. Strategic brand alliances：implications of ingredient branding for national and private label brands ［J］. Journal of product & brand management，2000，9（4）.

6. 其他（主要来源于相关内部史料）

［1］ 各研究案例的理论刊物。

［2］ 各研究案例有关品牌建设工作的总结和操作思路。

［3］ 各研究案例有关品牌建设的成功实例和失败案例。

［4］ 世界品牌实验室发布的 2013—2018 年度"中国 500 最具价值品牌"排行榜中的有关都市报品牌建设的实例。

后 记

本书是在我博士学位论文《新媒体环境下都市报 ABBE 管理模型研究》的基础上修改而成的，考虑到简约通俗，遂将书名改为《新媒体下都市报品牌资产管理研究》。将都市报品牌资产管理的研究问题纳入品牌学的研究传统，已找准了理论归依。但是，究竟运用什么具体理论来研究都市报的品牌资产管理，却是我一直难以找到的突破口。经过一段长时间的文献梳理和思考，我找到了 CBBE 的理论模型入口，深感都市报的品牌资产管理的维度和向度均与该理论模型高度吻合。当然，对于共性和个性之间的精确把握，这是一个让我感到很具有挑战性的研究。

我一直很困惑自己的论文没有高深的学术话语，实在不像一篇好的博士论文，但是我遵循导师杨兴锋的话语：做学问要有问题意识，研究结果要能解决实际问题。目前学界和业界所面对的问题是：新媒体日新月异，都市报如何发展？都市报逆市拥有高额的品牌资产如何加以评价和管理？站在受众的角度，都市报的品牌资产管理应如何创新？这些现实问题的困惑，引发了我深入研究的兴趣。当我把研究眼光投向都市报品牌资产管理时，我开始了一系列的假设和论证：都市报虽然举步维艰，但是它不会如外界宣称一样很快就死亡，如果要发展，就应该找到突破口，那品牌资产管理创新未免不是一个撕裂开的小口子。

理论上，品牌学与新闻传播学具有天然的联系，可是品牌学更多归入经济学的研究范畴，它与都市报的新闻传播天然是难以统一起来的。虽然国内学界和业界的人士在世纪初已经开始关注都市报的品牌传播，却很少细化到都市报的品牌传播研究，更少专注于品牌价值管理的视角。

新媒体环境下都市报品牌资产管理创新的挑战性表现在哪里呢？都市报无论是在理论研究还是业界操作上，目前来说已经是处于发展式微阶段，尤其是理论界面对都市报苟延残喘之势，已决然离去，这导致都市报的研究素材较少，这对我无疑是一种打击。该研究不可绕过的是要进行品牌资产管理的系统理论建构，我必须静心发掘理论依据和结合都市报在新媒体环境下的新特点，站在受众的角度建构其品牌资产管理模型。

经过几年的资料查阅和思考研究，我找到了理论归依，但是我认为理论在解决实际问题时不能简单套用，而要认真辨别所用理论的语境以及每个要素旨趣等，具体结合实际，不断修正实际运用中的理论，进一步拓展和创新理论。在理论脉络上，品牌资产管理是一个有着深刻逻辑和内涵的舶来品，与中国的概念表达吻合度有待打磨。在实践操练上，都市报品牌资产管理的探索进程并不系统化，它是都市报转型的一种零星化尝试，也许这样的尝试有可能成为都市报未来发展的方向。本书主要以近年来荣登"中国 500 最具价值品牌评估排名"的都市报为研究个案，并不是有意限定样本范围，而是通过相关度较高的样本找寻都市报品牌资产管理的研究空间和发展规律，为都市报未来发展实践提供一点借鉴。

对比品牌资产的众多概念和模型，结合都市报特性，本书选取了CBBE 模型作为理论红线用以贯穿研究全过程。Keller 于 1993 年提出 CBBE模型，这是基于消费者的品牌资产模型，它是创建和管理强势品牌所包含的四个步骤，每一步都体现了消费者对品牌所关心的基本问题，为自主品牌建设提供了关键途径，也为品牌资产管理指明了方向。本书从受众视角出发来界定品牌资产的概念，摒弃了品牌资产在财务上的概念内涵，在借鉴 Keller 的品牌资产模型基础上，挖掘都市报品牌资产内涵，从品牌识别、品牌含义、品牌响应和品牌关系四大阶梯分别对应都市报的营销传播、话语空间、消费体验和受众—品牌的四大指向出发，构建以受众为导向的都市报品牌资产管理模型，即 ABBE 管理模型，实现都市报品牌资产管理创新发展。最后，除绪论和结语外，我用具有内在学理逻辑的六章搭建了本书结构，包括："新媒体环境下都市报品牌资产的转型与评价""新媒体环境下都市报 ABBE 管理模型构建与实证研究""营销传播：都市报 ABBE管理模型的识别向度""话语空间：都市报 ABBE 管理模型的含义向度""消费体验：都市报 ABBE 管理模型的响应向度""受众—品牌：都市报ABBE 管理模型的关系向度"，重点阐述了都市报品牌资产管理的模型和向度，为都市报的研究增加了新的视角和理论内容。

其实，众多挑战让我内心里无数次想过放弃，但是倔强的我本着"不撞南墙不回头"的驴劲非得去那个冷清场域走一圈，我总是一路安慰自己，总会有收获的，哪怕是一个伪命题，就算经过研究之后才发现这是个伪命题，这也是研究结果，或许会有更多发现呢？于是我没有放弃，还好我没放弃。六载寒暑，终成论稿。博士论文答辩得到范以锦、杨魁、张放、杨先顺、陈伟军等教授的充分肯定并提出一些修改意见，在本次书稿修订中本人遵循老师们的专业指导进行完善。但由于能力有限，未能尽善尽美地修正出应有的模样，无论是在调研论证还是理论阐释上还存在不充分和不成熟之处，请行家专家批评指正。当然，我期许本书的出版对品牌资产管理和都市报发展研究有所裨益，能有助于扩展相关研究视野。

一路走来，我要感谢国内外品牌资产管理研究的前辈们，更是感恩给予我鼎力相助的老师、家人和朋友，特别是我的硕士生导师张晋升教授和博士生导师杨兴锋教授。张晋升教授是我开展新闻学术研究的领路人和指引人，是他十二年来耳提面命指引我不断去开展研究工作，一直谆谆教诲我努力前行，他对我的博士论文写作提出了许多建设性指导意见，让我常常有茅塞顿开之感，感恩之情藏于心底。杨兴锋教授从学界和业界角度出发，在议题选择、研究方法、研究结构、学术路径、开篇布局甚至字词纠错等方面给予我细致高效的指导，甚为感激。犹记得我的论述框架几经修改，杨老师及时建议我做学术要像挖井一样开口小挖入深，并用一根理论红线贯穿全篇，以解决实际问题为出发点开展相关研究。在此衷心感谢两位老师的栽培和扶持。在整个论稿写作和调研过程中得到了范以锦、李鹏、曹轲、任天阳、杨德锋等诸多业界学界大咖和同行朋友的指导和支持，在此一并深表感谢。本书的出版得到了暨南大学新闻与传播学院的资助和暨南大学出版社曾鑫华编辑、陈俞潼编辑的大力支持，在此特表谢意。

钟之静
2019 年 4 月